AF479879

LACORDAIRE

PAR

Mgr RICARD

PRÉLAT DE LA MAISON DE SA SAINTETÉ
PROFESSEUR HONORAIRE DES FACULTÉS D'AIX ET DE MARSEILLE

Quatrième Édition
REVUE AVEC SOIN ET CORRIGÉE

PARIS

LIBRAIRIE PLON

E. PLON, NOURRIT ET Cie, IMPRIMEURS-ÉDITEURS
RUE GARANCIÈRE, 10

1888
Tous droits réservés

LACORDAIRE

DU MÊME AUTEUR

L'ÉCOLE MENAISIENNE

I. LAMENNAIS (4e *édition*).
II. GERBET, SALINIS et ROHRBACHER (4e *édition*).
III. LACORDAIRE (4e *édition*).
IV. MONTALEMBERT.

L'ABBÉ MAURY (1746-1792).

EN PRÉPARATION :

LE CARDINAL MAURY (1792-1817).

PARIS. — TYPOGRAPHIE DE E. PLON, NOURRIT ET Cie, RUE GARANCIÈRE, 8.

LACORDAIRE

PAR

Mgr RICARD

PRÉLAT DE LA MAISON DE SA SAINTETÉ

PROFESSEUR HONORAIRE DES FACULTÉS D'AIX ET DE MARSEILLE

Quatrième Édition

REVUE AVEC SOIN ET CORRIGÉE

PARIS

LIBRAIRIE PLON

E. PLON, NOURRIT ET Cie, IMPRIMEURS-ÉDITEURS

RUE GARANCIÈRE, 10

1888

Tous droits réservés

PRÉFACE

DE LA QUATRIÈME ÉDITION.

———

Je réimprime ce livre au lendemain d'un événement qui vient de mettre le sceau à la meilleure gloire de mon héros. Autour de sa statue, nouvellement érigée à Sorèze, on a entendu l'Église, la France, l'Académie, la Jeunesse, tout ce qu'il a aimé de prédilection, lui rendre, avec un touchant concert où les nuances se fondaient dans l'admiration, l'hommage de la reconnaissance et de la fidélité. Le moment est dès lors bien propice pour offrir au public une édition nouvelle de ce volume, depuis quelque temps épuisé.

D'ailleurs, comme je le disais en 1883, en tête de la deuxième édition, Lacordaire aura eu un rôle trop considérable dans l'École Menaisienne pour que j'aie pu ne pas lui consacrer une étude spéciale.

Mais les beaux travaux d'ensemble des Chocarne et des Foisset, non moins que les remarquables notices de MM. Lorain, de Montalembert, de Falloux, de Riancey, Perreyve, Villard, etc.[1], rendaient ma tâche plus périlleuse encore qu'elle ne l'était dans les autres volumes de cette série. La faveur indulgente des auditoires, à Aix et à Marseille, m'a fait espérer que les lecteurs pourraient être aussi bienveillants que l'ont été les auditeurs. Ceux-ci m'ont tenu compte de mes efforts à expliquer plus spécialement la mission de Lacordaire, dont les précédents biographes se sont peut-être moins préoccupés que je n'ai essayé de le faire moi-même. J'ose espérer que les admirateurs des livres écrits jusqu'à ce jour sur mon héros me pardonneront d'avoir osé ajouter ce modeste tribut à tant d'hommages bien autrement autorisés, mais non point plus ardents ni plus sincères que le mien.

[1] Outre ces écrivains de marque, j'ai pu utiliser, dans cette étude, une foule de documents à peu près inédits, recueillis, dans les journaux et les revues de Paris et de la province parus de 1830 à 1870, par un intelligent collectionneur, mon regretté ami, M. Justin Cauvière (de Marseille), dont l'obligeance égalait la sagacité.

LACORDAIRE

I

LES COMMENCEMENTS DE LACORDAIRE

SOMMAIRE. — Les organisations héréditaires. — Né à la campagne. — Le père et la mère de Henri. — Les premiers sermons de Lacordaire. — Les émois de Colette. — A Dijon. — A l'école et à confesse. — Au lycée de Dijon. — Le petit martyr. — Perte de la foi. — Souvenirs de colère. — L'influence de M. Delahaye. — La réputation de l'écolier. — Horreur native pour l'injustice. — Histoire d'un potage volé. — A la sortie du collége. — La maison natale. — Chez sa mère. — Monique et Augustin. — Dans la bibliothèque de la maison maternelle. — Bonapartiste, libéral et constitutionnel. — L'*instauratio magna* de l'esprit humain. — La place du jeune Lacordaire dans ce mouvement. — Les familles d'âmes. — La Société des études de Dijon. — Deux témoignages contemporains. — Lacordaire a-t-il jamais eu des mœurs dissolues ? — A Paris. — Je ne vais pas à confesse ! — Solitude et mélancolie. — Premiers succès de barreau. — Y a-t-il eu un roman dans la jeunesse de Lacordaire ? — Bon mot de Pie IX. — Le besoin d'un ami. — J'ai honte des larmes ! — Projet d'adoption. — L'infini dans les cœurs de vingt ans. — Résolution inattendue.

I

« Il n'est pas indifférent d'être sorti d'une race solide et saine, d'une race intègre et pure. Quand, sur un fonds d'organisation héréditaire aussi ferme et aussi nettement tracé, un talent singulier vient à se poser et à éclore,

quand un grand don de gloire vient à éclater, quand l'éloquence, par exemple, la parole de feu descend, elle
trouve de quoi la porter et l'encadrer : c'est comme l'encens qui d'avance a son autel, c'est comme l'holocauste
qui s'allume sur le rocher [1]. »

Jean-Baptiste-Henri Lacordaire naquit, en mai 1802,
dans un bourg de la Côte-d'Or, où son père était venu se
fixer, après une vaillante campagne dans la guerre d'Amérique, préférant à tout le calme de la vie des champs.
« On ne saurait croire, écrira un jour son fils, combien je
suis content de n'être pas né dans une ville [2]. »

Au physique et au moral, Henri était l'image vivante de
son père, « homme de bien et d'honneur [3] ».

Sa mère, de famille dijonnaise, fille d'un greffier au
parlement de Bourgogne, était de ces personnes fortes et
simples, qui suffisent à tous les devoirs [4].

Elle eut quatre fils. Henri fut le second et aussi le pri-
vilégié. « Des quatre enfants qu'avait ma mère, elle ne
tenait à aucun comme à moi [5]. »

Obéissant naïvement à ses secrètes aspirations, le petit
enfant aimait à imiter chez lui ce qu'il voyait faire à l'église,
le dimanche. Sa mère lui avait arrangé un oratoire, où il
appelait ses frères, ses jeunes camarades, les visiteurs de

---

[1] SAINTE-BEUVE, *Causeries du lundi* (*le P. Lacordaire*), 3ᵉ édition, tome Iᵉʳ, p. 223.

[2] Cité par le P. CHOCARNE, *le R. P. Lacordaire, sa vie intime
et religieuse*, 4ᵉ édition, tome Iᵉʳ, p. 7.

[3] SAINTE-BEUVE, *loc. cit.*, p. 222.

[4] *Ibid.*

[5] LACORDAIRE, *Lettres inédites*, nov. 1849.

la maison, sa bonne, sa bonne surtout, à venir l'entendre prêcher.

La bonne, plus complaisante, restait jusqu'à la fin du sermon, parfois fort long.

— Asseyez-vous, Colette, lui disait-il, le sermon sera long aujourd'hui!...

Et il prêchait avec tant de véhémence, que Colette, épouvantée, joignait les mains :

— Mais, monsieur Henri, assez, assez! Vous allez vous faire mal!...

— Non, non, répondait gravement le prédicateur, il se commet trop de péchés, la fatigue n'est rien, je veux prêcher toujours [1].

Et il reprenait de plus belle ses tirades sur la foi qui s'en va, sur les mœurs qui se perdent.

II

L'influence de ces premières impressions ne s'effaça jamais.

M. Nicolas Lacordaire mourut, lorsque Henri avait quatre ans.

Sa veuve et les enfants vinrent demeurer à Dijon, et c'est là que se reportent les premiers souvenirs du futur dominicain.

[1] *Souvenirs de Colette Marquet, recueillis par un prêtre de Dijon.*

Il les a décrits lui-même, avec un charme incomparable, dans des pages intimes, dont nous devons la connaissance à l'abbé Perreyve[1].

« Deux actes, dit-il, ont gravé cette époque dans ma
« mémoire.

« Ma mère m'introduisit alors dans une petite école,
« pour y commencer mes études classiques, et elle me
« conduisit auprès du curé de la paroisse pour y faire mes
« premiers aveux.

« Je traversai le sanctuaire, et je trouvai, seul, dans une
« vaste et belle sacristie, un vieillard vénérable, doux et
« bienveillant. C'était la première fois que j'approchais du
« prêtre ; je ne l'avais vu jusque-là qu'à l'autel, à travers les
« pompes et l'encens. M. l'abbé Deschamps, c'était son
« nom, s'assit sur un banc et me fit mettre à genoux près
« de lui. J'ignore ce que je lui dis et ce qu'il me dit
« lui-même : mais le souvenir de cette première entrevue
« entre mon âme et le représentant de Dieu me laissa une
« impression pure et profonde. Je ne suis jamais rentré
« dans la sacristie de Saint-Michel de Dijon, je n'en ai
« jamais respiré l'air, sans que ma première confession me
« soit apparue, sous la forme de ce beau vieillard et de l'in-
« génuité de mon enfance. L'église tout entière de Saint-
« Michel a, du reste, participé à ce culte pieux, et je ne
« l'ai jamais revue sans une certaine émotion, qu'aucune
« autre église n'a pu m'inspirer. Ma mère, Saint-Michel et

---

[1] L'abbé H. Perreyve, *l'Enfance, la jeunesse et la conversion du R. P. Lacordaire*, fragment de ses mémoires inédits, publié à la suite des lettres du Révérend Père à des jeunes gens, 9ᵉ édition, pp. 453 à 466.

« ma religion naissante font dans mon âme une sorte d'é-
« difice, le premier, le plus touchant et le plus durable de
« tous [1]. »

A dix ans, sa mère obtint pour lui une demi-bourse au
lycée de Dijon.

Là, pour la première fois, a-t-il raconté lui-même [2], la
main de la douleur vint le saisir, et, en se révélant à lui, le
tourna vers Dieu par un mouvement plus affectueux, plus
grave et plus décisif.

Ses camarades, dès le premier jour, le prirent comme
une sorte de jouet ou de victime. Il ne pouvait faire un pas,
sans que leur brutalité trouvât le secret de l'atteindre.
Pendant plusieurs semaines, il fut même privé par violence
de toute autre nourriture que sa soupe et son pain.

Pour échapper à ces mauvais traitements, il gagnait,
pendant les récréations, quand cela lui était possible, la
salle d'étude, et il s'y dérobait, sous un banc, à la recherche de ses maîtres ou de ses condisciples.

« Là », écrit-il avec un accent où revit la cruauté du
ressouvenir qu'il en a gardé, « là, seul, sans protection,
« abandonné de tous, je répandais devant Dieu des larmes
« religieuses, lui offrant mes souffrances précoces comme
« un sacrifice, et m'élevant vers la croix de son Fils par
« une union très-tendre [3]. »

Et il continue :

« Élevé par une mère chrétienne, courageuse et forte,

---

[1] *L'Enfance, la jeunesse et la conversion du R. P. Lacordaire,*
pp. 453, 454.

[2] *Ibid.,* p. 454.

[3] *Ibid.,* p. 455.

« la religion avait passé de son sein dans le mien comme
« un lait vierge et sans amertume. La souffrance trans-
« formait cette liqueur précieuse en un sang déjà mâle qui
« me la rendait propre et faisait d'un enfant une sorte de
« martyr.

« Mon supplice cessa aux vacances et à la rentrée sco-
« laire, soit qu'on fût las de me poursuivre, soit que peut-
« être j'eusse mérité ce pardon par une moindre innocence
« et une moindre candeur[1]. »

Il fit sa première communion à douze ans.

Ce fut sa dernière joie religieuse, et le dernier coup de
soleil de l'âme de sa mère sur la sienne. « Bientôt, dit-il,
« les ombres s'épaissirent autour de moi ; une nuit froide
« m'entoura de toutes parts, et je ne reçus plus de Dieu
« dans ma conscience aucun signe de vie[2]. »

Ce souvenir laissa dans l'âme de Lacordaire un ressentiment qui ne désarma jamais, même à la veille de la tombe.
Il n'en parlait qu' « avec un accent d'imprécation », qui
trahissait sa colère contre un régime qui n'avait pas su
protéger sa jeunesse et l'avait jetée en proie à tous les
attentats[3].

Un maître, à qui malheureusement la religion était étrangère, devint dès lors le bon génie de son intelligence.
M. Delahaye, s'il ne se préoccupa point de sa foi religieuse,
le retint du moins sur les sommets élevés de la littéra-

---

[1] *L'Enfance, la jeunesse et la conversion du R. P. Lacordaire*,
p. 457.
[2] *Ibid.*
[3] Henri VILLARD, *Correspondance inédite du P. Lacordaire*,
2ᵉ édit., p. 5.

ture et de l'honneur, où lui-même avait assis sa vie[1].

Sous cette influence, il fit ses études au lycée de Dijon, de 1810 à 1819.

Dans la patrie de Bossuet, en vue de la colline où naquit saint Bernard, il ne songeait pas encore qu'il aurait affaire à ces grands noms, et qu'il briguerait son rang dans leur descendance. Seulement, sans se donner trop de peine, il remportait tous les prix à la fin de l'année. Il avait sa tragédie sur le chantier, comme tout bon rhétoricien. Il jouait des scènes d'*Iphigénie* avec un de ses camarades, plus tard professeur de droit à Dijon, tous deux (l'Achille et l'Agamemnon) habillés en fantassins de ligne, et y allant bon jeu bon argent[2].

Il se fit dès lors une petite renommée, et, raconte un de ses condisciples, lorsque les externes se rassemblaient sous le portique avant l'ouverture des leçons, les petits grimpaient aux barreaux de la grille pour voir le défilé des pensionnaires dans la cour, et, se montrant Henri Lacordaire, disaient : « Tiens, le voilà! le voilà! »

C'était d'ailleurs une nature d'écolier modeste, paisible et singulièrement portée à la douceur. Cet enfant, à l'œil noir, aux longues paupières, unissait une singulière tendresse à je ne sais quoi d'ardent et d'indomptable.

Il y avait en lui des ressorts énergiques, une volonté ferme et une haine profonde de l'injustice.

Au réfectoire, un jour, son voisin, par une de ces gamineries de pensionnaire égoïste familières aux écoliers, lui

[1] *Mémoires,* pp 456 et 457
[2] SAINTE-BEUVE, *loc. cit.*, p. 223.

escamote son assiette de potage. Henri réclame. Une querelle s'engage. L'ordre est troublé. Le censeur intervient.

— Tous les deux au pain sec et à l'eau, fait-il d'un ton rébarbatif, sans vouloir entendre les explications de Lacordaire, confondant ainsi l'innocent et le coupable dans le même arrêt. Il ajouta :

— Levez-vous, et allez vous mettre contre le mur.

Le voleur de potage obéit, mais le volé se croise les bras et répond audacieusement :

— Je n'irai pas !

Le censeur perd patience. Il menace Lacordaire de l'envoyer au cachot.

— Soit, répond l'intrépide enfant, de deux punitions injustes, je choisis la plus forte !

Et, se levant de table, il se dirigea vers la prison[1].

III

Il sortit du collége, à l'âge de dix-sept ans, avec une religion détruite, comme il l'a souvent déploré, mais honnête, ouvert, impétueux, très-sensible à l'honneur, vivement épris des belles-lettres et des belles choses, ayant devant lui, comme le flambeau de sa vie, l'idéal humain de la gloire[2].

[1] Alfred DEBERLE, *Biographies universelles* (*le P. Lacordaire*), p. 377.

[2] *Mémoires*, p. 458

Il rentra avec joie chez sa mère.

Elle n'habitait plus la petite maison rustique de Recey, cette maison natale de Henri, dont la vue explique la soif de solitude, qui tourmenta le grand homme à toutes les étapes de sa vie : la Chesnaie, Sainte-Sabine, la Sainte-Baume, Sorèze, tous ces lieux retirés, « dont le calme le retenait malgré lui[1] ».

Madame Lacordaire habitait Dijon. « Je retrouvai, dit-il, « la petite maison de ma mère et le charme infini de la vie « domestique tendre et modeste. Il n'y avait dans cette « maison rien de superflu, mais une simplicité sévère, une « économie arrêtée à point, le parfum d'un âge qui n'était « plus le nôtre, et quelque chose de sacré qui tenait aux « vertus d'une veuve, mère de quatre enfants, les voyant « autour d'elle adolescents déjà, et pouvant espérer qu'elle « laisserait derrière elle une génération d'honnêtes gens « et peut-être d'hommes distingués. Seulement un nuage « de tristesse traversait le cœur de cette femme bénie, « lorsqu'elle venait à songer qu'elle n'avait plus autour « d'elle un seul chrétien, et qu'aucun de ses enfants ne « pouvait l'accompagner aux sacrés mystères de la re-« ligion[2]. »

On connaît l'histoire de Monique et d'Augustin. C'est l'éternelle histoire des miracles du Ciel opérés par les mères. On dirait vraiment que le cœur de Dieu s'attendrit inévitablement devant ces cœurs de mère, parce qu'il s'y

[1] Velazquez, *la Maison natale du P. Lacordaire*. (Art. publié dans le *Monde*.)
[2] *Mémoires*, p. 459

mire comme dans un cristal qui réfléchit merveilleusement son plus bel attribut : l'infini de la bonté !

Aussi, quand, sur sa chaire épiscopale d'Hippone, entr'ouvrant ses lèvres d'or, Augustin fait entendre à l'Afrique et au monde des accents qui font tressaillir l'humanité, notre admiration reconnaissante s'en va remercier Monique d'avoir créé, par ses larmes solitaires et sa prière puissante comme Dieu, ce grand défenseur de la vérité. Et quand, à quatorze siècles de là, on entend les voûtes de Notre-Dame frémir aux accents sublimes de l'homme qui a ramené dans les nefs désertes de la vieille basilique toute une génération vaincue par cette éloquence neuve et hardie, notre regard s'en va, de Lacordaire à la veuve de Dijon, remercier cette mère d'avoir fait violence au ciel et obtenu à la France de 1789 et de 1830 ce maître, ce sauveur, cet apôtre, dont il fut dit que « nul n'a aimé l'Église, les âmes, et tout ce qui est « grand et noble, plus que lui [1] ».

Pour le moment, le jeune rhétoricien s'était cru assez fort pour décider que le christianisme n'était qu'une sottise, et Dieu lui-même une chimère [2].

Il lui arriva ce qui était arrivé à Lamennais [3].

Dans un coin de l'habitation maternelle, restait enfermée une sorte de bibliothèque, héritage d'un aïeul, avocat au parlement de Bourgogne, et toute composée des pires écrits du dix-huitième siècle. Henri se jeta sur Voltaire, sur Jean-

[1] Mgr Dupanloup, *Paroles prononcées pour la restauration de la Sainte-Baume.*
[2] J. Fèvre, *Personnages catholiques contemporains*, p. 94.
[3] Voir *Lamennais*, p. 9.

Jacques, sur Grimm, sur Helvétius, avec l'imprudente audace de son âge[1].

L'incrédulité gagna l'intime de l'âme. Comme Lamennais, il fit de Jean-Jacques son idole. La profession de foi du *Vicaire savoyard* devint son évangile religieux, et le *Contrat social* son évangile politique[2].

. Le sentiment patriotique était très-vif en lui; il souffrait douloureusement des blessures de la France et des désastres qui marquèrent la chute de l'Empire[3].

Par ses traditions de famille, il regrettait l'Empire; par amour de la liberté, il se trouva naturellement libéral.

Or, la majorité de ses amis était franchement catholique et franchement royaliste. Des discussions chaleureuses s'élevaient. Lacordaire tenait tête à tous.

Un jour, il déclara que, persuadé par quatre mois de débats, il se ralliait à la Restauration complétée par la liberté. L'acclamation fut unanime. Par un élan presque électrique, tous les amis, présents à la déclaration, se jetèrent l'un après l'autre dans les bras de Lacordaire[4].

A partir de ce moment, Henri fut ce qu'on appelait alors un royaliste constitutionnel.

---

[1] H. DE RIANCEY, *le P. Lacordaire* (*Célébrités catholiques contemporaines*), p. 7.

[2] FOISSET, *Vie du R. P. Lacordaire*, t. Ier, p. 44.

[3] SAINTE-BEUVE, *loc. cit.*, p. 223.

[4] QUESNAULT DES RIVIÈRES. (Art. de la *Revue de Marseille*, 1871, p. 425.)

IV

Ceci se passait, à Dijon, dans une réunion de la Société des études.

On était en 1821. La France assistait à cette magnifique résurrection de l'esprit humain, si magistralement décrite par M. Caro[1].

Tout s'y renouvelait à la fois : les institutions, la littérature, l'histoire, la philosophie.

La tribune avait de Serre et Lainé, et elle allait avoir Berryer et Guizot.

Les journalistes s'appelaient Chateaubriand, de Bonald, Lamennais.

Lamartine venait de publier ses premières *Méditations ;* Victor Hugo, ses premières *Odes.*

Shakespeare, Schiller, Gœthe, Byron, Walter Scott, naturalisés Français tous ensemble et tout à coup, semblaient ouvrir à l'ardente jeunesse française, dans un horizon inconnu mais prochain, des perspectives sans limites.

M. Guizot préparait l'histoire de la Révolution d'Angleterre ; M. Thiers, celle de la Révolution française ; Augustin Thierry, ces travaux qui devaient lui coûter la vie, mais

---

[1] E. CARO, *De 1820 à 1830.* (**Art.** de la *Revue des Deux Mondes,* 15 mars 1865.)

qui ont créé chez nous le sentiment de la vérité historique
sur les temps barbares et le moyen âge.

De Maistre remplissait l'Europe du bruit de ses vives pas-
ses d'armes contre l'incrédulité voltairienne et les héritages
du jansénisme.

Cousin détrônait le sensualisme, en attendant qu'il tra-
duisît Platon.

C'était, a dit M. Caro, comme une *instauratio magna* de
l'esprit humain.

Au milieu de la jeunesse ardente qui s'éveillait aux
lueurs de cette renaissance, Henri Lacordaire tenait le
premier rang, par le savoir, par l'activité, par l'élan.

Sortant du collége, lauréat du prix d'honneur, il était le
prince de la jeunesse studieuse de Dijon, et, dans cette
aimable compagnie, où la franche générosité de l'âge
excluait la jalousie, il se distingua bien vite par un talent
inouï de parole.

Ils étaient deux cents à suivre les cours de l'École de
droit.

Deux cents, c'est une multitude, et à une âme délicate
comme celle du jeune Dijonnais, il faut un choix.

C'est, en effet, une des plus mystérieuses lois de la société humaine que ce besoin de rechercher et cette aptitude
à reconnaître, à de certaines affinités, indéfinissables mais
irrésistibles, ceux de nos semblables qu'il nous convient de
prendre pour compagnons de route dans la vie. Serait-ce
une témérité d'affirmer qu'il y a des familles d'âmes, comme
il y a des familles selon le sang?...

La science du droit, dépourvue alors de toute philosophie, détachée de son histoire, dépouillée de cette belle lit-

térature juridique dont un maître parlait récemment si bien[1], n'apparaissait à l'étudiant que comme une science mutilée, réduite aux exigences mesquines du métier.

Il chercha parmi ses deux cents camarades. Il s'en rencontra une dizaine qui voulaient être autre chose que des avocats de mur mitoyen, et pour qui la patrie, la gloire, les vertus civiques, étaient un mobile plus actif que les chances d'une fortune vulgaire.

Ils se connurent bien vite par cette sympathie mystérieuse qui réunit le vice au vice, la médiocrité à la médiocrité, mais qui appelle aussi à un même foyer les âmes venues de plus haut et tendant à un but plus élevé.

Quoiqu'il n'eût pas leur foi, ils le reconnurent comme un d'entre eux, et bientôt des réunions intimes, de longues promenades les mirent en présence des plus hauts problèmes de la philosophie, de l'histoire, de la politique et de la religion[2].

J'insiste sur cet épisode, parce qu'il a décidé de l'avenir de Lacordaire.

C'est lui-même qui l'a dit : « Ces intelligences ont « transformé la mienne, et m'ont amené où je suis[3]. »

La réunion s'appela la *Société des études de Dijon*.

« Je n'oublierai jamais, écrit l'un des dix, l'impression « produite au milieu de nous par la première lecture que « fit Lacordaire. Dans cette composition, juvénile d'ailleurs,

[1] M. LAURIN, professeur à la Faculté de droit d'Aix, *Discours sur la littérature juridique*, prononcé à la rentrée solennelle des Facultés, le 28 novembre 1881.
[2] *Mémoires*, p. 460.
[3] Lettre à M. Foisset, du 29 décembre 1829.

sa magnifique imagination rayonnait dès lors avec une splendeur telle que, de ce jour, nous sentîmes que sa pensée habitait une sphère supérieure à la nôtre et s'y revêtait d'un éclat dont la prose de Chateaubriand nous avait seule jusque-là donné l'idée [1] »

« Nous écoutons encore, écrit un autre, ces improvisations pleines d'éclairs, ces argumentations remplies d'agilité, de ressources inattendues, de souplesse et de saillies ; nous voyons cet œil étincelant et fixe, pénétrant et immobile ; nous entendons cette voix claire, vibrante, frémissante, haletante, s'enivrant d'elle-même, n'écoutant qu'elle seule et s'abandonnant sans réserve et sans contrainte à la verve intarissable de la plus riche nature. Ô belles années si vite écoulées, ô précieux et magnifiques jeux de l'esprit, vous prédisiez à la cause de Dieu un incomparable athlète [2] ! »

Ici se place une question délicate.

Toujours porté à exagérer ses torts d'autrefois envers Dieu et envers sa conscience, Lacordaire a souvent parlé des mœurs de sa jeunesse, dans des termes qui ont fait croire à plusieurs qu'elles furent un moment dissolues.

Lacordaire a-t-il jamais été un débauché?

Écoutons-le. Un jour, dans la chaire de Notre-Dame, il jette un regard sur son passé de jeune homme :

« Qui a fait ces cadavres? » s'écrie-t-il d'un accent terrible qui donna le frisson à la jeunesse de 1835. « Qui a

[1] Foisset, *Op. cit.*, p. 41.
[2] Lorain, *le R. P. Lacordaire.* (Art. du *Correspondant*, XVII, p. 821.)

« touché cet enfant? Qui a mis sur sa face des signes hon-
« teux?... C'est un sens abject... J'ai déjà vu dans ma vie
« bien des jeunes gens, et, je vous le déclare, je n'ai
« jamais rencontré de tendresse de cœur dans un jeune
« homme débauché; je n'ai jamais rencontré d'âmes
« aimantes que les âmes qui ignoraient le mal ou qui lut-
« taient contre lui. »

Et il ajoutait, avec une suavité inimitable, dans une
langue où la poésie des mots lutte de grâce avec la poésie
de l'idée :

« Une fois qu'on s'habitue aux émotions violentes, com-
« ment voulez-vous que le cœur, une plante si délicate,
« qui se nourrit de quelques gouttes de rosée tombant çà
« et là du ciel pour lui; qui s'ébranle par de légers souf-
« fles, qui est heureux pour des jours par le souvenir
« d'une parole qui a été dite, d'un regard qui a été jeté;...
« le cœur, dont le battement est si calme dans sa vraie
« nature, presque insensible, à cause de sa sensibilité
« même. et de peur qu'il n'eût été brisé par une seule
« goutte d'amour, si Dieu l'avait fait moins profond; com-
« ment voulez-vous que le cœur oppose ses douces et
« frêles jouissances aux jouissances grossières et exagérées
« du sens dépravé? »

Et il concluait, dans un élan d'indignation :

« Quoi de plus abject que de tuer le cœur de l'homme[1]? »

A quelques années de là, écrivant à un jeune homme,
qu'il avait pris pour confident de ses pensées les plus intimes, il disait :

---

[1] *Conférences de Notre-Dame*, t. II, XXIIe conf., pp. 36 et suiv.

« Quand on a le cœur aimant, c'est en soi-même que
« l'on vit surtout; non pas dans un soi-même égoïste,
« mais dans cette retraite sainte du cœur, où un seul
« autre être suffit, où son souvenir suffit pour remplir une
« journée, où l'on s'inquiète peu de la foule et de ce qu'elle
« pense, où le dehors n'est rien. Chez toutes les grandes
« et nobles âmes, c'est là la passio n. Je souhaite que ce
« soit la vôtre... Le véritable amour est pur; il est dans le
« cœur, et non dans les sens[1]. »

Il avait une autre raison pour se détourner avec dégoût
des amours faciles.

Libéral d'instinct, d'éducation, de conviction, il n'a
jamais rien haï en ce monde comme le despotisme, et l'on
se souviendra longtemps en France de ses luttes contre
tout ce qui lui semblait une résurrection de César. — Or,
disait-il, encore tout jeune, presque adolescent, « les
« mœurs corrompues enfantent les lois corruptrices, et la
« licence emporte les peuples vers l'esclavage, sans qu'ils
« aient le temps de pousser un cri[2] ».

Il y a des accents qui ne trompent point.

Quand on parle ainsi, interrogeons-nous et croyons-en
l'écho honnête et généreux que ces paroles réveillent dans
notre âme; quand on parle ainsi, c'est de l'abondance du
cœur.

L'amour de l'étude et l'élévation de ses sentiments pré-
servèrent ce jeune homme des déréglements vulgaires. Il

---

[1] *Lettres du R. P. Lacordaire à des jeunes gens*, publiées par
l'abbé H. PERREYVE, 9ᵉ édit., pp. 92 et suiv.

[2] Cité par LORAIN, *loc. cit*, p. 821.

demeura relativement chaste, comme l'Hippolyte d'Euripide, ayant en dégoût les amours faciles et ne les pardonnant à personne [1].

V

Tel était l'étudiant de province, tel fut le jeune stagiaire de la capitale.

Le 30 novembre 1822, il prêtait serment en qualité d'avocat devant la cour de Paris.

Une de ses tantes avait écrit à sa mère :

— Il faut que tu fasses le sacrifice d'envoyer ton fils à Paris; Dijon n'est pas un théâtre digne de lui [2].

Malgré son état très-gêné de fortune, madame Lacordaire s'y décida. Elle y était poussée par ses espérances maternelles; mais Dieu avait d'autres desseins, et elle l'envoyait, sans le savoir, aux portes de l'éternité [3].

Paris, ce grand champ de bataille, ne devrait être que l'arène des forts. Le feu, qui épure l'or, dissout et décompose tout alliage d'ordre inférieur [4].

L'un des présidents de la Cour royale de Dijon, M. Riambourg, l'avait adressé à un avocat de ses amis, M. Guillemin.

---

[1] FOISSET, *Op. cit.*, p. 43.
[2] *Notes de famille*, citées par VILLARD, *Op. cit.*, p. 7.
[3] *Mémoires, loc. cit.*, p. 461.
[4] CHOCARNE, *Op. cit.*, p. 25.

Dans sa lettre de recommandation, le président vantait
son ami la « candeur » de son jeune protégé, et il ajou-
it :

— Il ne s'agit plus que de lui donner une bonne direction.
L'avocat parisien était un membre zélé de la Congréga-
on. « Une bonne direction » pour lui ne pouvait signifier
tre chose que chercher un bon confesseur.

Il en proposa un.

— Un confesseur à moi !... répondit le jeune homme.
ais je ne vais pas à confesse... Je ne dois pas y aller,
isque je ne crois pas !

Pour ne pas aller à confesse, Henri Lacordaire n'en
vint pas moins le collaborateur assidu d'un avocat qui
confessait.

Il habitait, rue du Mont-Thabor, une petite chambre sous
toit[1].

« J'y vivais solitaire et pauvre », dit-il dans ses *Mé-
oires*, « abandonné au travail secret de mes vingt ans,
sans jouissances extérieures, sans relations agréables,
sans attrait pour le monde, sans passion du dehors dont
j'eusse conscience, si ce n'est un vague et faible tour-
ment de la renommée[2]. »

Un parent, rédacteur de la *Quotidienne,* lui fournit quel-
ues billets pour les théâtres de boulevard. Il se lassa vite
e perdre cinq grandes heures à entendre de fades plai-
anteries ou des déclamations ridicules[3].

[1] Chocarne, *Op. cit.*, p. 31.
[2] *Mémoires, loc. cit.*, p. 462.
[3] *Lettre à M. Lacordaire*, 29 janvier 1823. (Recueil Villard,
. 134.)

Dans cet état d'esprit, quand il lisait Chateaubriand, son cœur frémissait, en se reconnaissant, s'il venait à tomber sur ce passage, où l'homme de la civilisation dit à l'homme du désert :

— Chactas, retourne dans tes forêts, reprends cette sainte indépendance de la nature, que Lopès ne veut point te ravir ; moi-même, si j'étais plus jeune, je t'y suivrais [1].

« Où est l'âme qui comprendra la mienne ? » s'écriait-il douloureusement. « L'esprit des hommes n'est pas fait pour entendre le mien ; je sème sur un marbre poli [2]. »

Et cependant, sa réputation grandissait. Au Palais, on se le montrait comme un avocat de grand avenir.

Le procureur général à la Cour de cassation l'admettait dans l'intimité de son cabinet.

Un jour qu'il avait plaidé, un avocat frappa sur son épaule, disant :

— Venez me voir demain.

Il se retourna, c'était Berryer.

Quand il l'eut entendu durant une heure, cet homme célèbre lui dit :

— Vous pouvez **vous** placer au premier rang du barreau [3] !

Après une de ses plaidoiries, le premier président Séguier se tourna vers les autres juges :

— Messieurs, dit-il, ce n'est pas Patru, c'est Bossuet [4].

---

[1] CHATEAUBRIAND, *Atala*, cité dans la LI⁰ conf., p. 600.
[2] LORAIN, *loc. cit.*, p. 826.
[3] VILLARD, *Op. cit.*, p. 9.
[4] *Ibid.*

Ces premiers sourires de la gloire l'émurent un peu, mais sans l'attacher [1].

Il commençait à plaider, dit Sainte-Beuve, et avec succès. Mais, bien qu'il domptât cette matière ingrate, elle ne le satisfaisait pas. Sa parole s'y exerçait et y faisait sa gymnastique ; mais elle n'y trouvait pas à s'étendre et à déployer ses ailes. Il était malade du mal du temps, du mal de la jeunesse d'alors. Il pleurait sans cesse, comme René [2].

« Je suis rassasié de tout sans avoir rien connu », écrivait-il à un de ses amis... « Si l'on savait comme je deviens triste ! J'aime la tristesse, je vis beaucoup avec elle... Franchement, j'ai pitié de la gloire, et je ne conçois plus guère comment on se donne tant de peine pour courir après cette petite sotte [3]. »

Il se trouvait faible, découragé, solitaire au milieu de huit cent mille hommes [4].

Son âme aimante, tourmentée du besoin de se donner, cherchait, dans le désert de Paris, une âme qui consentît à devenir la sœur de la sienne.

Le commerce des femmes l'attirait peu. « Je n'en ai « point aimé encore [5] », écrivait-il en 1823. Il ne devait jamais en aimer.

Bien plus, il ne comprit jamais ce qu'il appelait « une

---

[1] *Mémoires, loc. cit.*, p. 462.

[2] SAINTE-BEUVE, *loc. cit.*, pp. 224 et 225.

[3] LORAIN, *le P. Lacordaire*, pp. 16 et 17.

[4] *Ibid.*

[5] « Je n'ai point encore aimé de femmes, et je ne les aimerai « jamais par leur côté réel. » (Lettre à M. Fontaine, du 17 novembre 1823.) Il n'y a donc pas eu de roman dans la jeunesse de Lacordaire.

« félicité ennemie des grandes muses[1] ». — « Le ministère
« de la pensée, disait-il, quand on est digne de lui, exige
« aussi des austérités[2] », et lorsque, dans ce chef-d'œuvre
qu'il a consacré à Ozanam, il en est arrivé à raconter le
mariage de son héros, son récit débute ainsi : « Il y eut
« un piége qu'Ozanam n'évita point[3]. »

On raconte que Pie IX, arrivé à cet endroit de la notice,
sourit finement et dit à son entourage :

— Tiens, je ne savais pas que Jésus-Christ eût institué
six sacrements et un piége.

A défaut de cet attachement plus tendre et plus étroit,
le jeune homme cherchait une amitié, digne de lui, capable
de correspondre à cette donation si complète de soi-même
qu'il avait rêvée timidement, dans le plus intime coin de
son cœur.

Mais l'amitié, — il l'a dit admirablement dans ce sublime
poëme sur Madeleine, qui restera comme la plus fidèle tra-
duction de cette nature délicate, — « l'amitié naît de l'âme
« dans l'âme... Il est difficile de se rencontrer en un lieu
« aussi lointain que l'âme, aussi caché derrière l'océan qui
« l'entoure et sous la nuée qui la couvre... L'âme habite
« une ombre impénétrable. On croit y toucher, et c'est à
« peine si la main qui la cherche a saisi la frange de son
« vêtement... tantôt serpent, tantôt colombe craintive,
« flamme ou glace, torrent ou lac paisible... C'est donc une
« rare et divine chose que l'amitié, le signe assuré d'une

[1] *Frédéric Ozanam,* p. 237.
[2] *Ibid.,* p. 238.
[3] *Ibid.*

« grande âme, la plus haute des récompenses visibles at-
« tachées à la vertu [1]. »

Il aurait tout sacrifié au bonheur d'avoir un ami. Mais
sa timide tendresse se repliait vite sur elle-même, au
moindre heurt. « Je ne sais pas, comme Sterne, pleurer
« devant des témoins ; j'ai honte des larmes [2] ! »

On le crut froid, et presque insensible, ce cœur aimant,
qui rêva d'adopter un enfant. « J'en aurais fait le fils de
« mon âme, je lui aurais fait don de moi-même... Mais
« j'ai craint l'ingratitude... Je l'aurais tant aimé, que, s'il
« eût méconnu mon amour en Dieu, il eût fait un mal pro-
« fond à mon humaine nature [3]. »

Il était encore bien jeune orateur, quand, voulant décrire
ses impressions de jeunesse, il laissa tomber de ses lèvres
harmonieuses cette description, cette analyse psycholo-
gique, à laquelle tout son siècle se reconnut, et qui va nous
révéler le mystère des tristes veilles du stagiaire découragé :

« A peine dix-huit printemps ont-ils épanoui nos années,
« que nous souffrons de désirs qui n'ont pour objet ni la
« chair, ni l'amour, ni la gloire, ni rien qui ait une forme
« ou un nom. Errant dans le secret des solitudes, ou dans
« les splendides carrefours des villes célèbres, le jeune
« homme se sent oppressé d'aspirations sans but ; il s'éloi-
« gne des réalités de la vie comme d'une prison où son
« cœur étouffe, et il demande à tout ce qui est vague et
« incertain, aux nuages du soir, aux vents de l'automne,

[1] *Sainte Marie-Madeleine*, p. 32.
[2] LORAIN, *loc. cit.*, p. 826
[3] LACOINTA. (*Revue de Toulouse*, janvier 1862.)

« aux feuilles tombées des bois, une impression qui le rem-
« plisse en le navrant. Mais c'est en vain ; les nuages pas-
« sent, les vents se taisent, les feuilles se décolorent et se
« dessèchent sans lui dire pourquoi il souffre, sans mieux
« suffire à son âme que les larmes d'une mère et les ten-
« dresses d'une sœur. O âme, disait le Prophète, pourquoi
« es-tu triste, et pourquoi te troubles-tu ?... C'est l'Infini
« qui se remue dans nos cœurs de vingt ans[1]. »

C'est l'Infini qui se remuait dans cette grande âme,
comme autrefois dans l'âme d'Augustin, cet Infini qui faisait pousser au génie d'Afrique cette exclamation douloureuse, que l'humanité répète, depuis qu'Augustin l'a dite,
sans se lasser jamais, parce qu'on ne se lasse pas de dire
la vérité : « Seigneur, notre cœur est inquiet, il est sans
repos, jusqu'à ce qu'il se repose en vous[2] ! »

Le 11 mai 1824, le Christ avait vaincu une fois de plus
une âme touchée par lui[3], et, se relevant, le front lumineux, les joues baignées de larmes, le nouvel Augustin
écrivait à un ami :

« J'abandonne le barreau, nos rêves ne s'accompliront
« pas... J'entre demain matin au Séminaire de Saint-
« Sulpice[4]. »

---

[1] Cité par le P. Chocarne, *Op.* et *loc. cit.*, p. 45.

[2] Aug., *Confess.*, liv. V.

[3] « Je crois, m'écrit un des plus intimes amis de Lacordaire,
qu'on peut affirmer, sans hésitation, qu'à tous les instants de sa vie,
il a pratiqué la continence la plus absolue. Quelque inexplicable que
paraisse cette grâce chez un incroyant, le Père a remercié Dieu
jusqu'à son dernier jour de la lui avoir accordée. »

[4] Lorain, *loc. cit.*, p. 828.

II

SÉMINARISTE ET JEUNE PRÊTRE

I

Il y entra le 12 mai.

Comment s'était opéré ce changement?

On a parlé d'un coup subit de la grâce, quelque chose

comme Saul terrassé sur le chemin de Damas [1]. Ceux qui l'ont dit ont méconnu Lacordaire.

Cette nature droite, timide, réfléchie, obéissait à la raison bien plus qu'à l'imagination et au cœur. C'est même un phénomène singulier de voir un des hommes qui ont le plus enthousiasmé leurs contemporains, ne céder jamais, pour sa part, aux entraînements de l'enthousiasme.

Du reste, ses amis les plus intimes s'y méprirent, et c'était une des douleurs de cette âme loyale :

— D'où vient, disait-il, que mes amis ne me comprennent pas ? Ils ont douté de ma conversion politique, et n'y ont vu qu'un calcul adroit ; ils se moquent de ma conversion religieuse, et m'invitent à attendre que les Jésuites aient détrôné l'Université [2].

Les idées du temps aidant [3], à la surprise quelques-uns ajoutèrent l'irritation.

— Comprends-tu cela ? disaient avec colère d'anciens camarades de collège, Henri Lacordaire curé ! curé [4] !...

Son plus cher confident l'adjura de lui révéler ce mystère.

On ne saurait rencontrer sa réponse sans un tressail-

---

[1] M. de Montalembert lui-même, qui le connaissait pourtant à fond, s'y est mépris. Il écrit : « Un coup subit et secret de la grâce « lui ouvrit les yeux sur le néant de l'irréligion. En un seul jour, « il devint chrétien, et le lendemain, de chrétien il voulut être « prêtre. » (P. 402.) Sainte-Beuve a bien mieux jugé la vraie situation : « Ces conversions qui semblent brusques, dit l'éminent observateur, « sont toujours devancées par d'intimes mouvements qui les « préparent. » (P. 224.)

[2] Lettre du 22 février 1824 à M. Lorain.

[3] VILLARD, *Notice sur le P. Lacordaire*, p. 11.

[4] RÉGNIER, *Souvenirs et lettres d'ami*, p. 15.

lement. C'est ainsi qu'au détour d'un sentier, on s'arrête
et l'on pousse un cri, en apercevant le paysage inattendu
qui s'impose subitement au regard ravi.

« Je suis arrivé à mes croyances catholiques par mes
« croyances sociales, et aujourd'hui, rien ne me semble
« mieux démontré que cette conséquence : La société est
« nécessaire; donc la religion chrétienne est divine, car
« elle est le seul moyen d'amener la société à sa perfec-
« tion, en prenant l'homme avec toutes ses faiblesses, et
« l'ordre social avec toutes ses conditions [1]. »

Ce simple syllogisme n'apparaîtra peut-être pas tout
d'abord aussi concluant qu'il l'est en réalité. Nous y re-
viendrons. Mais saluons-le au passage. C'est tout simplement en embryon le plan des conférences de Notre-Dame,
et le jeune penseur se convertit par l'idée qui bientôt,
vêtue de sa parole magique, va enchaîner au pied de sa
chaire tout ce qui alors comptait dans le pays.

L'évidence historique et sociale du Christianisme [2] saisit
sa belle intelligence. Il avait toujours cherché la vérité avec
bonne foi [3]. Dieu apparut à son esprit, et comme Dieu nous
est connu en ce monde par le cœur bien plus que par l'esprit, — ce qui explique, pour le dire en passant, comment des âmes simples et ignorantes le connaissent souvent
mieux que les philosophes et les savants, — en apparais-
sant à son esprit, Dieu toucha son cœur.

---

[1] Lettre à M. Lorain, le 15 mars 1824.
[2] Voir les *Considérations sur le système philosophique de
M. de Lamennais*, p. 129.
[3] Lettre à M. Lorain, le 15 mars 1824.

Un soir, il lut l'évangile de saint Matthieu , et il pleura [1].

Or, quand on pleure ; on n'est pas loin de croire.

Il garda ce secret dans son âme. Sa mère elle-même ne le connut que bien tard [2].

Mais, un jour, il rencontra un prêtre, dont j'ai dit ailleurs l'exquise et irrésistible séduction , l'abbé Gerbet [3]. L'onction évangélique de ce prêtre [4] remua ses entrailles. Ils se parlèrent peu [5]. Mais, la vue de Gerbet lui donna le désir de connaître plus à fond une religion qui inspirait des vertus si élevées et si aimables [6].

Or, ce logicien sincère ne pouvait s'arrêter en chemin.

« Une fois chrétien, dit-il, le monde ne s'évanouit point
« à mes yeux, il s'agrandit avec moi-même. Au lieu du
« théâtre vain et passager d'ambitions trompées ou satis-
« faites, je vis en lui un grand malade qui avait besoin
« qu'on lui portât secours, et je ne vis plus rien de com-

[1] Lettre à M. Boissard, 22 mai 1824.

[2] Il le racontait plus tard à M. Foisset : « Je n'avais plus vérita-
« blement d'objections, mais je ne me tenais point encore pour assuré
« que tel dût être l'état définitif de ma raison ; j'appréhendais que
« les doutes ne reprissent le dessus un jour ou l'autre. J'étais,
« ajoutait-il, comme l'armée autrichienne, en 1813, de l'autre côté
« du Rhin; pas une baïonnette française ne disputait le passage,
« mais les Autrichiens ne s'y fiaient pas, et ils étaient là six semaines
« sans passer le Rhin ; c'est ainsi qu'avant de déclarer ma conversion,
« même à ma mère, j'ai laissé passer six mois. (P. 57.)

[3] *Gerbet, Salinis et Rohrbacher* (4e édit.).

[4] Justin MAFFRE, *le R. P. Lacordaire, sa vie et ses ouvrages*, p. 60.

[5] « On ne m'a pas parlé quatre fois de religion. » (Lettre à M. Boissard, 22 mai 1824.)

[6] J. MAFFRE, *loc. cit.*

« parable au bonheur de le servir, sous l'œil de Dieu,
« avec l'Évangile et la Croix de son Fils[1]. »

II

Il s'en alla, modeste et résolu, à l'archevêché de Paris.

L'archevêque, M. de Quélen, habitait encore ce palais
dont il ne restera bientôt plus pierre sur pierre, démoli
qu'il sera avec une sorte de sauvage acharnement, en 1831.

Lacordaire fut introduit auprès du prélat gentilhomme
par l'abbé Borderies, un de ses grands vicaires, qui le présenta à l'archevêque, « avec cette joie du bon pasteur,
« qui rayonne au milieu des larmes[2] ».

M. de Quélen le reçut gravement.

Puis, l'ayant entendu, il eut comme l'intuition prophétique de ce que serait un jour cet enfant :

— Vous défendiez au barreau des causes d'un intérêt
périssable, dit-il avec solennité; vous allez en défendre
une dont la justice est éternelle.

Il se tut un instant, puis il ajouta avec tristesse :

— Vous la verrez bien diversement jugée parmi les
hommes; mais il y a là-haut un tribunal de cassation, où
nous la gagnerons définitivement.

---

[1] *Notice sur le rétablissement en France de l'Ordre des Frères
Prêcheurs*, chap. 1er, p. 43

[2] Guillemin, *Souvenirs du Ciel*, p. 253.

2.

Lacordaire baissa la tête. Quelque chose s'agitait au dedans de lui, et une voix de l'intérieur répondit à l'archevêque :

— Mais c'est ici-bas qu'il s'agit aussi de la gagner, cette cause, et je ne m'y épargnerai point.

Son humble modestie ne lui permit pas de faire cette réplique ; il s'inclina respectueusement et sortit.

Le grand vicaire, qui le suivait, l'introduisit dans son appartement :

— Mon ami, dit-il, pour entrer à Saint-Sulpice, il vous faut l'agrément de votre évêque. D'où êtes-vous ?

— De Dijon, monsieur l'abbé.

— Eh bien ! écrivez à Mgr l'évêque de Dijon de vous accorder votre acte d'excorporation, parce que vous venez d'obtenir des bontés de Mgr l'archevêque de Paris une demi-bourse au séminaire de Saint-Sulpice [1].

L'évêque de Dijon, M. de Boisville, patricien isolé dans sa caste, n'avait jamais entendu parler d'un jeune avocat, son diocésain, qui portait le nom roturier de Lacordaire.

En recevant une lettre signée de ce nom, pour lui parfaitement inconnu, il n'y vit rien qu'une de ces requêtes vulgaires, auxquelles les besoins de l'administration l'exposaient chaque jour. Il répondit courrier par courrier et accorda l'excorporation demandée, enchanté peut-être de ménager cette économie à la caisse du séminaire de Dijon.

On lui reprochait plus tard d'être allé si vite, et d'avoir répondu, sans s'enquérir de la valeur du sujet :

---

[1] VILLARD, *Pièces justificatives*, p. 184.

— Que voulez-vous ? répondait-il. Il m'avait écrit une lettre si simple, à laquelle il ne manquait que des fautes d'orthographe. Je l'avais pris pour le plus grand nigaud de mon diocèse !...

Lacordaire aimait à raconter l'aventure, et il la concluait par un sourire demi-malin, disant :

— Il en avait bien le droit. Figurez-vous que j'avais commencé par un participe présent[1] !...

III

Il fut accompagné à Saint-Sulpice par Gerbet et Salinis. On le plaça au séminaire d'Issy [2].

« En entrant au séminaire, surtout à la campagne, on
« éprouve une grande paix. Il semble que le monde est
« détruit, que c'en est fait depuis longtemps des guerres
« et des victoires, et que les cieux, à peine voilés, sans
« canicule et sans tonnerre, enserrent une terre nouvelle.
« Ce qu'éprouve l'âme est une sorte d'aimable enivrement
« de frugalité et d'innocence [3]. »

« Tu ne sais pas un de mes enchantements », écrivait-il
d'Issy. « C'est de recommencer ma jeunesse, avec les forces
« qui appartiennent à un âge plus élevé [4]. »

---

[1] FOISSET, *Vie du R. P. Lacordaire*, t. Ier, p. 68.
[2] Succursale du séminaire de Paris, dirigée, comme le Grand-Séminaire, par la compagnie de Saint-Sulpice.
[3] SAINTE-BEUVE, *Volupté*, édition de 1869, p. 335.
[4] Lettre à M. Lorain du 31 janvier 1829

J'ai dit, dans mon livre sur *Gerbet* [1], ce qu'est la direction des séminaires, et en particulier ce que sont les Sulpiciens.

Le nouveau venu trancha bien vite sur le ton général.

Il était fort enclin aux liaisons particulières, peu en faveur au séminaire.

Il aimait beaucoup le mouvement, et sa gaieté offusquait Messieurs de Saint-Sulpice.

Habitué aux joutes de la Société des études de Dijon, en classe, il saisissait pour ainsi dire corps à corps le professeur ébahi, le poussant, le pressant, l'accablant, comme l'athlète antique aux combats du ceste [2].

Les directeurs s'épouvantèrent. On en vint à suspecter sa vocation.

Quelques amis l'en avertirent charitablement.

Mais lui, incapable de feindre, ne s'inquiétait point de savoir quelle impression il produisait.

Il allait toujours droit devant lui, fils de son siècle, fidèle à son passé. Jusqu'alors, « l'indépendance avait été sa « couche et son guide [3] ».

Il étudiait avec ardeur. « Rien n'est plus dangereux, « disait-il, que la théologie, quand on la fait mal [4] ».

Il s'appliquait à se rendre digne du sacerdoce, tel qu'il l'avait entrevu, dans ses méditations solitaires sous les toits de la rue du Mont-Thabor. « Quelle mission sublime, écrivait-« il, que celle d'annoncer l'Évangile aux nations ! Si, tan-

---

[1] *Gerbet*, chap. 1er.
[2] *Énéide*, liv. V, vers 256 et suiv
[3] *Notice sur le rétablissement en France*, etc., ch. I, p. 46.
[4] LORAIN, *Correspondant*, t. XVII, p. 831.

« dis que Platon, l'honneur de la Grèce, se promenait avec
« ses disciples dans les jardins de l'Académie, un homme
« se fût présenté à lui et eût charmé ses oreilles par
« la lecture de quelques pages de l'Évangile, Platon
« fût tombé à ses genoux et l'eût adoré comme un
« dieu[1] ! »

Il épurait ses mœurs, d'ailleurs chastes et ombrageuses
d'instinct. « Le prêtre, disait-il, est un homme jeté au mi-
« lieu des peuples pour servir de barrière à la corruption ;
« c'est Caton se présentant dans le cirque, et arrachant le
« respect et le silence des Romains par sa seule pré-
« sence[2]. »

Mais cette vie de prière, de recueillement et de travail,
ne l'empêchait pas de jouir avec une grande liberté de
cœur des choses de la vie.

Il devenait communicatif pour ses condisciples, « qui sont
« presque tous, disait-il, comme des fleurs choisies et
« transportées dans la solitude... Je me plais à me faire
« aimer, à conserver dans un séminaire quelque chose de
« l'aménité du monde, quelques grâces dérobées au siè-
« cle... Je vis doucement avec mes confrères et avec moi-
« même[3]. »

Il se complaisait avec épanouissement aux choses de la
nature. Il prenait plaisir « aux parterres et aux allées cou-
« vertes qu'embaumait l'air du matin[4] », à suivre le progrès des fleurs et des fruits, « à voir les cerises montrer

---

[1] Lettre du 8 nov. 1824..
[2] *Ibid.*
[3] LORAIN, *Lettres*, p. 23.
[4] SAINTE-BEUVE, *loc. cit.*, p. 336.

« leurs têtes rouges à travers la verdure de leurs feuilles [1] ».

Si l'on veut avoir une idée complète de ses impressions de séminariste, ces choses simples dont on a la conscience réfléchie et le doux mérite, il faut lire de lui des pages charmantes, écrites pour un ami et placées dans un livre où l'on ne s'aviserait guère de les démêler [2].

Elles se trouvent dans le roman bien connu de Sainte-Beuve, qui a pour titre *Volupté*. Elles furent écrites par Lacordaire, au lendemain d'une visite faite à Issy, de concert avec le romancier, et adressées à celui-ci, qui les inséra, sans y rien changer, dans son livre [3].

[1] SAINTE-BEUVE, *loc. cit.*, p. 336.

[2] SAINTE-BEUVE, *Causeries du lundi*, t. 1, p. 225.

[3] « Lorsque je fis le roman de *Volupté*, a raconté Sainte-Beuve,
« qui, au vrai, n'est pas précisément un roman, et où j'ai mis le plus
« que j'ai pu de mon observation et même de mon expérience, j'avais
« eu cependant à inventer une conclusion, et je voulais qu'elle parût
« aussi réelle que le reste. Ayant à conduire mon personnage au
« séminaire, je m'adressai à l'abbé Lacordaire, pour qu'il voulût bien
« me donner des renseignements. Il m'offrit de me conduire au sé-
« minaire d'Issy, et, en effet, un mercredi d'été, il vint me prendre
« chez ma mère, rue Montparnasse, et nous nous acheminâmes à
« travers la plaine de Montrouge jusqu'à Issy. C'était jour de congé,
« et nous pûmes tout visiter. Le lendemain, je me disposais à noter
« tout ce que j'avais vu de remarquable et à profiter des observations
« de mon guide, quand je reçus de lui une longue lettre par laquelle
« il allait au-devant et au delà de mon désir, et achevait de compléter
« mes instructions de la veille. C'était un compte rendu exact et
« minutieux de tous les exercices du séminaire, et ce compte rendu
« était relevé de traits d'imagination comme sa plume en faisait
« jaillir inévitablement devant elle. Je n'eus donc, pour ce chapitre
« de *Volupté*, qui commence par ces mots : *Quand on entre au
« Séminaire*, etc., qu'à reprendre les paroles mêmes de l'abbé
« Lacordaire, et à les faire entrer dans le tissu de mon récit, en y
« changeant ou en y adoptant çà et là quelques particularités, et en

Tout cela cependant ne faisait pas l'affaire des bons Sulpiciens.

Leur nouvel élève n'avait, par exemple, pas pu s'habituer au bonnet carré. Il avait déclaré la guerre à cette coiffure antipathique, guerre d'épigrammes d'abord, puis guerre d'extermination. Il la prenait aux mains de ses amis, et la jetait au feu. Cela fit de l'émoi et du bruit, les uns tenant pour le bonnet carré, les autres pour la barrette. La barrette était alors une nouveauté. Du bruit et du nouveau, deux choses dont Saint-Sulpice a une égale horreur [1]. Le soir, à la lecture spirituelle, M. le Supérieur dut donner un avis.

On finit par avoir peur de l'intrus.

L'imprévu de ses allures, ses convictions libérales, son absolue répugnance à entrer dans le moule sulpicien, ahurissaient littéralement les directeurs. Pour un peu, on l'eût renvoyé du séminaire.

Par contre, ses condisciples subissaient de plus en plus le charme.

Il eut un jour la preuve de la séduction qu'il exerçait, à son insu, sur eux, dans une circonstance qu'il a plaisamment racontée.

Il est d'usage au séminaire de prêcher à tour de rôle au

« opérant les soudures. L'abbé Lacordaire m'avait recommandé alors
« la discrétion sur ce genre de communication; lorsque le livre fut
« terminé, publié, et qu'il en eut fait la lecture, il trouva qu'au total
« les convenances morales et même ecclésiastiques (puisque le récit
« est censé fait par la bouche d'un prêtre) avaient été suffisamment
« observées. » (*Nouveaux Lundis*, t. IV, p. 449.)

[1] CHOCARNE, *le R. P. Lacordaire*, t. I, p. 71.

réfectoire pendant le repas. Le tour de Lacordaire vint.
Voici comment il narrait l'épisode :

« J'ai prêché, c'est-à-dire que, dans un réfectoire où
« mangeaient cent trente personnes, j'ai fait entendre ma
« voix à travers le bruit des assiettes, des cuillers et de
« tout le service. Je ne crois pas qu'il y ait de position
« plus défavorable à un orateur que de parler à des
« hommes qui mangent ; et Cicéron n'eût pas prononcé les
« *Catilinaires* dans un dîner de sénateurs, à moins qu'il
« ne leur eût fait tomber la fourchette des mains dès la
« première phrase. Que serait-ce, s'il avait eu à leur
« parler du mystère de l'Incarnation? C'est cependant ce
« qu'il m'a fallu faire, et j'avoue que, à l'air d'indifférence
« qui régnait sur tous les visages, à cet aspect d'hommes
« qui ne semblent pas vous écouter, et dont toute l'at-
« tention paraît concentrée sur ce qui est dans leur as-
« siette, il me venait comme des pensées de leur jeter
« mon bonnet carré à la tête. Je descendis donc de la
« chaire avec l'intime persuasion que j'avais horriblement
« mal prêché. Je dînai à la hâte, j'entrai dans le parterre
« et je sus bientôt que mon discours avait produit de
« l'effet, et qu'on en avait été frappé. Je me borne à cette
« phrase, où il y a déjà passablement d'amour-propre,'
« et je ne rapporte pas les jugements, les prévisions, les
« flatteries et le reste[1]. »

Mais si ses jeunes confrères applaudissaient au sermon
qu'il venait de leur faire, au bruit des cuillers et des

----

[1] LORAIN, *le Père Lacordaire,* p. 27.

assiettes, les graves directeurs de la *Solitude*[1] ne s'en alarmaient que davantage. L'un d'eux porta l'affaire au conseil, et là on décida gravement de qualifier le sermon avec cette note : « Moitié galimatias, moitié sans aucun « sens, et le tout ridicule[2]. »

« Je sortais sans le vouloir », dit humblement Lacordaire dans ses *Mémoires,* « de la physionomie ordinaire « de leurs élèves. Sûr du mouvement qui m'avait poussé « près d'eux, je ne songeais pas assez à réprimer les sail- « lies d'une intelligence qui avait trop discuté de thèses, « et d'un caractère qui n'était pas encore assoupli. Ma « vocation devint promptement suspecte[3]. »

Les préventions des sulpiciens n'ôtaient cependant rien à son respect pour eux. Il savait bien que cette compagnie a sauvé en France l'esprit sacerdotal, et il se souvenait qu'elle a donné à l'Église M. Olier et M. Émery. « Un « prêtre qui n'a point passé par le séminaire », disait-il, avec cette légère teinte d'exagération dont il colorait volontiers ses thèses, « n'aura jamais l'esprit ecclésias- « tique[4]. »

---

[1] Nom donné par les sulpiciens à la succursale d'Issy.

[2] Fréd. GODEFROY, *Histoire de la littérature française,* 2ᵉ édit., quatorzième siècle, Prosateurs, tome I, p. 149. — Cependant, Mgr Regnier, dans ses *Souvenirs et lettres d'ami,* rapporte que, le soir, M. Ruben, supérieur d'Issy, formula en ces termes son opinion sur le sermon prononcé par Henri Lacordaire, au repas de midi : « Le discours de « M. Lacordaire est généralement bon.... Mais il y a quelques « défauts de détail qui n'ôtent rien aux qualités du fond Ainsi la « division n'est pas assez nettement indiquée, et il y a çà et là des « inégalités qui s'effaceront avec le temps et l'expérience. » (P. 50.)

[3] *Notice,* etc., p. 46.

[4] CHOCARNE, *loc. cit.,* p. 68.

Un jour pourtant, les retards que l'on mettait à l'admettre aux saints ordres — on le fit attendre deux ans et demi — lui donnèrent à réfléchir.

Il se demanda si ce n'était point là un signe de la Providence, qui le voulait ailleurs. Non pas qu'il eût la pensée de regarder en arrière. « J'espère bien », disait-il à ceux qui l'en sollicitaient, « j'espère bien me marier un jour ; « j'ai une fiancée belle, chaste, immortelle, et notre ma-« riage, célébré sur la terre, se consommera dans les « cieux. Je ne dirai jamais : *Linquenda domus, et placens* « *uxor*[1]. »

Il avait mis la main à la charrue ; c'était pour ne plus la quitter, car il était de la race de ceux qui font le salut d'Israël[2].

Mais l'indécision de ses maîtres lui pesait.

Or, deux ans auparavant, un autre séminariste avait touché, lui aussi, à Saint-Sulpice. Il en était sorti pour embrasser une milice plus étroite, et l'on parlait de lui comme d'un homme par qui l'avenir de l'Église de France serait modifié. Ce prédécesseur s'appelait Xavier de Ravignan, et la milice à laquelle Ravignan avait donné son nom, en quittant Saint-Sulpice, c'était la Compagnie de Jésus.

Serait-ce donc qu'il doit faire comme lui ?

Ses directeurs se préoccupaient uniquement de former des prêtres de paroisse.

---

[1] LORAIN, *Correspondant*, t. XVII, p. 835.
[2] *De genere eorum per quos salus facta est in Israel.* (*Macch.* lib. II, c. XI, v. 8.)

Des prêtres de paroisse!... Eh! que font-ils donc? « Ren-
« fermés dans le sanctuaire, où ils veillent sur les pierres
« qui leur sont restées, ils ne peuvent le défendre des at-
« taques du dehors. Ils regardent quelquefois du haut des
« murs de Sion, ils voient que le nombre des assiégeants
« s'augmente toujours; et, redescendus dans l'intérieur du
« temple, ils racontent ce qu'ils ont vu, avec de tristes et
« éloquentes paroles, qui ne touchent guère que ceux qui
« n'en ont pas besoin : les femmes, quelques hommes,
« quelques jeunes gens, de temps en temps quelques âmes
« en qui la foi se réveille[1]. »

Prêtre de paroisse! Il ne saurait l'être jamais!

Sera-t-il missionnaire? Mais l'entreprise de MM. de
Forbin-Janson et Rauzan lui semble maladroitement com-
promise par un imprudent mélange de la propagande politique à l'apostolat : « Ils appelaient le peuple à des chants
qui n'exprimaient pas seulement les espérances de l'éternité, mais encore celles de la politique profane[2]. Puis,
dans leurs prédications, l'excès du sentiment suppléait à
la faiblesse de la doctrine, et ils s'attaquaient moins au
cœur qu'à l'imagination[3]. »

Bref, à force de réfléchir, Lacordaire se décida à se faire
Jésuite comme Ravignan.

Comme tous ses contemporains, il avait eu de grandes
préventions contre les Jésuites.

Mais seuls à ce moment, au milieu de l'inertie générale

[1] Lettre à M. Foisset du 25 avril 1826.
[2] *Éloge funèbre de M.gr de Forbin-Janson.* (T. VIII des Œuvres
complètes, p. 94.)
[3] *Ibid.*

de l'épiscopat et du clergé séculier [1], les Jésuites se montrèrent hommes d'initiative, intelligents, courageux. Le séminariste, découragé par ses directeurs, effrayé de l'atonie de l'Église en France, résolut d'entrer au noviciat de la Compagnie.

M. de Quélen le sut.

Il avait toujours aimé Lacordaire [2], et l'intérêt qu'il lui portait avait grand'peine à se dissimuler. aux visites que le vénérable archevêque faisait tous les deux mois à Saint-Sulpice.

Quand il apprit la résolution de son jeune ami, il en devina le point de départ et ne dissimula plus.

Devant sa volonté formelle, le conseil voulut bien reconnaître qu'il s'était mépris sur le fond de cette nature privilégiée, et consentit à admettre que, parce qu'on sort des rangs par la taille, en les dominant de toute la tête comme Saül dominait les bataillons d'Israël [3], on ne mérite pas l'exclusion pour cause de supériorité.

L'abbé Lacordaire fut enfin admis aux ordres.

Il avait vingt-cinq ans.

---

[1] M. Foisset a fait, dans les premiers chapitres de son beau livre sur Lacordaire, un éloquent tableau de cette lamentable inertie du clergé avant 1830.

[2] « L'intérêt qu'il prenait à l'abbé Lacordaire doublait alors l'affection que le digne archevêque nous inspirait à tous. » (REGNIER, *loc. cit.*, p. 45.)

[3] *I Reg.*, IX, 2

IV

C'était le 22 septembre 1827.

Ce quantième, il l'inscrivit dans son Mémorial, comme la plus grande date de son existence, et chaque année, quand approchait le retour du grand anniversaire, on le voyait ému, recueilli, saisi comme on l'est à la veille d'un événement.

C'est que, le 22 septembre, il était devenu prêtre de Jésus-Christ, prêtre pour l'éternité, prêtre de l'Église qu'il avait aimée jusqu'à tout quitter pour elle et qu'il servira si loyalement jusqu'à son dernier soupir.

Il y a quinze ans, les catholiques français s'étaient donné rendez-vous à Malines. Un moine se leva au milieu d'eux, et, dans un transport d'éloquence superbe, il dit au congrès réuni ses souvenirs d'ordination sacerdotale :

« Ah! Messieurs, s'écria-t-il, dans ce jour qu'aucun
« prêtre n'oublie, dans ce jour où, couché sur le pavé
« d'un temple, je prenais pour mon unique et virginale
« épouse la sainte Église de Jésus-Christ, les lèvres dans
« la poussière, les yeux dans les larmes, le cœur dans
« les sanglots, je lui jurai en silence de la bien aimer, et,
« si je le pouvais, de la bien servir [1] ! »

---

[1] Discours du Révérend Père Hyacinthe, des Carmes déchaussés, au congrès de 1867, à Malines.

Mon Dieu! ai-je eu raison de réveiller cette parole si belle, si noble, si touchante? Pourquoi rapprocher le souvenir de ce langage des réalités si tristes où se débat, à cette heure, le moine qui l'a tenu?

Il s'appelait alors le Père Hyacinthe, et aujourd'hui!... Mais, à ce moment, il a magnifiquement traduit l'impression de tous ses frères dans le sacerdoce, et, puisqu'il a dit qu'aucun prêtre n'oubl e ce jour, espérons que, remuant des souvenirs si beaux, un prochain — oh! oui, Dieu le veuille! un bien prochain anniversaire de sa prêtrise réveille des remords, et ramène à son unique et virginale Épouse l'infidèle oublieux que nous pleurons avec elle.

Pour nous reposer de cette attristante évocation, revenons à Lacordaire.

Lui aussi a chanté ses souvenirs d'ordination.

C'était à Notre-Dame. Dans tout l'éclat de sa jeune virilité, le front ceint de sa beauté virginale, l'œil étincelant de joie et de vie, la lèvre frémissante de reconnaissance et d'amour, il entonna le chant de ses noces, l'épithalame de son mariage avec la sainte Église de Dieu :

« Eh bien! Messieurs, s'écria-t-il, Messieurs, qu'en
« dites-vous?... Remarquez-le, ce ne sont pas des vieil-
« lards réduits par les glaces de l'âge à l'impuissance du
« mal que la doctrine catholique choisit pour ses prêtres;
« non, ce sont des jeunes gens, c'est l'homme dans la
« séve et la fleur de la vie, c'est saint Jean couché sur la
« poitrine de son maître; c'est saint Paul courant vers
« Damas à bride abattue; c'est saint Antoine emportant
« tout son printemps au désert de Kolsim. Voilà le prêtre
« catholique. »

« L'Église prend par les cheveux la jeunesse toute vive,
« dévouée par son cœur, séduite par son imagination ; elle
« la purifie dans la prière et la pénitence, l'élève par la
« méditation, l'assouplit par l'obéissance, la transfigure
« par l'humilité, et, le jour venu, elle la jette par terre
« dans ses basiliques, elle verse sur elle une parole et
« une goutte d'huile : la voilà chaste ! Ils iront, ces jeu-
« nes gens, ils iront par toute la terre, sous la garde de
« leur vertu ; ils pénétreront dans le sanctuaire des sanc-
« tuaires, celui des âmes ; ils écouteront des confidences
« terribles ; ils verront tout, sauront tout ; mille tempêtes
« passeront sur leur cœur. Ce cœur restera de feu par la
« charité, de granit par la chasteté [1]. »

Le jeune orateur se recueillit. Il sembla s'abîmer dans la
contemplation intérieure de ce grand miracle, tout vivant
en son sein, qu'il sentait se remuer dans ses entrailles et
faire écho à sa parole sous les voûtes de Notre-Dame. Puis,
il regarda la dalle sur laquelle l'Église l'avait couché. Il
crut voir sortir de son sépulcre cette figure noble, grave,
douce et sereine, de l'archevêque, qui avait versé sur lui
cette parole et cette goutte d'huile, dont il venait de dire
le prodige. Il s'interrogea. La réponse dut être éloquente,
car il releva sa belle tête, et, regardant en face cette foule
qui s'abreuvait à ses lèvres, il eut l'inspiration de la prendre
soudainement à témoin et l'adjura fièrement en ces termes :

« Grâce à Dieu, Messieurs, le sacerdoce catholique a
« subi cette épreuve ; il la subit depuis bientôt vingt
« siècles..... La foi des générations attentives ne s'y mé-

---

[1] *Conférences de Notre-Dame de Paris*, t. II, p 46.

« prend pas : elle croit à une vertu qu'elle a trop éprou-
« vée ; elle amène à nos pieds des enfants de seize ans,
« des cœurs de seize ans, des aveux de seize ans ; elle les
« amène à la face de l'univers et à l'étonnement de l'im-
« pie ; elle y amène la mère avec la fille, les chagrins pré-
« coces avec les chagrins vieillis, ce que l'oreille de
« l'époux n'entend pas, ce que l'oreille du frère ne sait pas,
« ce que l'oreille de l'ami n'a jamais soupçonné... La
« fureur de nos ennemis viendra se briser toujours contre
« cette arche, que le sacerdoce catholique porte avec lui.
« Ils la poursuivront, comme l'armée de Pharaon, jusque
« dans les eaux profondes ; mais le mur, le cristal de la
« chasteté, s'élèvera toujours entre eux et nous [1] ! »

V

Il était prêtre. « Ce que je voulais faire est fait », écrivait-
il, « je suis prêtre depuis trois jours, *sacerdos in æter-*
« *num* [2] ! »

Il jouit d'abord en silence de son bonheur. Monter à
l'autel chaque matin, se dire tout le long du jour : J'y re-
monterai demain !... Source enivrante de délices spiri-
tuelles, qu'il faut avoir goûtées pour les comprendre !...
Lacordaire s'en nourrit.

[1] *Conférences de Notre-Dame de Paris,* p. 47.
[2] Lettre à M. Lorain du 25 septembre 1827.

Bientôt cependant il fallut songer à utiliser ce trésor.

La chose fut portée au conseil de l'archevêché.

M. de Quélen aimait singulièrement le nouveau prêtre [1], qu'il considérait presque comme une conquête personnelle [2]. On délibéra.

La délibération fut longue, et la conclusion, qu'on ne savait que faire de ce génie. Pour un peu, ils auraient décidé que ce n'était qu'un embarras, et que l'archevêque aurait tout aussi bien fait de laisser ce sujet à son évêque, à Dijon. Bref, Lacordaire, jeune prêtre, s'il ne fut pas un embarras, fut tout au moins une difficulté pour MM. les grands vicaires de Paris.

Quand il le sut, un de ses anciens directeurs de Saint-Sulpice, le célèbre M. Boyer, eut un mouvement d'impatience. Il manda le jeune prêtre.

— Mon très-cher, lui-dit-il, je veux vous faire cardinal.

Et il lui raconta comment, le poste d'auditeur de rote pour la France étant devenu vacant à Rome, il l'avait proposé à Mgr Frayssinous [3], son parent, pour l'aller occuper.

— Monsieur l'abbé, répondit Lacordaire, si j'avais désiré les honneurs, je serais resté dans le monde. Ne pensez plus à moi, je serai simple prêtre [4].

---

[1] Lettre de madame Swetchine à l'abbé Lacordaire, du 18 avril 1837.

[2] FOISSET, *loc. cit.*, p. 83.

[3] « Je le veux d'un mérite hors ligne », avait dit Mgr Frayssinous à M. Boyer, en lui demandant un sujet, « d'une instruction solide « unie au poli de l'éducation, digne enfin de représenter honorable- « ment la France à la cour de Rome, et d'arriver aux dignités élevées « auxquelles, vous le savez, cette prélature ouvre la voie. » M. Boyer avait songé à l'abbé Lacordaire.

[4] CHOCARNE, *loc. cit.*, p. 81.

Au palais des prélats de Rome, il préféra l'humble cellule de l'aumônier au couvent de la Visitation. Là, il avait à faire le catéchisme à trente pensionnaires de douze à dix-huit ans[1].

Les Visitandines de la rue Saint-Étienne-du-Mont l'entendirent faire, derrière leurs grilles, le premier essai de sa parole. Elles trouvèrent cela attachant, neuf, mais, disaient-elles, « notre aumônier fait trop de métaphysique[2] ».

Puis il péchait contre tous les usages. Il osait ne plus dire : Ceci est mon premier point, et cela mon second point. Et le bonnet carré !... On ne le voyait jamais se préoccuper de le reprendre en main, pour annoncer que la péroraison était venue et que la sacristine pouvait rallumer les cierges. En un mot, c'était un genre de prédication tout à fait contraire aux plus chères traditions de la rhétorique sacrée.

Lacordaire souffrait en silence de se sentir méconnu et si peu compris. Sa mère vint le rejoindre. « Sachant », racontait plus tard son fils[3], « sachant que ma nature était « aimante, elle me disait quelquefois, avec une sorte de « mélancolie : *Tu n'as point d'amis!* Je n'en avais point « en effet[4]. »

---

[1] Lettre à M. Foisset du 22 février 1828.

[2] CHOCARNE, p. 85

[3] *Mémoires, ibid.*, p. 86.

[4] La mère de Henri n'avait pas moins besoin de consolation que son fils. C'est un ami des premières années qui le raconte (Mgr REGNIER, *loc. cit.*, p. 68) : « Le futur prédicateur de Notre-Dame aiguisait, « comme en se jouant, ses brillantes armes oratoires, passant le peu « de loisirs qu'il se laissait à consoler sa pieuse mère de son éloigne-

On lui laissait beaucoup de loisirs. Il en profita pour recommencer ses études de théologie.

« La force est aux sources, disait-il, et je veux y aller
« voir... Tout ce que j'ai lu jusqu'ici sur la défense de la
« religion me semble faible ou incomplet... C'est tout
« comme en Suisse : un chemin qu'un voyageur célèbre a
« suivi, tous le prennent, et l'on passe à côté d'un sentier
« qui mènerait à de nouvelles beautés, mais qui n'est pas
« historique encore[1]. »

L'archevêque vint le prendre à la Visitation, et le présenta, aux vacances de 1828, à M. de Vatimesnil, pour en faire le second aumônier du collége Henri IV.

« Un enfant du siècle[2] » a décrit ce que le jeune aumônier fut appelé à voir, dans ce nouveau ministère :

« Qui osera jamais raconter ce qui se passait alors dans
« les colléges?... Des enfants de quinze ans, assis noncha-
« lamment sous des arbrisseaux en fleur, tenaient par passe-
« temps des propos qui auraient fait frémir d'horreur
« les bosquets immobiles de Versailles. La communion du
« Christ, l'hostie, le symbole éternel de l'amour céleste,
« servait à cacheter des lettres : les enfants crachaient le
« pain de Dieu[3]. »

« ment du pays natal et de l'isolement parisien. « N'oublie pas, dit
« la Bible, les soupirs de ta mère. » (*Eccl.*, VII, 26.)

[1] Lettre à M. Lorain du 14 novembre 1827.

[2] Alfred DE MUSSET, *la Confession d'un enfant du siècle.* (Première partie, ch. II.)

[3] Voir aussi le *Mémoire au ministre*, rédigé par Lacordaire et signé par tous les aumôniers des lycées de Paris, dans l'*Avenir*, n° du 29 novembre 1830.

Devant cette horrible impuissance de son ministère nouveau, Lacordaire se demanda ce qu'il ferait :

« Que faire ? dit-il, j'étais seul. Quand on est seul dans
« le monde, il faut se cacher et attendre. Je me cachai
« et j'attendis. Trois ans se passèrent : c'est peu de chose
« dans la vie d'un homme, et beaucoup dans la jeunesse
« naturellement vive et incapable de porter longtemps un
« fardeau. Je me lassai de cette vie, et je regardai au loin
« s'il n'était pas sur la terre quelque lieu où un prêtre
« pût vivre libre [1]. »

Triste, agité bien que soumis, plus surveillé qu'encouragé par ses supérieurs dans le poste où ils l'avaient placé [2], une idée traversa son esprit.

Quitter la France, fuir notre sol jonché de trop de débris, chercher une terre sans passé, par conséquent sans préjugés et sans récriminations, où il n'y eût pas de vieux comptes à régler entre la religion et la liberté [3].

« Qui n'a tourné les yeux, disait-il, dans ces moments
« où la patrie fatigue, vers la république de Washington?
« Qui ne s'est assis, par la pensée, à l'ombre des forêts
« et des bois de l'Amérique [4] ? »

Il songea sérieusement à traverser l'Atlantique, et à aller

[1] *Plaidoyer de Lacordaire devant le jury,* 31 janvier 1831.

[2] Témoignage des contemporains, facile à constater dans les correspondances de 1828 à 1830.

[3] A. DE BROGLIE, *Discours de réception à l'Académie française.* Dans ce remarquable discours, l'éloquent académicien a fait un tableau achevé de cette phase de la vie de son prédécesseur. Nous lui en empruntons les traits principaux.

[4] *Plaidoyer,* etc.

servir Dieu dans les églises pauvres, mais libres, des États-Unis [1].

« L'Évangile retrempé à ses sources populaires, une messe dite par des colons rustiques dans une chapelle de bois, une prédication qui ne dût compte de ses hardiesses, après l'Église, qu'à lui, c'était là ce qui séduisait une imagination qu'avaient laissée froide les pompes de nos cérémonies royales [2]. »

L'évêque de New-York l'agréa, et, muni du double consentement de son archevêque et de sa mère [3], le futur missionnaire fit ses préparatifs de départ.

Ils étaient faits, quand, un jour, « en se réveillant au fond du quartier latin où il habitait, il entendit le grondement lointain du canon. Le bruit venait du côté du fleuve et du Louvre. Il courut aux nouvelles, revêtu d'habits séculiers. En approchant de la Seine, il aperçut au-dessus du palais des rois une colonne de fumée, à travers laquelle on distinguait le drapeau d'une révolution. C'était une révolution en effet, prompte et triste réponse d'un coup d'État royal.

« Ah ! Messieurs, s'écriait le successeur de Lacordaire à l'Académie française, nous les connaissons tous, ces journées où le sort d'une nation se décide dans les douleurs

---

[1] A. DE BROGLIE, *loc. cit.*

[2] On en peut trouver la preuve dans une curieuse lettre écrite à J. Regnier le 3 avril 1826, au sortir d'une cérémonie au Val-de-Grâce.

[3] « Quant à Henri, il ne faut pas chercher à le dissuader de son voyage (en Amérique) ; ce serait temps perdu, et en vérité, aujourd'hui, je crois qu'il fait bien » (Lettre de madame Lacordaire, collection Villard, p. 445.)

d'un combat civil. Tour à tour vainqueurs ou vaincus, tous les partis de France en ont éprouvé les angoisses ou les joies lugubres : ici le regret des fautes de la veille, et là le poids de la responsabilité du lendemain ; et, entre la fidélité qui pleure et l'espérance qui s'effraye de son triomphe, le tressaillement de toutes les convoitises qui s'éveillent et le tremblement de tous les intérêts éperdus.

« Aucun de ces sentiments ne traversait l'âme du jeune prêtre, pendant qu'appuyé sur le parapet du quai, il suivait de l'œil la chute d'une royauté de dix siècles. Il n'apercevait ni les uniformes déchirés, ni l'insurrection victorieuse ; il ne regardait qu'une chose : il regardait tomber l'alliance des vieux pouvoirs et de l'Église. Le tranchant d'un glaive d'en haut venait d'en couper le lien. La monarchie périssait ; l'Église ne pouvait périr. Puisque l'Église n'avait pu communiquer à une dynastie royale l'éternité de sa vie divine, il ne lui restait qu'à demander l'aliment de sa vie humaine à la liberté.

« Au même moment, sous la même secousse électrique, la même idée jaillissait dans l'esprit d'un autre prêtre. Celui-là n'était inconnu ni de lui-même ni du monde. Depuis plus de dix ans, au contraire, il fixait sur lui tous les regards[1]. »

Tout à coup, dans la stupeur des premières heures, ce prêtre, le plus grand nom de l'Église de France, laissa tomber de sa plume éloquente les deux grands mots qui fascinèrent toute sa vie l'abbé Lacordaire : DIEU ET LIBERTÉ !

---

[1] A. DE BROGLIE, *Op. cit.*

L'*Avenir* était fondé.

Lacordaire tressaillit. Il fut un des premiers à répondre à l'appel du maître.

Désormais, on va dire : Lacordaire et Lamennais !

III

LACORDAIRE ET LAMENNAIS

En entrant dans l'école menaisienne, Lacordaire savait
ce qui l'y attendait. Il y entrait doux et fier. Il ne s'exa-
gérait ni sa force ni sa mission.

« Ferons-nous », dira-t-il plus tard sous l'impression
du même sentiment qui le dominait, « ferons-nous plus et
« mieux que nos pères ? Héritiers de Zorobabel, qui releva

« les ruines du temple, rebâtirons-nous, comme Néhémias,
« les murs et les tours de la sainte cité ? Dieu seul, qui lit
« au plus lointain des âges, Dieu seul le sait. Mais si cette
« gloire nous est refusée, si la truelle et l'épée tombent de
« nos mains avant d'avoir achevé l'enceinte de Jérusalem,
« puissions-nous du moins laisser aux enfants de la capti-
« vité une mémoire de nous qui les fortifie, un parfum qui
« s'élève de notre tombe et qui porte à leur cœur, avec de
« bonnes nouvelles du passé, un présage heureux de l'ave-
« nir [1] ! »

Cette noble et chrétienne espérance ne sera pas trompée.

Que voulait donc Lacordaire, en devenant le disciple de
Lamennais [2] ? Quelle fut la visée de ces esprits sincères, ardents, droits, loyaux, qui, avec l'enthousiasme d'une
jeunesse à peine virile, se rangèrent tout à coup sous un
étendard dont on sait les frémissements à tous les vents
qui agitèrent leur siècle, et la devise non moins hardiment
déployée devant tant de regards effarés ou hostiles ?

[1] *Éloge funèbre de Mgr de Forbin-Janson.* (Œuvres de Lacordaire
t. VIII, p. 112.)

[2] « L'ascendant de Lamennais sur Lacordaire n'avait jamais été
complet, à cause du caractère excessivement impérieux de cet orgueil-
leux génie. « Il fallait l'adorer, disait le Père, ce qui m'a toujours
« répugné. » (*Lettre d'un ami de Lacordaire à l'auteur*)

Je laisse la parole à un maître dans l'art de bien dire, et qui s'est posé, lui aussi, la même question.

C'était le 3 avril 1856. A l'Institut, le noble successeur de Lacordaire au fauteuil d'académicien avait redit déjà, dans une langue riche et belle, les gloires de son devancier. Il sembla pourtant au directeur de l'Académie française — c'était pour lors Saint-Marc Girardin — que le prince Albert de Broglie lui avait laissé quelque chose à dire sur cette délicate question, et il entra froidement, mais résolûment, dans le vif du sujet :

« J'ai souvent entendu dire qu'il y avait dans le Père
« Lacordaire trop du démocrate et trop du tribun popu-
« laire pour un prêtre. Je ne puis pas partager cet avis.
« Quel est le reproche ordinaire que nous entendons faire
« au clergé catholique de nos jours? N'est-ce pas d'être
« trop favorable au principe d'autorité, et, comme il l'a
« dans l'Église, de vouloir le mettre aussi dans l'État?
« N'est-ce pas d'être trop souvent opposé aux idées et aux
« sentiments de nos institutions modernes? Si donc il y a
« quelque part des prêtres profondément convaincus qu'ils
« peuvent aimer d'autant plus la liberté qu'ils ont moins
« à craindre la licence, étant appuyés sur l'autorité de
« l'Évangile, des prêtres qui pensent que l'esprit démo-
« cratique dans l'Église n'est qu'une expression confuse et
« généreuse des deux grands mystères chrétiens, Dieu
« naissant dans une crèche et mourant sur une croix,
« j'avoue que je ne suis pas assez conservateur pour
« m'éloigner de ces promoteurs des faibles et des petits;
« j'avoue que j'aime ces prêtres qui ne condamnent
« aucune des grandes dates du monde moderne, mais qui

« les dépouillent de leur sens de guerre et de haine
« pour leur donner une signification pacifique et chari-
« table.

« La révolution française a aboli presque partout, dans
« le vieux monde européen, les contradictions que les
« inégalités et les prédominances sociales suscitaient à la
« loi de l'Évangile. Mais, par une inconséquence singu-
« lière, la Révolution a nié l'Évangile, en même temps
« qu'elle en faisait presque aveuglément la loi de l'État,
« de même que l'Église, de nos jours, a nié souvent la
« Révolution, au moment même où elle prêchait l'égalité
« par l'Évangile.

« Accuserai-je les prêtres qui ont compris ce singu-
« lier malentendu entre l'Église et l'État, et qui
« ont voulu le terminer, non en soumettant l'État à
« l'Église ou l'Église à l'État, mais en tâchant de les
« réconcilier, non point dans la faveur des cours, ou dans
« la dépendance des clubs, mais dans la liberté du droit
« commun, de cette liberté qui est l'expression et la garan-
« tie de celle que Dieu a donnée à chacun de nous
« ici-bas?

« Cette œuvre de réconciliation, cette reconnaissance
« entre l'Évangile et la révolution de 1789, était-elle chose
« possible? Oui, le Père Lacordaire l'a montré par sa vie
« et par ses écrits. Car c'est dans cette pensée et pour cette
« œuvre qu'il a vécu et qu'il a parlé; c'est aussi dans cette
« pensée qu'il est mort.

« Cette œuvre était-elle facile? Non; elle a valu à M. La-
« cordaire bien des peines, bien des tribulations; il a
« eu à traverser bien des difficultés, bien des écueils, et

« des écueils marqués par de grands naufrages [1]... »

Ainsi parla le directeur de l'Académie française dans sa réponse au récipiendaire de 1856. A mon sens, il était impossible de mieux dessiner les contours délicats de la question.

Il ajouta, et ces paroles achevèrent de déterminer le rôle spécial de Lacordaire dans l'école de Lamennais :

« Pour le Père Lacordaire, la révolution de 1789 n'a
« jamais été qu'une société à évangéliser, et cette société,
« il avait d'autant plus de zèle à la ramener doucement
« vers Dieu, que c'était sa société, sa famille, sa nation,
« qu'il était libéral comme elle, sachant seulement mieux
« qu'elle ce qu'était le libéralisme, parce qu'il l'apprenait
« chaque jour dans l'Évangile, patriote comme elle, glo-
« rieux de ses victoires, pleurant de ses défaites, saignant
« de ses blessures, toujours l'homme de notre temps, de
« notre condition, de notre esprit, doux surtout, doux
« parce qu'il aimait ces nouveaux gentils dont il s'était fait
« l'apôtre, doux non par mollesse, car il avait l'âme ferme,
« mais doux par charité : *beati mites!* C'est par là qu'il
« lui a été donné de représenter à nos yeux l'idéal que
« nous nous faisions autrefois de M. de Lamennais, et d'être
« un des grands médiateurs que le siècle demande à la
« religion et à l'Église [2]. »

[1] Saint-Marc Girardin, *Réponse au discours de M. le prince A. de Broglie.*

[2] *Ibid.*

II

Jusqu'en 1830, l'abbé Lacordaire n'avait fait qu'entrevoir
M. de Lamennais.

« Je ne l'avais vu que deux fois dans ma vie pendant
« quelques minutes, mais je ne voulais pas quitter la
« France sans approcher sa personne de plus près, sans
« lui demander sa bénédiction pour un jeune homme na-
« vré par instinct des mêmes douleurs qui consumaient son
« génie invincible. Je le vis, je saluai cet homme grand et
« simple, sous le modeste toit de nos pères; il me permit
« de l'aimer [1]. »

Il vit, il entendit, il aima Lamennais.

Tout épris de son rêve d'apostolat aux États-Unis, il se
dit tout à coup :

« C'est M. de Lamennais qui sera, en France, le fonda-
« teur de la liberté chrétienne et américaine [2]. Oter l'Église
« de l'état d'engrènement où elle est chez nous, pour la
« mettre dans l'état d'indépendance absolue où elle est en
« Amérique, voilà ce qui est à faire avant tout. Une fois
« que j'ai cru cela, je suis allé à la Chesnaie [3]. »

[1] Plaidoyer de l'abbé Lacordaire devant le jury, 31 janvier 1831.
— Voir l'*Avenir* du 8 février 1831.
[2] Lettre à M. Lorain, 2 juillet 1830.
[3] Lettre à M. Foisset, 19 juillet 1830.

Lamennais séduisit le jeune prêtre, bien plus que celui-ci ne voulait plus tard le reconnaître et bien plus que ne l'ont dit ses panégyristes, comme si la vérité avait besoin d'être diminuée dans une pareille existence.

« C'est un druide ressuscité en Armorique », écrivait-il dans son enthousiaste admiration, « et qui chante la liberté « d'une voix un peu sauvage. Le ciel en soit béni ! Ce mot « est éloquent sur toutes les lyres, même quand il n'y « reste qu'une corde, comme à Sparte [1] ! »

Et, à son lit de mort, quand il jeta sur cette phase de sa vie ce regard qui ne trompe point, éclairé qu'il est par les lueurs d'une aurore prochaine et singulièrement lumineuse, celle des jours éternels, Lacordaire dictait ces paroles, suprême expression de la vérité sur cette date si controversée de son histoire :

« Transformé tout à coup, je trouvais en M. de Lamennais « le défenseur public des idées qui m'avaient été toujours « chères, et auxquelles je n'avais pas cru possible que Dieu « envoyât jamais un tel secours et une si magnifique ma-« nifestation... On pouvait croire qu'il allait être l'O'Con-« nell de la France et obtenir, après de glorieux combats, « l'acte d'émancipation qui tout récemment avait cou-« ronné les efforts et la tête du grand libérateur [2]. »

Je ne saurais refaire ici l'histoire de l'école de la Chesnaie.

La fondation du journal *l'Avenir,* les luttes de *l'Agence pour la défense de la liberté religieuse,* le procès de l'école libre, les combats dans la presse, au Parlement, toutes ces

---

[1] Lettre à M. Lorain, 25 mai 1830.
[2] *Notice sur le rétablissement de l'Ordre des Frères Prêcheurs en France.*

scènes palpitantes et vivantes encore après un demi-siècle sont consignées ailleurs [1].

J'ai dit en effet ailleurs le rôle que remplit dans ces choses le jeune prêtre dont je dois m'occuper plus spécialement ici, ce rôle superbe, accompli avec un génie d'éloquence qui le révéla dès les premières paroles, j'allais dire dès le premier choc de son épée [2].

Avez-vous jamais ouvert, dans nos Saintes Écritures, le livre de Job? Chateaubriand ne trouvait rien de comparable, dans aucune littérature humaine [3], à ce chapitre XXXIX, où l'Iduméen inspiré décrit l'ardeur guerrière du cheval :

« Est-ce toi, dit le Seigneur, s'adressant à Job, est-ce toi
« qui donneras au cheval la force? Est-ce toi qui entoure-
« ras son cou des hennissements qu'il pousse au loin?

« Est-ce toi qui le feras bondir comme les sauterelles?
« La fierté du souffle de ses narines inspire la terreur.

« Il frappe du pied la terre ; il s'élance avec audace ; il
« court au-devant des hommes armés.

« Il méprise la peur, il ne cède pas devant le glaive.

« Au-dessus de lui résonne le carquois : la lance et le
« bouclier font vibrer des éclairs.

« Ardent et frémissant, il dévore le sol; il ne s'effraye pas
« du son de la trompette. Dès qu'il entend la charge, il
« dit : Vah [4] ! »

Cette histoire du cheval de bataille, toujours frémissant, toujours prêt à la lutte, qu'excitent, au lieu de l'effrayer,

[1] Voir *Lamennais*, chap. VIII et IX.
[2] VILLARD, *Correspondance inédite du P. Lacordaire*, p. 32.
[3] *Génie du Christianisme*, liv. III, chap. VII.
[4] JOB, XXXIX, 17-25.

les cris des combattants et l'éclat des trompettes, c'est l'histoire de l'abbé Lacordaire, pendant les treize mois que dura l'*Avenir*. Au journal, à la tribune, à l'école, écrivant, plaidant, enseignant, il était partout, on eût dit sans fatigue et avec joie, à entendre cette parole, jetant ses ardents appels à tous les échos du patriotisme, de la religion et de la liberté [1].

On lui contestait le droit de reparaître à la barre, avec sa robe d'avocat. Il écrit au bâtonnier de l'Ordre : « Des « événements immenses ont changé la position de l'Église « dans le monde. C'est pourquoi je crois utile de me rap-« procher de mes concitoyens, en poursuivant ma carrière « dans le barreau. » Et c'est Me Marie, l'avocat républicain, ami de Berryer, qui défend la prétention de Lacordaire devant les mesquines exclusions du conseil de l'Ordre [2].

On regardait le clergé comme un ennemi, on le traitait comme tel, et les politiques étaient volontiers de l'avis de Frédéric II : « Pour en finir avec l'Église », disait le roi philosophe à ses amis, « savez-vous ce qu'il faut en faire ? « Il faut en faire un hibou... » — « Vous savez, Messieurs », ajoutait plus tard Lacordaire, en racontant l'anecdote à

---

[1] VILLARD, *loc cit.*, p. 33.

[2] La *Gazette des Tribunaux* (n° du 21 juin 1831) publia contre la décision arbitraire du conseil de discipline un article où l'on démontrait que ce conseil avait excédé ses pouvoirs, en prononçant une incompatibilité qui n'existait pas dans la loi : « Les vieilles répu-« gnances du dix-huitième siècle, y disait-on, l'ont emporté sur des con-« sidérations plus libérales et plus élevées. Nous aurions compris la « résistance à la prétention de M. Lacordaire, partant du haut clergé; « mais qu'elle vienne, après 1830, du conseil de l'Ordre des avocats, « voilà ce qui nous paraît inexplicable. »

Notre-Dame, « cet oiseau solitaire et triste, qui se tient
« dans un coin, avec un air rechigné [1]. »

Un hibou! se résigner à n'être qu'un hibou, lui!...
Écoutons-le.

L'avocat du roi s'était hasardé à dire que les prêtres
étaient les ministres d'un pouvoir étranger. Lacordaire bon-
dit sous l'insulte : « Monsieur l'avocat du roi », cria-t-il de
son banc, « nous sommes les ministres de quelqu'un qui
« n'est étranger nulle part, de Dieu! » Sur quoi l'auditoire,
rempli de ce peuple de Juillet, si hostile au clergé, se mit
à applaudir; et les décorés des trois journées lui criaient :
« Mon prêtre, mon curé, comment vous nommez-vous?
« Vous êtes un brave homme[2]! »

Le commissaire vient, le 9 mai 1831, fermer l'école libre. — « Au nom de la loi », dit-il aux enfants, « je vous
« somme de sortir. » Et Lacordaire : « Au nom de vos pa-
« rents, dont j'ai l'autorité, je vous ordonne de rester. »
Et les enfants, d'une voix unanime : « Nous resterons!... »
Sur quoi, les sergents de ville enlèvent maîtres et élèves.
Quand on en vint à lui, il s'assit sur un lit de sangle qu'il
avait fait transporter dans l'école, pour y affirmer ses droits
de domicile : « Je reste ici », dit-il, « seul avec la loi et
« mon droit! » et il en tira l'occasion de son magnifique
plaidoyer devant la Cour des pairs[3].

C'est encore lui qui, devant les assises du 31 janvier
1831, osait dire : « Il n'y a que deux choses qui donnent

---

[1] 20ᵉ conférence, t. II, p. 403.
[2] *Avenir* du 1ᵉʳ décembre 1830.
[3] *Lamennais,* chap. IX.

« du génie : Dieu et un cachot. Je ne dois donc pas crain-
« dre l'un plus que l'autre[1]. » Il fut acquitté.

En ces cas-là, dit un témoin[2], il fallait entendre sa voix,
voir son cou tendu, sa lèvre pâle et frémissante, son geste
écrasant. Les applaudissements les plus passionnés l'inter-
rompaient, malgré les efforts des juges qui n'osaient pas
faire évacuer la salle, et l'on ne peut se faire une idée de
l'effet qu'il produisit ce jour où, invoquant comme saint
Paul son droit de citoyen, il prononça ces paroles de
l'Apôtre : *Cæsarem appello,* qu'il traduisit hardiment par :
« J'en appelle à la Charte[3]. »

On le voit, c'était une bataille en règle, engagée sur
toute la ligne[4]. C'étaient « des jours à la fois heureux et
« tristes, dira plus tard Lacordaire, jours dévorés par le
« travail et l'enthousiasme, jours comme on n'en verra
« qu'une fois dans sa vie[5] ».

Et il ajoute, avec une douce mélancolie, qui prouve
bien la sérénité de son âme et la pudeur de sa modestie
dans la lutte : « Si cruel que soit le temps, il n'ôtera rien
« aux délices de l'année qui vient de passer ; elle sera éter-
« nellement dans mon cœur comme une vierge qui vient
« de mourir[6] ! »

---

[1] Plaidoyer devant la Cour d'assises, le 31 janvier 1831.
[2] Cité par Foisset, *Vie du R. P. Lacordaire,* t. I, p. 171.
[3] *Ibid.*
[4] Voir le P. Chocarne, *le R. P. Lacordaire,* t. I, pp. 104 et suiv.
[5] Lettre à M. de Montalembert, p. 420.
[6] *Ibid.,* p. 422.

III

Il avait un autre motif de garder le souvenir de 1831,
cette année virginale, dont le charme, au déclin de sa vie
et jusque sous la froide main de la mort, le faisait encore
tressaillir.

On n'a pas oublié cette parole triste que madame Lacordaire disait à son fils, aumônier de la Visitation : « Henri,
tu n'as point d'amis [1] ! »

Elle savait, la sainte femme, quel cœur aimant c'était
que le cœur de son fils, et elle trahissait ainsi une préoccupation douloureuse.

On aime à croire que le souvenir dont nous allons parler
lui dicta cette page du beau poëme où il a chanté, sur la
fin de sa vie, les charmes d'une amitié pure entre jeunes
gens. En écrivant ces lignes, au début de sa *Sainte Marie-
Madeleine*, à coup sûr il contemplait, devant les regards
de sa mémoire, l'idéal que Dieu lui fit rencontrer en cette
année bénie :

« Lorsqu'un jeune homme, aidé de cette grâce toute-
« puissante qui vient du Christ, retient ses passions sous
« le joug de la chasteté, il éprouve dans son cœur une di-
« latation proportionnée à la réserve de ses sens; et le
« besoin d'aimer, qui est le fond de notre nature, se fait

---

[1] **Voir au chap.** précédent, p. 46.

« jour en lui par une ardeur naïve qui le porte à s'épan-
« cher dans une âme comme la sienne, fervente et con-
« tenue. Il n'en recherche pas en vain longtemps l'appari-
« tion. Elle s'offre à lui naturellement, comme toute plante
« germe de la terre qui lui est propre. La sympathie ne
« se refuse qu'à celui qui ne l'inspire pas, et celui-là l'in-
« spire qui en porte en lui-même le généreux ferment.
« Tout cœur pur la possède, et, par conséquent, tout
« cœur pur attire à lui, n'importe à quel âge! Mais com-
« bien plus dans la jeunesse! Combien plus lorsque le
« front est paré de toutes les grâces qui attendrissent, et
« que la vertu l'illumine de cette autre beauté qui plaît à
« Dieu lui-même !

« Ainsi parut David à Jonathas, le jour où David entra dans
« la tente de Saül, tenant la tête du géant dans sa main
« droite, et qu'interrogé par le roi sur son origine, il lui
« répondit : « Je suis le fils de votre serviteur Isaï, de
« Bethléhem. » *Aussitôt*, dit l'Écriture, *l'âme de Jonathas*
« *s'attacha à l'âme de David, et Jonathas l'aima comme son*
« *âme*[1]. Singulier effet d'un seul regard ! Tout à l'heure
« encore David gardait les troupeaux de son père, Jonathas
« était sur le seuil d'un trône, et en un instant la distance
« s'efface : le pâtre et le prince ne font plus, selon l'ex-
« pression même de l'Écriture, qu'une seule âme. C'est
« que dans ce jeune homme, tout pâle encore des fai-
« blesses de l'enfance, et tenant néanmoins d'une main
« virile la tête sanglante d'un ennemi vaincu, Jonathas a
« deviné le héros, et que David, en voyant le fils de son

· *I Rois*, xviii, 1.

« roi se pencher vers lui, sans jalousie de sa victoire et
« sans orgueil du rang, a reconnu, dans ce mouvement
« généreux, un cœur capable d'aimer, et digne par con-
« séquent de l'être[1]. »

David, on l'a reconnu, c'est Lacordaire. Quant à Jonathas, ce fils de noble lignée, en qui le patricien sait se
faire oublier assez pour que l'âme fière de ce fils du
peuple consente à ne faire qu'une âme avec la sienne, il
s'appelait Charles de Montalembert, et ailleurs nous par-
lerons plus particulièrement de lui[2].

Quand Lacordaire le rencontra chez M. de Lamennais, il
fut séduit. Ces deux âmes étaient de la même famille; il
suffit d'un regard pour qu'elles se reconnussent, comme
si elles étaient sœurs, et la fusion se fit étroite, instantanée,
pour toujours!

Avec quel accent ils célébrèrent tous deux cette chaste
et tendre alliance!

— C'est un jeune homme charmant, dit Lacordaire en
parlant de Montalembert, et je l'aime comme un plébéien.
Je suis sûr que, s'il vit, sa destinée sera pure comme un
lac de la Suisse entre les montagnes et célèbre comme
eux[3].

— Il m'apparut, disait de son côté Montalembert, dans
tout l'éclat et tout le charme de la jeunesse. Il avait vingt-
huit ans... Sa taille élancée, ses traits fins et réguliers, son

---

[1] *Sainte Marie-Madeleine* (tome IX des Œuvres complètes,
pp. 378-380).

[2] Au quatrième volume de ces *Études*, consacré à *Montalembert*.

[3] VILLARD, *loc. cit.*, p. 33.

front sculptural, le port déjà souverain de sa tête, son œil noir et étincelant, je ne sais quoi de fier et d'élégant en même temps que de modeste dans toute sa personne, tout cela n'était que l'enveloppe d'une âme qui semblait prête à déborder... Sa voix, déjà si nerveuse et si vibrante, prenait souvent des accents d'une infinie douceur. Né pour combattre et pour aimer, il m'apparut charmant et terrible, comme le type de la vertu armée pour la vérité... Je vis en lui un élu, prédestiné à tout ce que la jeunesse adore le plus, le génie et la gloire [1] !

Pour marquer cette union entre David et Jonathas, entre le plébéien et le patricien, Lacordaire voulut y mettre le sceau, non point d'une familiarité banale, mais de l'intimité fraternelle. Il demanda à Charles de le tutoyer [2].

— Charles, disait-il, crois-m'en, les suaves joies de l'amitié chrétienne valent mieux que les lointains échos de la renommée. Les plus grandes luttes ne nous émeuvent qu'à demi; elles nous laissent la force de songer avant tout à la vie du cœur [3].

Et il ajoutait, avec une douceur infinie, cette parole, qui le révèle tout entier :

---

[1] MONTALEMBERT, *le P. Lacordaire* (t. IX des Œuvres complètes, p. 400).

[2] C'était une habitude déjà vieille chez Lacordaire de consacrer par cette forme de langage le don de son amitié. « Il n'y a », dit-il un jour à un de ses condisciples de séminaire, « que trois de mes « amis à qui je donne ce pauvre petit témoignage d'une affection de « frère; vous serez, pardon, *tu seras* le quatrième. » (RÉGNIER, *Souvenirs et lettres d'ami*, p. 48.)

[3] MONTALEMBERT, *loc. cit.*, p. 400.

— Les jours commencent et finissent, selon qu'un souvenir aimé se lève ou se tait dans une âme [1].

« Nous nous aimions », a raconté plus tard Montalembert, « comme on s'aime dans ces purs et généreux élans « de la jeunesse, et sous le feu de l'ennemi [2]. »

Et, voyant son ami, le noble fils des croisés, jouir avec délices de cette intimité charmante, le jeune prêtre élevait son regard en haut. Quand Charles se complaisait à lui détailler les motifs de sa tendre admiration :

— Hélas ! répondait-il, nous ne devrions aimer que l'infini, et voilà pourquoi, Charles, quand nous aimons, ce que nous aimons est si accompli dans notre âme [3] !

Si purs et si suaves qu'ils soient, il faut savoir s'arracher à ces souvenirs, où l'on s'éterniserait, parce que le langage du cœur, quand il est vrai, ne fatigue jamais.

IV

La mêlée est ardente, il faut faire face à cent ennemis à la fois. Le petit bataillon serré suffit à tout, il est vrai, mais c'est à la condition de dormir chaque soir sur le champ de bataille, et de n'y dormir que d'un œil.

Tout à coup, un cri d'alarme a dominé les bruits du com-

[1] MONTALEMBERT, *loc. cit*, p. 400.
[2] *Ibid.*
[3] *Ibid.*

bat qui dure depuis de longs mois. Là-bas, dans les rangs des spectateurs, une voix a crié : « *Caveant consules !* « Que les consuls prennent garde, Rome est en péril ! »

Les consuls, c'étaient les évêques. On les adjurait de prendre garde, parce que, criait-on, le dépôt de la foi n'était plus en mains sûres !

Le premier, Lacordaire comprit cette clameur.

Ce sera, à mon sens, sa gloire, — quoi qu'on ait pu en penser plus tard et quoi qu'il en ait dit lui-même dans la suite [1], — ce sera sa gloire, à cette page de l'histoire menaisienne, d'avoir dit le premier :

— Arrêtons-nous ! Partons !... Allons près du siége de Pierre soumettre nos pensées et justifier nos intentions. Quoi qu'il arrive, cette démarche éclatante, preuve de sincérité et d'orthodoxie, sera une bénédiction pour nous et une arme arrachée aux mains de nos ennemis [2].

Ils partirent tous trois, Lamennais, Montalembert et Lacordaire.

C'est alors qu'il vit pour la première fois notre Provence, où son cœur l'a ramené depuis si souvent et qu'il a décrite avec amour, sous l'impression de ses souvenirs de 1831. Je ne sais pas résister à la joie toute filiale de faire passer sous les yeux de mes lecteurs ce riche tableau de notre belle Provence [3], la terre natale de ceux qui eurent les premiers connaissance de ces pages, et la patrie d'adoption de beaucoup d'autres, car tout Français

---

[1] Voir *Lamennais,* ch. x.

[2] *Ibid.*

[3] *Sainte Marie-Madeleine,* à la Provence !

qui a vécu sur notre terre a deux patries désormais : la
sienne et puis la nôtre.

« Lorsque le voyageur descend les pentes du Rhône, à
« un certain moment, sur la gauche, les montagnes s'écar-
« tent, l'horizon s'élargit, le ciel devient plus pur, la terre
« plus somptueuse, l'air plus doux : c'est la Provence.
« Adossée aux Alpes, elle les quitte lentement par des val-
« lées qui perdent peu à peu l'âpreté des hautes cimes, et
« elle s'avance, comme un promontoire de la Grèce et de
« l'Italie, vers cette mer qui baigne tous les rivages fameux.
« La Méditerranée lui fait, après le Rhône et les Alpes, sa
« troisième ceinture, et un fleuve, qui est le sien, la
« Durance, lui jette, dans ses gorges et ses plaines, la rapi-
« dité fougueuse d'un torrent qui ne meurt pas. On ne
« peut regarder cette terre sans y reconnaître bien vite
« une parenté de nature et d'histoire avec les plus célèbres
« contrées de l'antiquité. Des colonies grecques lui appor-
« tèrent de bonne heure le souffle de l'Orient, et Rome, qui
« lui donna son nom, y a laissé des ruines dignes de cette
« puissance qui ne refusait à personne une part de ses gran-
« deurs, parce qu'elle en avait assez pour l'univers. Quand
« le monde ancien fut tari..., la Provence eut sa langue, sa
« poésie, ses mœurs, sa nationalité, sa gloire... Puis...,
« elle échut à la France comme un présent de Dieu, et, après
« avoir été pour les anciens l'occident de la beauté, elle
« devint pour nous le premier port où notre imagination ren-
« contre l'Italie, la Grèce, l'Asie, tous les lieux qui enchan-
« tent la mémoire et tous les noms qui émeuvent le cœur [1]. »

____

[1] _Sainte Marie-Madeleine,_ à la Provence ! pp. 363 et 364.

Quand ils furent à Marseille, Lacordaire voulut célébrer au sanctuaire qui domine la ville en la gardant. Montalembert servit à l'autel le sacrifice offert par son ami [1].

Ils nous quittèrent bientôt, acclamés par l'enthousiaste ardeur de nos devanciers. On sait le reste.

Inutile, en effet, de redire ici ce pèlerinage à la confession de Pierre, cette triste histoire des déceptions où Lacordaire apprit à s'agenouiller, tandis que Lamennais, s'en irritant, laissait accumuler en sa grande âme un vaste torrent de colère et une tempête désormais inapaisable. La séparation à Rome, la rencontre à Munich, l'Encyclique, l'explosion des *Paroles d'un croyant,* les révoltes du solitaire de la Chesnaie, tout cela, je l'ai dit ailleurs en détail [2].

V

Il fallut se séparer cependant, et c'était une douleur déchirante pour cette âme qui s'était donnée tout entière.

— Vous ne saurez jamais que dans le ciel combien j'ai souffert depuis un an, disait-elle, en faisant ses adieux au grand vaincu de la Chesnaie [3].

Montalembert s'obstinait dans son attachement. Double deuil pour Lacordaire.

[1] Souvenirs de M. Justin Cauvière, rédacteur de la *Gazette du Midi.*

[2] *Lamennais,* chap. X, XI et XII

[3] *Lamennais,* chap. XII.

Il n'hésita pas, il marcha sur son cœur.

« Si le ciel de l'Armorique n'était pas changé, il n'en
« était pas ainsi du cœur du maître. Des nuages terribles
« passaient et repassaient sur ce front déshérité de la paix ;
« des paroles entrecoupées et menaçantes sortaient de cette
« bouche qui avait exprimé l'onction de l'Évangile. Il me
« semblait que je voyais Saül : mais nul de nous n'avait la
« harpe de David pour enlever ces soudaines irruptions de
« l'esprit mauvais[1]... »

Il partit. On a beaucoup reproché ce départ à Lacordaire.
Quelques-uns même ont parlé d'ingratitude et de trahison.
Lamennais, parlant de sa dernière lettre[2], disait : « Elle est
froide comme une nuit d'hiver, quand la bise a soufflé[3]. »

Je ne dois pas laisser peser sur la mémoire de Lacordaire
ces reproches injustes.

« M. de Lamennais devînt-il le plus fatal hérésiarque
« qui fût jamais, entre ses ennemis et moi, il y aurait en-
« core une distance infinie, et personne ne lirait ce que je
« serais obligé d'écrire, sans reconnaître la douleur de ma
« position et la durée de mon respect[4]. » — « On saura
« dans le ciel si j'ai agi avec la légèreté d'un homme qui
« rompt sans cause et sans douleur les liens qu'il a con-
« tractés[5]. »

[1] Cité par Foisset, *loc. cit.*, p. 222.

[2] Arrivé à Paris, Lacordaire écrivit une seconde lettre à M. de Lamennais. C'est de cette dernière que Lamennais se plaignit en termes
amers.

[3] Lettre de M. de Lamennais à son frère. (*Œuvres inédites*, t. II,
p. 125.)

[4] Lettre à M. de Montalembert, 19 août 1843.

[5] 19 août 1833. Cité par Perreyve, p. 282.

Le baron d'Eckstein[1] se fit l'écho violent et passionné des réprobations soulevées par cette rupture entre Lacordaire et Lamennais.

Il lui reprocha de « battre sa nourrice », et de « se donner la discipline sur le dos de son maître[2] ».

— Monsieur, répondit Lacordaire, « ma nourrice », dans l'ordre spirituel, ce fut l'Église; « mon père », ce fut Jésus-Christ. Je les ai préférés à un homme[3].

Puis, le souvenir de la Chesnaie reprenant le dessus, son cœur saignait.

— Ah! disait-il tristement, si l'abbé Lamennais avait voulu[4]!...

Il crut devoir réfuter le système philosophique, dont nous avons étudié les conséquences, désastreuses au triple point de vue politique, social et religieux[5]. Pour écrire ces *Considérations*[6], où il y a de très-belles pages et une sobriété d'exposition étonnante chez le jeune auteur, d'ordinaire plus abondant et plus coloré, Lacordaire n'écouta que sa conscience.

— Maintenant, dit-il en déposant la plume, j'ai accompli mon devoir tout entier... Et n'eussé-je fait que cela

---

[1] Précédemment grand admirateur de Lacordaire.

[2] Article de la *France catholique*, juin 1834.

[3] Lettre à M. le baron d'Eckstein, 18 juin 1834. (Voir *Univers* du 22 juin 1834.)

[4] Lettre du 17 avril 1834. (Recueil de l'abbé PERREYVE, p. 276.)

[5] *Lamennais*, chap. IV.

[6] *Considérations sur le système philosophique de M. de Lamennais*, 1834.

dans ma vie, je mourrais content. Ma conscience est à l'aise, je respire enfin [1].

On alla jusqu'à l'accuser d'avoir partagé la joie des misérables qui triomphèrent de la chute du Tertullien moderne, se frottant les mains d'un air satisfait et répétant : « Nous l'avions bien dit ! »

Sa réponse fut sublime. C'est la réponse d'un héros chrétien :

— Si tout a tourné comme je l'avais prévu, je ne l'avais prévu qu'à force d'oublier mon propre sens. Je ne me réjouis pas de l'abîme creusé par l'opiniâtreté sous un homme qui a rendu de grands services à l'Église, j'espère que Dieu l'arrêtera à temps ; mais je me réjouis de ce que le Souverain Pontife, père non d'un seul chrétien, mais de tous, ait enfin fixé par sa divine autorité des questions qui déchiraient mon Église natale dans sa fleur, qui détournaient de la vraie route une foule d'âmes sincèrement trompées, et dont j'avais senti si longtemps et si amèrement le charme malheureux [2].

Et, après cet aveu naïf d'une âme franchement et courageusement catholique, il s'écrie :

— Périsse mon triomphe personnel, s'il y en a un à quelque degré!... Puissions-nous tous nous pardonner les erreurs de notre jeunesse, et prier ensemble pour celui qui les causa par l'excès d'une imagination trop belle pour n'être pas pleurée [3] !

---

[1] Lettre du 3 juin 1834. (Recueil Perreyve, p. 279.)
[2] Lettre du 2 août 1834. (*Ibid.*, p. 280.)
[3] Lettre du 2 août 1834. (*Ibid.*, p. 281.)

Ces larmes et ces prières restèrent sans résultat — au moins connu des hommes. — Lamennais mourut sans un prêtre et fut enterré sans la croix!...

Lacordaire l'apprit à Toulouse, au milieu de ses derniers et peut-être ses plus beaux triomphes oratoires.

Comme Gerbet, il tomba à genoux, et, après avoir long-temps étouffé les sanglots de sa fidèle tendresse, il eut besoin de faire entendre à quelqu'un le cri de son cœur. Il s'adressa à l'abbé Perreyve, ce doux et cher fils de son âme, à qui il pouvait tout dire, parce que nul ne le comprenait comme cet enfant de ses prédilections :

« Quelle mort! Aucune, dans l'histoire ecclésiastique, ne
« m'a fait une aussi douloureuse impression, pas même
« celle d'Arius. Arius fut foudroyé honteusement, dans un
« lieu destiné aux plus vils besoins du corps ; mais il n'a-
« vait pas lui-même écrit le testament de ses funérailles.
« Cet abandon, ce cercueil des pauvres, cette fosse com-
« mune sans aucun signe laissé à aucun ami, ce silence
« universel sur une tombe qui devait être si illustre, tout
« cela me fait un spectre qui me poursuit... Il y a trente
« ans, quand j'arrivai à Paris, je trouvai M. de Lamennais
« couvert de gloire, porté dans l'opinion comme un Père
« de l'Église : et le voilà mort incrédule, sans principes,
« sans certitude, sans amis, laissant une mémoire qui de-
« meurera dans la chrétienté comme un poids éternel!...
« Puis, je me rappelle toutes les circonstances de mes re-
« lations avec lui ; les moments où je l'ai vu bon et heu-
« reux, entouré d'une jeunesse florissante, les présages
« que j'ai eus de sa chute, notre séparation , ces vingt ans
« qui se sont écoulés entre l'une et l'autre époque, entre

« le temps où je couchais à sa porte, à Paris, à Rome, à la
« Chesnaie, et ce tombeau qui ne s'ouvrira plus!... Soyez
« toujours bien doux et bien humble, mon cher enfant;
« tout se répare avec ces deux vertus, rien ne répare leur
« absence. Je vous presse tendrement sur mon cœur[1]. »

En quittant la Chesnaie, « sans savoir ce qu'il allait devenir et ce que lui vaudrait de Dieu l'acte qu'il accomplissait[2] », le jeune prêtre, désormais célèbre, se trouva pauvre, seul au monde, ayant brisé avec tout ce qui lui
assurait un avenir et une renommée. Que deviendra-t-il?

Il avait accompli en toute simplicité son sacrifice et son
devoir. Dieu va l'en récompenser. « Épave brisée par les
flots, il aborde tout à coup aux rivages[3] » d'une âme, qui
fut depuis l'amie, la sœur, la mère de la sienne. Elle lui
apparut, « comme apparaît l'ange du Seigneur à une âme
qui flotte entre la vie et la mort, entre la terre et le ciel[4] ».

C'était une illustre chrétienne, « en qui la vertu servait
le génie[5] », et nul ne mit « plus de lumière et de force »
qu'elle, dans cette âme « qui touchait à tous les abîmes[6] ».

Le moment est venu d'en parler.

[1] Lettre à l'abbé Perreyve, 6 mars 1854. (Recueil cité, pp. 268
et suiv.)

[2] *Testament du P. Lacordaire*, p. 71.

[3] LACORDAIRE, *Madame Swetchine*. (*Correspondant*, t. XLII, p. 204.)

[4] Lettre à madame Swetchine, 13 décembre 1838.

[5] LACORDAIRE, *loc. cit.*, p. 193.

[6] Parole du P. Lacordaire, recueillie par Villard. (*Loc. cit.*, p. 40.)

IV

MADAME SWETCHINE

— Monseigneur, j'ai rompu des liens qui m'étaient sacrés ; j'ai ajouté aux chagrins d'un homme qui, malgré son talent et sa gloire, n'avait plus guère ici-bas de consolations que la fidélité de l'amitié ; j'ai mis l'Église au-dessus de tout dans mon cœur... Je viens me remettre entre vos mains, afin que mes actes rendent à ma sincérité un témoignage plus fort que tous les soupçons [1].

M. de Quélen, à qui s'adressaient ces paroles, était aux antipodes de Lacordaire. Son éducation s'était faite dans un milieu que le jeune prêtre n'avait pas même effleuré. M. de Quélen n'avait que des regrets, là où l'abbé Lacordaire n'avait que des espérances; un seul point leur était commun, la droiture et la vraie noblesse de cœur. Si M. de Quélen était naturellement porté aux préventions contre le plus brillant rédacteur de l'*Avenir,* il était incapable de nourrir une antipathie personnelle, de résister à un gage de sincérité, et de méconnaître ou de dédaigner une force qui pouvait profiter à l'Église [2].

— Il me reçut à bras ouverts, disait plus tard Lacordaire, comme un enfant qui a couru quelque aventure périlleuse, et qui revient meurtri au logis paternel [3].

Sur le cœur de l'archevêque, capable de comprendre ses expansions filiales, il laissa parler son âme angoissée et encore toute frémissante des déchirements de la lutte.

Le bon prélat l'écoutait, avec une complaisance toute paternelle, raconter que, avant de venir à son audience, il avait fait une longue station auprès des victimes de cette première et formidable explosion du choléra, qui sévissait à Paris en avril 1832 :

— Monseigneur, ajoutait le jeune prêtre, laissez-moi vous quitter. Je veux m'ensevelir au fond d'une campagne,

[1] Lettre à l'archevêque de Paris, 13 décembre 1833.
[2] DE FALLOUX, *Madame Swetchine,* t. I, p. 312.
[3] LACORDAIRE, *Testament,* p. 71.

ne plus vivre que pour un petit troupeau d'hommes, trouver toute ma joie en Dieu et dans les champs. On verra bien que je suis un homme simple et sans ambition. Adieu les grands travaux ! Adieu le renom et les grands hommes ! J'en ai connu la vanité, et je ne veux plus que vivre obscur et bon. Quelque jour, quand Montalembert aura blanchi au milieu de l'ingratitude et de la célébrité, il viendra voir sur mon front les restes de notre jeunesse commune. Nous pleurerons ensemble au foyer du presbytère : il me rendra justice, avant que nous mourions tous deux ; je bénirai ses enfants... Pour moi, pauvre prêtre catholique, je n'aurai ni enfants qui croissent sous mes yeux pour me survivre, ni foyer domestique, ni église brillante de science et de sainteté. Né dans des temps médiocres, je passerai sur la terre entre des choses peu dignes de la mémoire des hommes ; je tâcherai d'être bon, simple, pieux, espérant dans l'avenir avec désintéressement, puisque je ne le verrai pas, travaillant pour ceux qui le verront peut-être, n'accusant pas la Providence, qui pouvait charger de plus de maux une vie de peu de mérites [1].

— Mon fils, répondait l'archevêque, laissez-vous conduire. Dieu n'a point dit son dernier mot sur vous. Pour le moment, je vais vous rendre à une vie solitaire de travail et d'étude. Retournez humblement auprès des filles de saint François de Sales. Là, vous attendrez votre heure.

Tout ardent qu'il fût, Lacordaire savait être patient.

— Un homme, écrivait-il à Montalembert, un homme a

[1] Lettre à M. de Montalembert, 9 avril 1832.

toujours son heure : il suffit qu'il l'attende, et qu'il ne fasse rien contre la Providence [1].

En lui rendant l'aumônerie de la Visitation, le bon archevêque assignait à ce fils, sorti triste et meurtri d'un conflit si inégal, une retraite douce et paisible.

Sa mère vint demeurer avec lui : elle devait y mourir dans ses bras, le 2 février 1836 [2].

Mais Dieu lui en avait donné une autre, qui ne devait le précéder que de peu d'années dans la tombe.

Dès qu'elle rencontra Lacordaire, cette seconde mère reconnut en lui son fils de prédilection, et elle concentra sur cette tête si jeune, mais déjà battue de l'orage, tout ce que son âme, si haute et si droite, renfermait d'ingénieuse sollicitude et d'intime tendresse [3].

Je dirai tout à l'heure ce que fut la tendresse de cette femme pour ce prêtre. Mais, tout de suite, je dois porter les cœurs de ceux qui me lisent en haut, car cette femme,

[1] Lettre du 30 juin 1833.

[2] Quand elle mourut, il écrivit, le jour même, à sa tante : « J'ai « une bien douloureuse nouvelle à vous communiquer. Ce matin, à « neuf heures un quart et quelques minutes, nous avons perdu notre « excellente mère... à qui nous devons, mon père étant mort si jeune, « tout ce que nous sommes. Il lui a fallu autant de force d'âme que « de prudence et religion pour élever quatre enfants si jeunes avec « si peu de ressources. Elle venait de recueillir le fruit de ses peines « par l'avancement de Télèphe et la promotion de Théodore ; il sem- « blait qu'elle n'avait plus qu'à jouir d'une longue et heureuse vieil- « lesse. Dieu en a d sposé autrement. Il a rappelé cette âme forte à « lui. Et voilà que nous allons tous être dispersés çà et là dans les « chemins du monde. » (*Lettre à madame V⁰ Lacordaire*, 2 fév. 1836.)

[3] MONTALEMBERT, *le P. Lacordaire*. (Œuvres complètes, t. IX, p. 444.)

c'est plus qu'une amie, plus qu'une sœur, plus même qu'un ange [1], c'est une mère.

Tant que sa santé le permit, elle assista aux conférences de Notre-Dame.

— Voulez-vous voir la mère du prédicateur? disait-on à deux personnes qui l'écoutaient avec une admiration manifeste.

— Mais elle est morte depuis dix ans!

— Non, la voilà! regardez-la.

Et l'on montrait une femme, cachée derrière une colonne, mais dont la constante assiduité, la vigilante attention [2] et l'évidente béatitude avaient donné lieu à cette touchante illusion [3].

On me pardonnera de lui consacrer tout un chapitre. Ce n'est point trop.

Quand il sera fini, nous conclurons, avec Lacordaire [4], qu'elle fut de la race de ces femmes romaines, que saint Jérôme immortalisa. Elle fut aussi, dirons-nous, de la race de ces autres femmes qui suivirent le Christ dans les sta-

[1] « Vous m'apparaissiez à l'origine de cette victoire comme la pre- « mière goutte d'eau qui m'eût rafraîchi l'âme, comme le premier zé- « phyr qui eût essayé de relever doucement ma tête, *comme l'ange du* « *Seigneur* envoyé dans le désert de Bersabée pour lui dire d'avoir « courage. » (LACORDAIRE, *Lettre à madame Swetchine,* 15 septem- bre 1835.)

[2] Personne ne le suivait, dans sa chaire, avec une plus tendre sol- licitude que madame Swetchine : « Je sens, disait-elle, tous ses périls, « je tremble à chaque écueil, je ressens tous les coups » (*Lettres de madame Swetchine,* publiées par M. de Falloux, t. II, p. 386.)

[3] MONTALEMBERT, *loc. cit.,* p. 479 (note)

[4] LACORDAIRE, *Madame Swetchine.* (*Correspondant,* t. XLII, pp. 193 à 209.)

tions de son pèlerinage, qui le regardèrent mourir, qui l'embaumèrent dans sa tombe, et qui, les premières aussi, le saluèrent dans l'aube de sa résurrection[1].

Puis, quand nous aurons formulé ces deux conclusions, il en restera une autre à tirer; mais celle-là, nous ne la formulerons, comme un hymne de reconnaissante admiration, qu'en finissant de parler de Lacordaire lui-même. Et quand, à Sorèze, nous saluerons le cercueil de ce mort illustre, notre regard s'en ira, à Montmartre, saluer la tombe de celle qui le précéda de bien peu dans la mort; nous dirons alors en toute vérité : Si une autre femme fut sa mère selon la nature, c'est celle-là qui l'a enfanté dans la lumière de son incomparable génie et dans l'indomptable amour de son immortel apostolat.

I

Sophie Soymonoff naquit à Moscou en 1782.

Elle était petite-fille d'un ancien gouverneur de Sibérie et appartenait, par son père et par sa mère, aux provinces les plus reculées de la Moscovie.

A cette date, du fard sur les joues et du sang dans les mains, Catherine II régnait sur la Russie. Sous le règne de cette féroce prostituée les impiétés des encyclopédistes français eurent une faveur marquée. Ils l'en récompen-

[1] LACORDAIRE, *Madame Swetchine*. (*Correspondant*, t. XLII, p. 208.)

sèrent en la surnommant la Sémiramis du Nord. Elle ne voulut pas demeurer en reste avec eux et donna à leurs idées cours forcé. On imagine ce que cela pouvait signifier, à ce moment, en Russie.

Sophie fut élevée en dehors de toute pratique religieuse.

Elle donna de bonne heure des preuves d'un talent distingué, soutenu d'un très-grand caractère.

A cinq ou six ans, elle avait beaucoup désiré une montre. Quand elle l'eut, elle se dit :

— Avoir obtenu une montre, c'est beau ; mais il y a quelque chose de plus beau, ce serait d'en faire volontairement le sacrifice.

Et elle rendit la montre à son père.

Une autre fois, pour vaincre l'effroi que lui inspiraient les momies du musée paternel, elle s'en fut en embrasser une et faillit en mourir de peur ; mais la peur était vaincue.

En 1799, son père était devenu secrétaire intime de Paul Ier ; elle fut mariée, par convenance, malgré ses dix-sept ans, au général Swetchine, qui en avait quarante-deux.

Hélas ! la faveur des grands est instable. Pour être plus vraie en Russie qu'ailleurs, la chose n'est pas seulement vraie qu'en Russie. A peine mariée, madame Swetchine apprit, un matin, que son père avait encouru la disgrâce du Czar et venait de recevoir un ordre d'exil.

Le vieillard ne put supporter ce revers, et il détermina chez lui une attaque d'apoplexie foudroyante.

Ce coup de foudre éleva le regard de Sophie vers le ciel. Sa première prière jaillit de sa première douleur ; et, ne pouvant plus dire : Mon père ! elle s'écria : Mon Dieu !

Durant cette période, qui embrasse les années écoulées

depuis l'ouverture du nouveau siècle jusqu'à 1825, madame Swetchine, devenue chrétienne par la force de sa raison et l'humilité de son cœur, demeura l'une des plus pieuses de l'Église grecque. Elle en aimait et les pompeuses cérémonies et les dévotions naïves, recherchant avec bonheur dans ce culte antique la physionomie de l'Église primitive, sans s'arrêter encore aux erreurs qui en avaient altéré l'essence et provoqué, par sa séparation du centre de l'unité, l'irrémédiable abaissement du clergé russe.

A cette époque remonte un premier choix de pensées, placé par M. de Falloux en tête du volume : *OEuvres et Méditations*.

C'est un petit recueil qui, par l'originalité et la justesse du trait, rappelle nos meilleures traditions littéraires. C'est un des livres contemporains qui méritent le mieux de figurer sur la tablette préférée d'une bibliothèque de boudoir chrétien. C'est un bouquet charmant, teinté des chaudes couleurs du Midi, auquel cette Moscovite, qui n'avait pas encore quitté sa patrie, donnait le mot gracieux d'*Airelles*, une petite plante qui croît et fleurit sous la neige [1].

Ne semblent-elles pas détachées du médaillier de la Rochefoucauld, ces maximes, aussi vraies que bien frappées?

---

[1] *Klukva Podsnejnaia* (Airelle qui a été sous la neige). Cette airelle se distingue de toutes les autres par sa forme et sa corolle. En Russie, elle fleurit au mois de juin et mûrit son fruit au mois d'octobre, mais il est âpre dans cette saison ; pour l'adoucir, on lui fait passer l'hiver sous la neige, et on ne le récolte que le printemps d'après. De là vient le nom de *Podsnejnaia* (qui a été sous la neige). Je mets sous les auspices de cette humble plante les pensées qui suivent. Elles aussi ont mûri sous les neiges, et se sont colorées, comme cette petite baie rouge, au feu du soleil intérieur. La plupart de ces pensées

*
* *

Il y a des gens qui ne parlent jamais d'eux-mêmes, mais c'est pour y penser toujours [1] !

*
* *

Les êtres qui paraissent froids, et qui ne sont que timides, adorent, dès qu'ils osent aimer [2].

*
* *

Une chanson anglaise commence par ces mots : « L'a- « mour frappe à la porte. » Il y frappe moins souvent qu'il ne la trouve ouverte [3].

*
* *

La politesse, chez une maîtresse de maison, consiste à alimenter la conversation et à ne s'en emparer jamais. Elle a la garde de ce feu sacré, dont il faut que tout le monde puisse s'approcher [4].

*
* *

Résistons sans crainte à l'opinion du monde, pourvu que notre respect pour nous-mêmes croisse en proportion de notre indifférence pour elle [5].

ont été écrites durant l'hiver de 1811 que je passai à la campagne dans une profonde retraite ; ce sont des voix qui s'échappaient de mon cœur et qui n'arrivaient à aucun autre, des impressions qui se revêtaient d'images pour peupler ma solitude. (*Introduction des* AIRELLES.)

[1] Madame SWETCHINE, *Airelles*, p. 6.
[2] *Ibid.*, p. 7.
[3] *Ibid*, p. 7.
[4] *Ibid.*, p. 11.
[5] *Ibid.*, p. 14.

*
* *

La plus dangereuse des flatteries est l'infériorité de ce qui nous entoure [1].

Est-ce bien à une petite Russe de dix-huit ans, n'est-ce pas plutôt à un moraliste chrétien, ayant beaucoup vécu dans le monde, que sont échappées ces autres maximes :

*
* *

Il est des âmes qui, semblables aux pontifes de l'ancienne loi, ne vivent que des sacrifices qu'elles offrent.

*
* *

Qu'est-ce que se résigner? C'est mettre Dieu entre la douleur et soi [2].

*
* *

Les âmes froides ne se quittent jamais; les âmes passionnées se quittent et se reprennent faute de mieux [3].

*
* *

Que la pureté est difficile pour les âmes pures! Un peu de poussière d'étamine suffit pour ôter au lis sa blancheur [4].

*
* *

Le repentir, c'est le remords accepté [5].

---

[1] Madame SWETCHINE, *Airelles*, p. 16.
[2] *Ibid.*, p. 7.
[3] *Ibid.*, p. 15.
[4] *Ibid.*, p. 9.
[5] *Ibid.*, p. 23.

*
* *

Les hommes invoquent sans cesse la justice, et c'est
elle qui doit les faire trembler [1].

*
* *

Les cœurs aimants sont comme les indigents : ils vivent
de ce qu'on leur donne [2].

Sophie étudiait, en même temps qu'elle réfléchissait.
Elle lisait l'histoire. A partir de Photius, elle voyait ce clergé
grec, soi-disant orthodoxe, demeurer étranger au mouvement intellectuel, moral, social et politique.

L'Église grecque, son Église, était demeurée étrangère
à la scolastique, étrangère à tout ce qui constitue la civilisation européenne.

Aux grands évêques de l'Église d'Orient, colonnes de
la vérité, phares lumineux placés à l'entrée des beaux
siècles de l'antiquité ecclésiastique, avaient succédé des
hommes qui assistaient muets et tremblants aux orgies
d'un despotisme lubrique et sanguinaire.

Le pope n'était plus qu'un accessoire de la domesticité
des seigneurs, et le clergé tout entier, évêques, moines et
prêtres, gouverné par un synode impérial, n'avait plus
pour chef et pour pape qu'un colonel de cavalerie.

Cette stérilité de son Église donnait à penser à la jeune
Russe.

Dieu lui envoya un messager de sa parole.

« Ce n'était pas un prêtre, c'était l'ambassadeur d'un roi

---

[1] Madame SWETCHINE, *Airelles*, p. 29.
[2] *Ibid.*, p. 16.

dépouillé de la plus grande partie de ses États, relégué dans une île de la Méditerranée, et qui, en envoyant à Saint-Pétersbourg un représentant de ses malheurs, ne se doutait pas qu'il y envoyait un chargé d'affaires de la grâce divine [1]. »

Le comte Joseph de Maistre — c'était lui — détestait de toute son âme les deux colosses de son temps, la Révolution et l'Empire : celui-ci, parce qu'il y voyait l'oppression des nationalités européennes ; celle-là, parce qu'il la croyait empreinte à jamais d'un esprit antichrétien. Mais, à côté de ces deux haines, son cœur nourrissait deux amours, ou plutôt, comme on l'a dit [2], son cœur n'avait que deux pulsations, l'une pour l'Église, l'autre pour la France.

De Maistre distingua vite cette jeune femme, qui portait dans son langage le trait de la supériorité, et dont la conversation, puisée à une source plus pure encore que l'esprit, « touchait, avec un tact remarquable, aux frontières de la liberté [3] », dans un pays où, si l'on n'y prend garde, elle mène en Sibérie.

Tout le monde a lu les célèbres *Soirées de Saint-Pétersbourg* et cet autre livre, plus considérable encore, qui traite du *Pape*. De Maistre a parlé ces deux livres, avant de les écrire, et la jeune femme du général Swetchine les lui entendit parler.

La lumière se fit dans son esprit, au contact de ce semeur d'idées, dont la parole bonhomme dissimulait, sous le

---

[1] Lacordaire, *Madame Swetchine* (*loc. cit.*, p. 195).
[2] *Ibid.*, p. 196.
[3] *Ibid.*, p. 197.

charme de la conversation où il excellait, ses coups d'œil d'aigle et les soudaines illuminations du génie.

Sophie Swetchine se convertit en 1815. Le général ne contraria point, dans la compagne de sa vie, des convictions qu'il respecta toujours sans les partager.

Or, cette fille de Moscou était Parisienne d'instinct. Russe, elle pensa et elle sentit, à l'ombre du Kremlin, comme elle aurait fait à côté du Louvre. A quinze ans, elle avait deviné la France, comme Pascal devina les mathématiques.

Puis Dieu lui avait assigné une mission, celle que M. de Falloux a mise en lumière, avec la piété d'un fils et la profondeur d'un esprit habitué à se mouvoir dans les plus difficiles problèmes du monde des âmes [1]. Dieu voulait en faire l'héroïne de la piété dans le monde, de cette piété séculière, qui, sous les dehors consacrés par les convenances sociales, s'élève chaque jour jusqu'à l'héroïsme sans que rien le trahisse à la société élégante qui aspire le parfum fortifiant de ses discrètes vertus [2].

Elle vint à Paris.

Lorsqu'elle s'y rencontra pour la première fois avec madame de Staël, toutes les deux se connaissaient sans s'être vues, et placées, par hasard, aux deux angles opposés d'un vaste salon, elles s'observaient l'une l'autre avec une sorte de curiosité. Madame de Staël, habituée aux hommages, attendait que madame Swetchine vînt à elle. Voyant qu'il n'en était rien, elle traverse tout à coup la longue

---

[1] DE FALLOUX, *Madame Swetchine, sa vie et ses œuvres*, t. I, chap. XI et XII.

[2] LACORDAIRE, *loc. cit.*, p. 203.

diagonale qui l'en séparait, s'arrête devant elle, et lui dit, d'un ton à la fois vif et caressant :

— Savez-vous bien, madame, que je suis très-blessée de votre froideur à mon égard ?

— Madame, lui fut-il répondu, c'est au roi de saluer le premier.

Lacordaire — à qui j'emprunte cette anecdote[1]—ajoute : « Ce mot peut donner quelque idée de ce qu'il y avait de subit et d'ingénieux dans la conversation de madame Swetchine. »

Point belle, exilée, vieillie, c'est à ce charme de la conversation qu'elle dut le succès de son salon. Elle s'en servit pour fonder le premier salon chrétien de notre temps, véritable hôtel de Rambouillet, moins frivole, mais en un sens bien plus influent encore que celui du grand siècle.

II

C'est seulement à partir de 1830 que nous la trouvons dans le mouvement régénérateur de l'Église, agissant comme les anges, sans se montrer, mais agissant comme eux avec une admirable vertu.

Durant la crise qui suivit la chute de l'*Avenir*, les vaincus, cruellement atteints dans leurs illusions et leurs espérances,

---

[1] LACORDAIRE, *loc. cit.*, p. 203.

se réfugièrent sous cette aile maternelle, comme des aiglons blessés au sortir de leur aire.

Après son adhésion, d'ailleurs si franche, à l'encyclique de Grégoire XVI, une épreuve nouvelle vint atteindre Lacordaire dans son honneur d'écrivain et dans sa conscience de prêtre.

A l'archevêché [1] et bien plus encore dans le clergé de Paris, on parut douter d'une soumission dont Dieu voulait décupler le mérite, en la rendant suspecte aux yeux des hommes.

L'épreuve fut dure à cette âme loyale. De plus, l'avenir de ce prêtre, encore si jeune, était en question. « Nul ne se présentait pour lutter contre cette malveillance si implacable envers les hommes de mérite, et c'était à désespérer de son sort, si une femme ne s'était rencontrée pour relever le cœur du pauvre calomnié, en brisant d'une main ferme et douce le réseau dans lequel des frères comptaient bien étouffer son naissant génie. »

Ainsi parle un prélat distingué, qui a écrit quelques pages sur notre héroïne [2]. Je suis heureux d'invoquer ce témoignage à ce moment de la vie de Lacordaire, où, comme Lamennais, il connut l'horrible épreuve de l'attaque venue du dedans, cette épreuve que les uns m'ont chaudement

---

[1] Malgré l'affection personnelle de M. de Quélen, qui se plaisait à lui répéter : « Vous avez besoin d'un baptême, et je vous le donnerai. » (LACORDAIRE, *Notice*, etc., p. 73.)

[2] Mgr J. FÈVRE, *Sophie Swetchine*. Personnages catholiques contemporains. (*Semaine du clergé*, t. II, pp. 467 et 495.) Nous avons fait d'utiles emprunts à cette étude, qui mériterait d'être tirée du recueil où elle est ensevelie.

félicité et d'autres aigrement blâmé d'avoir mise en lumière dans mon livre sur Lamennais.

Ce qui me reste à en dire, je vais l'emprunter à un religieux de juste renom, dont nul n'a jamais songé à faire un rhéteur à sous-entendus ou allusions décochées à la sourdine, le Révérend Père Chocarne [1].

L'horizon restait chargé de sombres nuages. Les rédacteurs de l'*Avenir* gardaient sur leur front les traces de la foudre partie du Vatican, et le temps n'avait pas encore séparé, aux yeux de l'opinion, ceux qui s'étaient relevés humbles et guéris, de celui dont l'orgueil avait empoisonné la blessure. Une défiance générale planait sur leurs têtes.

A l'ombre de ce sentiment qui pouvait avoir son excuse, s'abritaient des passions que toute défaite réveille comme de vils serpents dans les plus dangereux recoins du cœur de l'homme. Les rancunes tenues en arrêt tant que la plume était restée aux mains des combattants et maintenant guéries de la peur, les faciles triomphes de la médiocrité, les jalousies du talent, la routine envieuse des succès éclatants, l'oxthodoxie à courte vue qui allait, dans le nouvel orateur, épier les hérésies et fatiguer de ses dénonciations l'oreille des prélats : c'étaient là, pour la nature de l'abbé Lacordaire, des périls plus à redouter, j'ose le dire, que celui auquel il venait d'échapper dans sa campagne avec M. de Lamennais.

Là, du moins, tout était grand et le devoir facile à connaî-

---

[1] CHOCARNE, *Vie intime du Révérend Père Lacordaire*, t. **I**, p. 154 et suiv.

tre ; ici tout était petit et la route difficile à travers ces sentiers tortueux et obscurs. Dans son noble et franc amour de la loyauté et de la lumière, il eût été toujours tenté de deux choses : ou d'aller lever le masque à ses ennemis, quels qu'ils fussent, ou de les mépriser, eux et leurs manœuvres, et de s'enfuir. Il ne fit ni l'un ni l'autre, et ce furent les conseils de madame Swetchine qui le soutinrent contre ce double péril de la défaillance et de l'exaltation, et l'aidèrent à s'élever à ces régions sereines où l'âme, plus près de Dieu, enveloppée de paix, de vérité et d'amour, ne s'irrite plus des sifflements de la haine [1] et bientôt ne les entend même plus.

Elle lui écrit pour le prévenir d'une attaque que l'on prépare contre lui. « C'est avec répugnance, lui dit-elle, que je vous transmets ces avertissements. Il ne faut laisser mettre entre l'idée et soi que Dieu et la conscience, élever cette idée qu'on développe au plus haut degré de rectitude possible, pour l'amour de la vérité et sans un regard donné aux attaques de l'aversion, toujours féconde. Mon pauvre, cher et aimable ami, comment se fait-il que vous fassiez naître quelqu'un de ces mouvements dans un cœur, je ne dis pas de chrétien, mais d'homme ? La contradiction a été prédite, et, à la hau-

---

[1] « A proportion de ma vocation dans l'Église, Dieu m'a accablé, pendant près de vingt ans, d'une suite ininterrompue de choses douloureuses. Depuis mon entrée au séminaire, en 1824, jusqu'à ma station de 1844 à Paris, j'ai été en butte à une inimitié persévérante qui s'était condensée dans un certain nombre d'hommes capables de nuire beaucoup, et qui n'ont rien négligé pour me perdre de réputation et me pousser à des extrémités. Il m'a fallu vingt ans de patience, de douceur et de persévérance, pour arriver à un peu de paix. » (Lettre à M. de Montalembert, 22 juillet 1846.)

teur où vous êtes placé, c'est une des prophéties qui s'appliquent davantage [1]. »

Ces généreux conseils allaient bien à l'abbé Lacordaire. Il s'habitua vite à laisser l'intrigue s'user d'elle-même dans le silence, et à ne présenter aux dents de l'envie qu'une âme d'acier. Les injustices des hommes, en le déprenant du monde, l'attachaient plus fortement à Dieu ; et, lorsque ses yeux étaient fatigués du présent, il les reportait vers l'avenir, qu'il appelait « le grand asile et le grand levier ». Devant les haines des partis, il disait avec Dante : « Je regarde et je passe. »

Nul plus que lui n'a eu plus de foi en la vertu du silence et dans sa force pour vaincre et ruiner à la fin les plus habiles attaques de la malveillance. Il n'y cherchait d'abord que sa justification en Dieu et dans l'avenir ; il y trouva de plus sa justification auprès de ses contemporains ; ce qui lui faisait dire :

— Le silence est après la parole la première puissance du monde.

— Je n'ai plus de vie, disait-il encore, que dans l'avenir et dans l'éternité. C'est là que disparaissent toutes les vaines colères des partis ; là qu'on prend la force de n'y pas même penser. Quand le voyageur traverse les Alpes, il vient un moment où les premières brises de l'Italie lui annoncent la présence de cette grande et aimable terre ; il s'arrête pour en respirer le parfum, et il oublie les tempêtes froides qu'il vient de laisser derrière lui. Oh ! que Dieu est bon à ceux qui ne cherchent que lui [2] !

[1] Madame SWETCHINE, *Lettres*, t. I, p. 373.
[2] *Lettres à des jeunes gens*, p. 288.

III

« Vous m'avez donné votre affection au moment le plus
« difficile de ma carrière, et, grâce à vous, j'ai traversé
« ce défilé par où je ne repasserai jamais. Ce qui m'avait
« manqué jusqu'à vous, ce n'était pas tant l'amitié que le
« conseil. Nul, depuis dix ans, n'avait dirigé ma vie que
« moi seul, avec mon esprit encore mal formé, enthou-
« siaste, hardi, aventureux, quelquefois bizarre. Je n'avais
« point trouvé d'homme à qui je voulusse me confier,
« non que je manquasse d'ouverture pour mes amis, mais
« parce que je les asservissais à ma raison. Vous êtes la
« première qui m'avez guidé [1]. »

En effet, à cette époque décisive de la vie de Lacordaire,
s'ouvre une longue et intime correspondance qui montre,
sans nul déguisement, l'âme d'un grand orateur aux phases
les plus diverses de son existence, depuis les bruyants
triomphes de Notre-Dame jusqu'aux austérités du couvent
de Sainte-Sabine, où il s'enferma comme pour les expier.

N'eût-il fait que cela, M. de Falloux aurait bien mérité
de l'Église, du pays et des lettres françaises, en publiant

---

[1] « Malgré l'ascendant qu'elle avait sur lui, le Père a résisté à
madame Swetchine dans les circonstances les plus graves, comme
leur correspondance en fait foi : dans la publication de la Lettre sur
le Saint-Siège, pour le port de l'habit dominicain dans la chaire de
Notre-Dame, etc. » (*Lettre d'un ami de Lacordaire à l'auteur.*)

les quatre volumes de cette correspondance [1]. Monument
admirable, dans lequel se révèle presque toujours, à côté
d'une sollicitude toute maternelle, une soumission toute
filiale, qui demeurera probablement le premier titre des
deux écrivains auprès de la postérité; car la hauteur morale n'en a pas, à mon avis, été dépassée dans les plus
beaux siècles du christianisme. Jamais Monique ne fut plus
forte et plus tendre; jamais, à l'heure des grands orages,
elle ne fit descendre dans l'esprit troublé d'Augustin
plus de lumière et de paix.

Ceux qui, comme la plupart des contemporains, ne connaissaient Lacordaire que par les actes de sa vie publique,
n'auraient pu soupçonner, avant d'avoir lu ces quatre volumes, la grande et noble place que l'amitié d'une femme
a tenue dans sa vie [2].

Lacordaire n'était pas seulement uni à madame Swetchine
par cet attachement profond et tendre que les femmes ont
parfois le don d'inspirer, et qui n'a de vrai nom dans
aucune langue, puisqu'il est à la fois autre chose que l'a-
mitié et autre chose que l'amour. Il ressentait encore pour
elle une gratitude enthousiaste et respectueuse, qui s'explique aisément lorsqu'on a lu cette correspondance [3]. Elle
rappelle le célèbre colloque, immortalisé par la peinture [4],

[1] *Lettres de madame Swetchine*, 3 vol. in-12; — *Correspondance du
R. P. Lacordaire et de madame Swetchine,* 1 vol. in-12, publiés par le
comte DE FALLOUX, de l'Académie française.
[2] PRÉVOST-PARADOL, art. publié dans le *Journal des Débats,*
29 sept. 1864.
[3] *Ibid.*
[4] Voir la magnifique composition de Ary Schœffer, popularisée
par la gravure.

que saint Augustin eut avec sainte Monique, sur une fenêtre qui regardait le Tibre se jeter dans la mer [1].

— Si je péris, se disait le nouvel Augustin, aux jours où
ses destinées tenaient à un fil; si je péris, je me retirerai
près d'elle, je porterai à son foyer ce débris; il rendra peut-
être encore assez de chaleur pour échauffer ses jours plus
avancés que les miens [2].

S'il pensait ainsi, l'expression restait timide et pleine de
réserve. Prêtre depuis quatre ou cinq ans, il avait déjà
assez rencontré de femmes, même beaucoup plus âgées
que lui, pour se défier des paroles entraînantes et se dépar-
tir aisément des précautions tant recommandées par les
maîtres de la vie sacerdotale [3].

Madame Swetchine comprit-elle cette hésitation? C'est probable. Forte de sa mission providentielle auprès de cette

[1] Aug. GALITZIN, art. publié dans le *Journal des villes et des
campagnes*, 4 avril 1864.

[2] Lettre à madame Swetchine, 15 septembre 1835.

[3] Lacordaire, dans sa lettre du 12 juin 1851, donne à l'abbé Perreyve les conseils de son expérience, et révèle ses propres manières
de se conduire à cet égard : « Je ne vois rien à vous dire sur vos rap-
« ports avec les personnes dont vous me parlez, si ce n'est d'y mettre
« une extrême prudence, mais sans affectation. Partout où il y a des
« femmes, il y a des périls pour le cœur. Écrivez tout ce que vous
« ne pourriez pas dire et faire devant témoins; c'est la grande règle
« et avec elle on se maintient dans la ligne du devoir et de la tran-
« quillité. Autant que possible, évitez les entretiens où la famille
« entière n'est pas réunie : en présence de tous, on est toujours en
« sûreté. Je sais bien qu'il ne s'agit pour vous de rien de grave,
« puisque vous êtes dans une maison où tout est honneur et édifi-
« cation; mais quelquefois la sécurité même est un péril, parce qu'on
« ne veille pas assez sur son cœur, à cause de l'innocence même
« de tout ce qui nous entoure. »

âme, que Dieu lui avait donnée à garder, cette « maternelle amie [1] » voulut tout de suite établir une sorte de niveau entre le génie impétueux, qui demande une direction, et la piété éclairée, qui la lui donne.

— Mon ami, lui dit-elle, pourquoi me dites-vous toujours Madame, et en vedette? N'ai-je donc pas mieux mérité de vous? N'ai-je pas, comme Mignard, travaillé à perdre le Madame que vous donnez à tout le monde, et les droits de l'amitié inviolable sont-ils plus contestables que ceux de la célébrité? Quand je vous vois si fort en réserve, j'ose à peine avec vous rester moi-même, et plus d'une fois ce que je perdais d'abandon vous accusait tacitement. Ne me gâtez plus la simplicité avec laquelle je voudrais toujours aller avec vous. J'y suis ramenée par toute parole que je sens venir de votre cœur, ou refoulée sur moi-même, quand vous me le fermez [2].

La réponse de Lacordaire à cette invite [3] est un chef-d'œuvre de sincérité, et elle dénote une finesse d'observation qui explique cette parole qui fut dite un jour de lui : « On ne le connaîtra bien que par ses lettres [4]. »

Je voudrais la reproduire en entier, mais j'en citerai assez pour inspirer le désir de la lire dans sa belle intégralité :

« ...J'aime, j'en suis certain, et profondément ; et néan-

---

[1] AUDREN DE KERDREL. Art. publié dans le *Journal de Rennes*, 15 avril 1864.

[2] Lettre de madame Swetchine à l'abbé Lacordaire, 26 août 1835.

[3] Madame Swetchine, quand elle la fit, avait dépassé de trois ans la cinquantaine.

[4] Madame SWETCHINE, citée par MONTALEMBERT (*loc. cit.*, p. 498).

« moins, il y a en moi quelque chose que je ne puis pas
« nommer, qui cause de la peine à ceux que j'aime. Ce
« n'est pas de l'âpreté, je suis doux ; ce n'est pas de la
« froideur, je suis passionné ; c'est quelque chose d'entier
« qui est trop oui ou trop non, une certaine difficulté de
« découvrir ce dont le cœur d'un ami a besoin, une habi-
« tude du silence qui me suit quelquefois sans que je m'en
« doute. Combien j'ai de peine à parler ! Avec ma mère,
« qui s'était accoutumée à moi, et qui se contentait d'une
« grande douceur de mœurs dans mes rapports avec elle,
« il m'arrivait souvent de rester sans rien dire[1]. »

Qu'on remarque ce qui va suivre. La correspondance
de Lacordaire abonde en échappées de ce genre et en sou-
dainetés observées finement comme celle-ci :

« Les femmes ont cela d'admirable, c'est qu'elles peu-
« vent parler tant qu'elles veulent, comme elles veulent ,
« avec l'expression qu'elles veulent ; leur cœur est comme
« une source qui coule naturellement. Le cœur de l'homme,
« le mien surtout, est comme ces volcans dont la lave ne
« sort que par intervalles, après une secousse[2]. »

Notre la Bruyère part de là pour tirer une conclusion
qui frappera chacun et expliquera aux femmes qui lisent
ceci pourquoi l'Église les appelle le « sexe dévot[3] ».

« L'homme entend peu de chose au culte : voyez quelle
« différence entre la piété des hommes et celle des fem-
« mes ! Un homme aurait-il fait votre chapelle ? »

---

[1] Lettre à madame Swetchine, 8 septembre 1836.
[2] *Ibid.*
[3] *Devoto femineo sexu.* (Liturgie.)

Tous ceux qui, ayant lu la vie de madame Swetchine, savent ce que fut pour elle et dans sa vie parisienne cette chapelle, son refuge et ses amours[1], comprendront ce qu'il y a de délicat et de spirituellement soudain dans cette interrogation. C'est un argument *ad hominem*, ou mieux *ad feminam*, et il devait être irrésistible.

« Il faut donc nous pardonner beaucoup », reprend Lacordaire, et il revient à ces souvenirs d'éducation, où son âme se complaisait :

« Ma mère m'a dit en mourant que je lui avais rendu la
« vie heureuse ; je lui ai toujours plu avant tous mes frères,
« et pourtant je n'ai jamais été tendre dans l'expression
« avec elle. Notre éducation même avait été ainsi ; ma
« mère nous avait aimés d'un dévouement de chaque
« jour, grand et sans partage, mais où l'action parlait plus
« que la bouche. »

Et il conclut aimablement :

« Ayez donc un peu compassion de ma nature sauvage ;
« je voudrais la changer... Malheureusement, on désire
« plus qu'on ne fait[2]. »

Pourtant, et cela ne surprendra aucune de mes lectrices, — les femmes sont si bien habituées à faire rayer du vocabulaire masculin le mot *impossible !* — il ne fallut pas longtemps « à la douceur pénétrante de madame Swetchine pour

---

[1] S'agit-il un jour d'économies à faire, « il n'y a », dit-elle, « que « ma chère petite chapelle qui ne participera pas à ces réformes, « et, du moins, j'aurai pour excuse de parer ce que j'aime ». (*Madame Swetchine*, t. I, p. 361.)

[2] Voir, dans le recueil publié par M. de Falloux, diverses lettres de 1833 à 1836 inspirées par le même sentiment.

« fondre la neige dont ce volcan paraissait entouré [1] ».

Au respect le plus constant s'unit bientôt la tendresse la plus expansive, et toute cette correspondance, d'une solidité si ferme, d'une simplicité si charmante, se continue jusqu'à l'heure où le restaurateur de l'ordre de Saint-Dominique quitte en toute hâte sa chère école de Sorèze, pour accourir au lit de mort de la mère de son âme.

C'était en 1857. Mais, dans ce quart de siècle, l'abbé et plus tard le Père Lacordaire n'a cessé d'être en communication, j'oserais presque dire [1], en communion incessante avec madame Swetchine. Elle est avec lui à Rome, à Turin, à Marseille, à Nancy, à Dijon, à Flavigny, à la Minerve, à Sorèze, partout où il rencontre des obstacles ou des triomphes, des préjugés ou des sympathies, partout où il fonde des maisons ou dirige des écoles.

Madame Swetchine s'absente-t-elle pour courir à Saint-Pétersbourg où l'appelaient les nécessités d'une politique ombrageuse, Lacordaire ne sait plus où donner de la tête, il est comme le navigateur qui a perdu sa boussole [2], et il s'écrie, avec une douloureuse sincérité :

« Je n'ai jamais mieux senti que maintenant, Madame
« et chère amie, quel grand malheur est pour moi votre
« absence [3]. »

Singulier phénomène, que pas une grande vie n'ait échappé à cette association, à ce concours de la femme, aussi puissant pour le mal qu'il l'est pour le bien ! Depuis

[1] Prévost-Paradol, art. cité.
[2] Audren de Kerdrel, art. cité.
[3] Lettre à madame Swetchine, 14 octobre 1834.

les saintes suivantes du Christ jusqu'à la vierge que le Séraphin d'Assise associe à son apostolat, jusqu'à la veuve héroïque qui donne à Vincent de Paul cette postérité immortelle qui s'appelle les filles de la Charité, jusqu'à cette autre veuve qui permit à l'évêque de Genève de jeter au sein d'un siècle perverti le ferment doux et fort de la Visitation, ces grands hommes, ces grands héros de l'humanité et de l'Église, n'ont pas su se passer de cette aide, et tous, ils ont pu dire à la sainte compagne de leur apostolat ce que Lacordaire dit un jour à la sienne :

« Ma chère amie, souvenez-vous quelquefois que vous « m'avez fait du bien, et que par moi vous en avez fait à « beaucoup d'autres qui ne vous connaissent pas, mais « qui vous connaîtront un jour [1]. »

Noble et sainte femme, à force d'étude et de prière, vous vous étiez élevée jusqu'à la plénitude de la vérité, vous avez su appliquer aux hommes de votre temps les grâces les plus efficaces de la charité ! Mère de l'Église contemporaine en France [2], n'eussiez-vous dirigé que Montalembert et Lacordaire, Lacordaire surtout, ce serait assez pour votre gloire et pour votre immortalité !

Mais il est temps d'assister aux premiers triomphes oratoires de Lacordaire, au premier coup d'aile de ce génie, qui s'en va maintenant planer dans des hauteurs où l'aigle de Meaux, tout seul jusqu'alors, s'était joué dans la lumière d'un ciel solitaire, là où, le reconnaissant pour son fils, la

---

[1] Cité par AUDREN DE KERDREL., art. cité.
[2] J. FÈVRE, *Madame Swetchine*, p. 498.

grande ombre de Bossuet [1] s'incline avec amour devant ce successeur, en qui il se sent revivre.

Parlons maintenant du Bossuet de notre siècle.

[1] « Quand je cherche un plus grand, un plus éloquent que lui, je ne puis penser qu'à Bossuet. » (MONTALEMBERT, *loc. cit.*, p. 564.)

V

LES CONFÉRENCES DE STANISLAS ET FRÉD. OZANAM

Dans son salon, seule, agitée, visiblement inquiète, madame Swetchine attendait. Elle avait envoyé tous ses habitués et ses fidèles à Saint-Roch. Lacordaire y avait accepté un sermon de charité, le premier grand sermon qu'il eût prononcé jusqu'alors. Pour elle, à toutes les instances, elle avait répondu :

— Jamais je ne pourrai m'asseoir aux pieds de sa chaire. Je me sens d'avance incapable d'y maîtriser mon émotion maternelle [1].

Les amis revinrent enfin de Saint-Roch. Mais quand ils entrèrent au salon, ce fut la tête basse, et madame Swetchine vit tout de suite qu'ils revenaient déçus. L'un d'eux, Armand de Melun, je crois, se décida de parler le premier :

— Ce ne sera jamais un prédicateur !..... fit-il d'un air consterné, et tous les autres d'approuver, déclarant qu'assurément l'abbé Lacordaire était un prêtre de mérite, mais qu'il n'avait pas le don de la parole sacrée, et qu'il devait diriger sa vie sacerdotale vers un tout autre ministère [2].

Cela semble un paradoxe, et, quand on songe à ce que deviendra bientôt le jeune prêtre qui vient d'échouer complétement dans son début oratoire, on est tenté de sourire et de hausser les épaules, en entendant affirmer qu'il ne sera jamais prédicateur.

Et pourtant, madame Swetchine eut tort de se désoler, quand elle entendit faire ce pronostic, car il est l'expression de la vérité rigoureuse.

Lacordaire lui-même ne se fit point illusion.

En descendant de chaire, il dit : « C'est la seconde fois que j'éprouve combien mon genre d'esprit est peu sympathique avec une assemblée ordinaire de fidèles [3]. »

« Je n'ai rien assez de ce qu'il faut pour être un prédi-

---

[1] BAUNARD, *le Vicomte de Melun*, p. 98.

[2] *Mémoires du vicomte Armand de Melun*, cités par l'abbé BAUNARD. (*Ibid.*)

[3] Lettre à M. Lorain, 6 mai 1833.

cateur, dans la force du terme [1] », écrit-il ensuite à Montalembert.

Il avait raison. Jamais ce génie essentiellement indépendant, ennemi-né des entraves d'une rhétorique quelconque, ne pliera sa parole aux tortures de ce lit de Procuste. Pour avoir voulu essayer une fois à Saint-Roch [2], d'entrer dans le moule convenu, il y étouffa, n'osant pas faire éclater le

[1] Lettre à Montalembert, 30 juin 1833.

[2] M. Édouard Dumont, dans le *Monde* du 24 août 1867, a donné d'intéressants détails sur ce début de Lacordaire. « Se sentant né *prêcheur*, comme il disait, il résolut de prêcher dans les paroisses, et il avait promis déjà de divers côtés une vingtaine de sermons auxquels il n'avait pas même songé encore. Le début fut malencontreux. Le dimanche 5 mai 1833, vers sept heures du soir, un public très-clair-semé se groupait dans l'église Saint-Roch, entre la chaire et le banc d'œuvre, à la lueur sépulcrale d'une lampe, pour entendre une prédication de surcroît, tout l'office étant fini et l'église vide. Il paraissait qu'on n'en avait pas fait l'annonce, et qu'on admettait à l'essai, en petit comité, quelque jeune apprenti de prédication. C'était l'abbé Lacordaire qu'attendait cet auditoire, composé de quelques amis modestement invités par lui et de quelques curieux, y compris plusieurs ecclésiastiques, dont deux avaient déjà une certaine petite réputation de prêcherie; et de tous ces curieux, pas un n'ignorait que le jeune orateur attendu était doué d'un talent peu commun. Il parut bientôt, et il parla pendant une heure sur la fête de l'*Invention de la sainte Croix*. Ce sermon était tout simplement un chef-d'œuvre de pensée, de développement et d'expression. Il voulait prouver qu'ayant perdu nos avantages les plus précieux par le péché, nous retrouverions tout dans la Rédemption et dans la Croix, ce qu'il démontrait par ces trois considérations : 1° *l'homme ici-bas n'a pas la vie* (l'humanité ne vit pas réellement, elle ne dure qu'un moment et disparaît sans cesse); 2° *l'homme n'a pas la gloire* (c'est-à-dire ni l'illustration, ni la richesse, ni la puissance); 3° *l'homme n'a pas l'amour* (il n'est point aimé; toutes les affections humaines sont impuissantes et périssables). La Rédemption lui donne la vie véritable et éternelle,

moule d'un coup hardi. Jamais il ne sera le successeur de Bourdaloue ou de Massillon. Les auditoires routiniers, les bonnes âmes accoutumées aux sermons impersonnels de leurs orateurs favoris, les classiques, tous ceux qui ont oublié que la rhétorique naquit après l'éloquence et ne la devança point, n'accepteront guère « ce nouveau prophète[1] » qui, d'un bond, s'élance près de Bossuet, encore plus affranchi des traditions chargées de parquer l'originalité individuelle en d'étroites règles.

En ce sens, jamais Lacordaire ne fut prédicateur.

Autant, en effet, il eut horreur d'innover en matière de doctrine, nourri fortement comme il l'était, par dix ans d'études personnelles, des enseignements de la patrologie, et spécialement de saint Augustin et de saint Thomas d'Aquin, ses deux amours[2], autant il avait horreur du convenu, de la correction arrondie aux angles, des chaleurs moyen-

l'honneur avec une incomparable distinction, et l'amour parfait et immuable ; tout cela exposé avec cette ingénieuse singularité qui *a horreur du lieu commun,* comme il le dit quelque part dans ses *Conférences.* Il était impossible, avec de telles circonstances et si peu d'auditeurs, que ce sermon eût le moindre écho ; il avait pensé apparemment qu'il ne valait pas la peine d'en parler. L'abbé Lacordaire regarda cet échec, où il n'y avait point de sa faute évidemment, comme une indication qu'il n'était point fait pour la prédication paroissiale, et il y renonça, retirant toutes ses promesses données. La Providence le dirigeait ainsi tout d'un coup vers une vocation particulière, où il serait arrivé autrement bien plus tard. »

[1] AFFRE, *Mémoires,* citant une expression de M. de Quélen.

[2] « La *Somme de saint Thomas* est l'étude de tous les jours de ma vie. Une fois que j'y ai eu posé mes lèvres, je n'ai pu m'en détacher un seul jour, et le reste n'est plus pour moi qu'un appendice ou un affluent où je vais çà et là chercher quelque rayon de lumière pour le rattacher à ce centre éclatant de la théologie. » (*Lettre*

nes maintenues à la température voulue par les sévères indications des rhéteurs : le texte, l'exorde tiré au cordeau, les divisions subdivisées dans les trois points de dimension égale, les transitions bien ménagées, les citations scripturaires ou patristiques en latin soigneusement apprises dans les recueils spéciaux, la péroraison résumant les points et s'échauffant au degré réglé par le thermomètre classique.

Chénier avait dit :

Sur des pensers nouveaux, faisons des vers antiques [1]

Lacordaire retourna l'épithète, comme le fit un jour notre Paul Reynier :

Sur des pensers anciens, faisons des vers nouveaux [2] !

Sous le bénéfice de cette observation, capitale pour l'intelligence du génie lacordairien, suivons maintenant l'éloquence sortant du moule brisé et la nature victorieuse de l'art.

à l'abbé Drioux, 1850.) Quant à saint Augustin, il disait : « C'est un homme subtil de style plutôt que dans les choses, et celui de tous les Pères qui renferme le plus de pensées profondes sur la religion. C'est le saint Thomas des temps primitifs. » (Lettre à Montalembert, 15 fév. 1834.)

[1] André CHÉNIER, l'Invention littéraire.

[2] Paul REYNIER, Épître aux poètes.

I

Nous sommes dans la cour d'un petit collége parisien, déjà célèbre d'ailleurs, et fondé depuis l'Empire par un homme d'une grande habileté pédagogique, l'abbé Liautard, pour y élever l'élite de la jeunesse catholique de France, le collége Stanislas.

La cour est envahie par une foule. Le préfet des études, l'abbé Buquet[1], ramène les divisions des petits et des moyens, lesquels traversent la cour, visiblement dépités d'être forcés de céder les bancs qu'ils viennent de quitter à la chapelle, où toutes les places libres sont prises. Celles que les élèves ont cédées en maugréant se remplissent dans un clin d'œil.

Mais voici que, sur cette réquisition, qui doit être bien autorisée pour qu'on y ait obéi dans la cohue empressée, on apporte une échelle, et un monsieur, la redingote gravement boutonnée jusqu'au col, se met en devoir d'en gravir les échelons, jusqu'à la hauteur d'une fenêtre, par où il apparaît soudain dans la chapelle, où l'on ne put s'empêcher de rire assez haut, malgré la sainteté du lieu et aussi malgré le respect dont jouissait l'auteur de l'escalade. C'était Berryer.

---

[1] Plus tard évêque de Parium, auxiliaire de l'archevêque de Paris.

Un jeune homme, le vicomte de Melun [1], lui tendit la main pour l'aider à descendre, et Berryer pénétra dans cette petite chapelle d'enfants, où un auditoire d'élite se disputait les places, et où, plus avisés que Berryer en retard ce jour-là, se pressaient déjà Chateaubriand, Odilon Barrot, Lamartine, Victor Hugo, et, avec eux, les hommes les plus éminents des Chambres, du barreau, de la presse et du journalisme, en un mot, le tout Paris d'alors [2].

Que venait faire là ce tout Paris [3], sceptique, encore frémissant des haines soulevées avant 1830 contre la Congrégation, héritier de Voltaire et fils des temps nouveaux?

« Chacun, répond Nettement, chacun venait entendre le catholicisme s'affirmer par la bouche d'un enfant du siècle, qui, dans une langue contemporaine de son auditoire, trouvait le chemin des esprits et des cœurs, tout simplement en laissant librement parler ses sentiments et ses pensées [4]. »

Les sujets étaient anciens comme l'Église : Dieu, la création, l'origine du mal, le peuple juif, les prophètes, la ré-

[1] BAUNARD, *Op. cit*, p. 39.

[2] « Lacordaire improvise tous les dimanches au collége Stanislas des choses admirables sur les vérités fondamentales de la foi. C'est une réunion très-brillante qui attire toute la jeunesse *pensante* et nombre d'hommes distingués, voire même de grandes célébrités. Dimanche dernier, Lamartine s'y trouvait. C'est qu'en vérité, c'est quelque chose d'inouï que cette éloquence, cette inspiration. Il n'est bruit que de cela dans le monde religieux et philosophique. » (*Lettre de Maurice de Guérin à Hipp. de la Morvonnais*, 28 fév. 1834.)

[3] « Henri a fait des conférences dans un collége, qui ont eu un tel succès que deux heures d'avance il n'y avait plus de place : elles lui ont fait beaucoup de réputation. » (*Lettre de madame Lacordaire à madame Louise B.*, 11 mai 1834.)

[4] Alfred NETTEMENT, *Histoire de la littérature sous le gouvernement de Juillet*.

paration. Mais la parole était neuve, spontanée, la langue toute moderne, l'accent personnel, soudain. Sur des pensers anciens, ce poëte de la chaire improvisait, avec des modulations inconnues, des vers vraiment nouveaux. Les théologiens écoutaient avec ravissement cette forte doctrine abreuvée aux plus pures sources de la tradition scrupuleusement scolastique, et Victor Hugo frémissait aux sons de cette harpe éolienne, où les vents du siècle, en passant dans les vieilles branches des arbres séculaires qui la tenaient solidement suspendue, faisaient vibrer de si jeunes harmonies.

Tout à coup, au milieu de l'enthousiasme des auditeurs, tomba une parole d'adieu.

L'orateur allégua l'épuisement réel de ses forces et le besoin de se retremper dans le travail solitaire de la méditation[1].

Personne ne s'y méprit, et dans cet auditoire grave, presque solennel, courut un long murmure. On accusa le Gouvernement de Juillet.

— Monseigneur, écrivit le lendemain Lacordaire à M. de Quélen, j'ai appris de mes aïeux dans le christianisme à ne jamais craindre de paraître devant les tribunaux. Je ne me retire donc pas devant les intimations ou les menaces du Gouvernement[2]. Je me retire devant votre volonté, et votre seule volonté[3].

---

[1] Lettre de Lacordaire à **M.** de Quélen, 14 avril 1834.

[2] « M. Guizot m'affirma que jamais le Gouvernement n'avait conçu d'ombrages des conférences de Stanislas, et que lui, en particulier, les voyait avec le plus grand plaisir. » (*Lettre de Lacordaire à madame Swetchine,* 8 décembre 1834.) Mais si le ministre de l'instruction publique ne s'émut point des dénonciations, il n'en fut, paraît-il, point de même de la police.

[3] Lettre de Lacordaire à **M.** de Quélen, 14 avril 1834.

L'esprit de routine s'était scandalisé. L'esprit de parti avait dénoncé à l'archevêché, au Vatican, à la police.

De Rome, on répondit que l'archevêque avait mission pour veiller.

L'archevêque prit peur, et de la police, et des rancunes toutes vivantes encore contre l'École menaisienne.

— Ne connaissant ni mes fautes, ni mes adversaires, ni ce que l'on veut de moi, je me tais en enfant de l'Église, je me fie à Dieu qui discerne le fond des cœurs et qui soutient ceux qui n'ont d'autre appui sur la terre qu'une conscience droite [1].

— Si un jour, disait-il encore tristement, si un jour, dans une de ces tourmentes où la barque de Pierre chancelle, et où les disciples sont émus du danger, l'Église a besoin d'un pauvre serviteur oublié à fond de cale et méconnu, il tâchera de rallumer dans son sein les restes étouffés de sa jeunesse, et, s'il ne le peut, il portera, aux pieds du Dieu qu'il n'aura pas servi, une excuse touchante peutêtre : son talent réprouvé et perdu, sans qu'il s'en soit plaint [2].

Les admirateurs jetèrent les hauts cris. M. de Quélen hésita :

— Je ne vous ôte point la parole, dit-il décontenancé et tout perplexe, je ne le puis pas ; voyez, examinez, consultez !

Sur quoi, les amis consultés dirent :

— Si vous aviez un ordre, évidemment vous devriez

---

[1] Lettre de Lacordaire à M. de Quélen, 14 avril 1834.
[2] *Ibid.*, 21 mars 1834.

vous taire, en laissant la responsabilité de votre silence à qui de droit. Mais vous n'avez pas d'ordre, on ne vous en donnera pas, on ne veut pas vous en donner. Or, tant qu'on est libre, il faut aller en avant [1].

Or, il y avait, dans l'entourage de l'archevêque, un prêtre qui aimait Lacordaire, bien qu'il n'eût rien dans l'esprit qui pût l'incliner vers lui; mais il était ennemi de l'intrigue [2], et il sut rester toujours fidèle à cette devise, dont on pourrait faire l'exergue de sa vie : la simplicité dans la grandeur. Ce prêtre alla trouver M. de Quélen. Il lui parla avec un exquis bon sens, ce don précieux, toujours si rare :

— Si nous avons à regretter, dit-il, de n'avoir plus comme autrefois une Sorbonne toujours prête à frapper une proposition malsonnante, nous n'avons pas non plus de personnes disposées à abuser, en s'en emparant, de celles qui peuvent échapper à M. Lacordaire. On peut craindre, par contre, que cet ecclésiastique ne devienne, sans le vouloir, un prétexte pour la jeunesse chrétienne de se séparer du premier pasteur, tandis que la conduite de M. Lacordaire, depuis deux ans, fait espérer une grande docilité, c'est-à-dire la disposition la plus opposée au caractère des novateurs [3].

Le prêtre grave qui parlait ainsi à M. de Quélen porte un nom qui plane au-dessus de nos discordes civiles, comme un signe de pacification et le symbole de l'héroïsme

---

[1] Lettre de Lacordaire à madame Swetchine, 14 octobre 1834.

[2] CHOCARNE, *le P. Lacordaire*, t. I, p. 162.

[3] CASTAN, *Vie de Mgr Affre*, p. 74.

pastoral donnant sa vie pour ses brebis. Il s'appelait M. l'abbé Affre, et il était pour lors chanoine de Notre-Dame.

Quelque confiance qu'il inspirât à M. de Quélen, l'abbé Affre ne put venir à bout de vaincre ses hésitations.

Lacordaire l'apprend, et aussitôt, prenant la plume, le 31 octobre 1834, il écrit à l'archevêque :

— Monseigneur, je viens me plaindre à vous de vous.

Puis il expose, en un noble et digne langage, l'historique du procès pendant au tribunal de son ordinaire, il répond aux accusations et aux insinuations, il met dans tout leur jour les fortes raisons qui militent en faveur de la reprise des conférences. Cela fait, il conclut :

— J'ai trente-deux ans accomplis; si je fusse resté dans le monde, je serais à même de me faire respecter quand je traiterais de moi et des autres : il n'est pas juste que, pour avoir sacrifié ma vie à l'Église, je sois le jouet des plus basses intrigues et du mauvais vouloir de quelque parti qui ne me pardonne point de ne pas lui vouer mon existence et ma consécration sacerdotale. Monseigneur, je vous demande justice : je revendique le seul bien du prêtre, le seul honneur du prêtre, la liberté de la parole évangélique, la liberté de prêcher Jésus-Christ !

Peu accoutumé à cette liberté de langage, M. de Quélen répondit, en termes piqués, à la mise en demeure, ou, comme il disait, à la « sommation » de son sujet.

— Je crois être, dit-il, dans mon diocèse, le juge de la direction à donner aux prêtres que je commets pour l'enseignement religieux [1].

[1] Foisset, *Vie du R. P. Lacordaire*, t. I, p. 316.

Lacordaire se donna le tort de répliquer.

—- Je regrette, Monseigneur, que vous ayez jugé mon œuvre sans l'avoir connue. Après quelques jours d'amertume contre vous, j'ai pris le dessus : je ne vous en reparlerai plus. J'avais compté sur deux hommes : le premier, je l'ai quitté, parce qu'il trahissait les espérances de tous ; le second me faillit. Je ne compte plus que sur Dieu[1].

M. Affre vint le voir. Il fut affectueux et paternel.

— Que dois-je dire à Monseigneur de votre part? fit-il, en terminant sa visite.

—- Vous pouvez dire à Monseigneur, répliqua de nouveau Lacordaire, que je regrette de ne plus prêcher mes conférences, à cause de la jeunesse qui en avait besoin, et à cause de l'Église de France, où s'accréditera le bruit que nul ne peut y avoir quelque talent, sans être persécuté[2].

Puis, le grand vicaire parti, il écrit à madame Swetchine, lui raconte tous ces incidents et termine son récit par cet admirable retour sur lui-même :

« Peut-être avais-je jugé M. de Lamennais avec trop de « sévérité, et Dieu a-t-il voulu me faire sentir, par ma pro- « pre expérience, combien la soumission, quand elle nous « intéresse directement, est une chose difficile[3]. »

[1] Foisset, *Vie du R. P. Lacordaire*, t. I, p. 317.
[2] Lettre de Lacordaire à madame Swetchine, 8 décembre 1834.
[3] *Ibid.*

II

C'était dans l'hiver qui liait 1833 à 1834. Lacordaire n'avait pas encore inauguré l'enseignement de Stanislas, qui bientôt après lui donna des disciples et des amis. Frappé de la foudre à l'entrée de sa vie publique, séparé d'un homme illustre en qui il avait cru trouver le génie de la conduite avec celui de la pensée, il errait au dedans de lui-même, avec des incertitudes douloureuses et de terribles prévisions[1]. A cette heure-là, vint à lui un jeune homme, comme l'avant-garde de la jeunesse, qui devait bientôt, en entourant sa chaire, le relever de son affliction.

Un soir donc, durant cet hiver si triste, Lacordaire vit entrer dans sa chambre un jeune homme de vingt ans.

Il n'avait pas la beauté de la jeunesse. Pâle, comme les Lyonnais, d'une taille médiocre et sans élégance, sa physionomie jetait des éclairs par les yeux, et gardait néanmoins, dans le reste, une expression de douceur. Il portait, sur un front qui ne manquait pas de noblesse, une chevelure noire, épaisse et longue, qui lui donnait cet air un peu sauvage que les Latins rendaient, si je ne me trompe, par le mot d'*incomptus*[2].

---

[1] LACORDAIRE, *Frédéric Ozanam* (Œuvres complètes, t. VIII, p. 199).

[2] *Ibid.*, p. 201.

Ce que la femme est pour le cœur qu'agitent les passions, le prêtre l'est pour le cœur qui travaille à devenir pur [1] ou à le demeurer. C'est pour cela que ce jeune homme, chrétien et chaste, venait trouver ce jeune prêtre déjà célèbre et s'asseoir à son foyer.

Il s'appelait Frédéric Ozanam.

A Lyon, d'où il arrivait, il avait étudié sous l'abbé Noirot, vrai Socrate chrétien [2], proclamé par Victor Cousin le premier des philosophes de son temps [3]. A cette école, Ozanam s'initia de bonne heure aux pensées graves et aux grands desseins. Il apportait à Paris, avec l'ardeur du jeune âge, les fruits précoces d'une forte éducation. Commensal d'Ampère [4], il y vécut dans l'intimité de Ballanche, de Chateaubriand et de tous les grands esprits qui brillaient dans la religion, le droit et les lettres, les trois passions de sa jeunesse et de sa vie entière.

[1] LACORDAIRE, *Frédéric Ozanam* (Œuvres complètes, t. VIII, p. 202).

[2] J. FÈVRE, *Ozanam* (Personnages catholiques contemporains, *Semaine du Clergé*, t. II, p. 426).

[3] Dans son récent ouvrage, recueil de *Réflexions et Pensées*, M. Antonin Rondelet a fait de M. Noirot et de sa méthode d'enseignement une esquisse excellente. On la trouvera dans l'introduction.

[4] Ils travaillaient ensemble, et l'on a conservé des pages écrites à moitié par l'un et par l'autre. Mais la science n'était pas seule à contribuer à ce doux commerce qui ravissait le cœur d'Ozanam ; l'éminente piété de M. Ampère venait souvent s'y mêler, pour y répandre ses parfums. « Leurs entretiens », dit le P. Lacordaire, « amenaient dans l'âme du savant, à propos des merveilles de la nature, des élans d'admiration pour leur auteur ; quelquefois, mettant sa tête dans ses deux mains, il s'écriait tout transporté : « Que « Dieu est grand, Ozanam ! que Dieu est grand ! » (LACORDAIRE, *loc. cit.*, p. 219.)

De bonne heure distingué par les maîtres, il monta bientôt à côté d'eux, et la vieille Sorbonne retentit bientôt des applaudissements qui accueillirent la docte et charmante érudition d'un jeune professeur, à peine sorti de l'adolescence.

Toujours chrétien et plus que simple chrétien, apôtre, il considéra son enseignement comme un sacerdoce, travailla efficacement à réconcilier la science historique avec la religion [1], passionna la jeunesse catholique sous le gouvernement de Juillet, et, quand ce gouvernement tomba, c'est lui qui amena aux barricades l'archevêque de Paris pour lui faire pacifier une lutte fratricide au prix de son sang.

La nature succomba de bonne heure. Une maladie de langueur — le mal des prédestinés — l'emporta au milieu de ses jours, comme se replie la tente des pasteurs [2]. Il vint mourir à Marseille [3], sur nos bords qu'il aimait.

---

[1] Voir, en particulier, la *Civilisation au cinquième siècle*, les *Études germaniques*, les *Franciscains en Italie au quatorzième siècle*, le *Dante et la philosophie catholique*, etc.

[2] AMPÈRE, *Biographie d'Ozanam*, 23 avril 1853.

[3] Ozanam a beaucoup voyagé dans le midi de la France et en Italie. Son biographe raconte de ses voyages un épisode instructif et de fréquente application en ce temps où l'on se déplace si facilement et si volontiers :

« Un grand nombre de nos touristes en Italie reviennent de cette terre classique du catholicisme plus scandalisés qu'ils n'ont été édifiés. La légèreté proverbiale de notre esprit et la précipitation du voyage ne permettent qu'un coup d'œil superficiel sur les hommes et les choses. Ozanam ne fut pas à l'abri de ce travers, car il nous raconte qu'étant allé à Florence se confesser à un bon Père Carme qui s'appelait Moïse, et s'étant accusé d'avoir un peu médit de l'Italie, le pieux vieillard lui fit cette réflexion pleine de sens et de justesse : « Lorsque vous allez dans un pays étranger, ne faites pas comme les

En mourant, comme Épaminondas à Mantinée, il laissait deux filles qui devaient à jamais glorifier sa mémoire : la Société de Saint-Vincent de Paul et les conférences de Notre-Dame.

Ceci demande à être raconté avec quelques détails.

Dès 1832, Ozanam et ses jeunes amis avaient sollicité et obtenu de l'abbé Gerbet une série de leçons sur la philosophie de l'histoire, où les étudiants de Paris accoururent bientôt retremper leur foi et puiser des arguments contre les envahissements du rationalisme, alors dans tout l'éclat de ses premiers succès.

La faveur qui accueillit les leçons de l'abbé Gerbet fit naître une autre ambition dans l'âme ardente d'Ozanam. Il convia les adversaires à un vrai combat en champ clos. Les saint-simoniens acceptèrent. Bientôt de brillants tournois, où tout se passait selon les règles d'une loyauté chevaleresque, attirèrent chez M. Bailly une jeunesse vive et animée d'une sincère bonne foi, cette condition essentielle à toute controverse.

Plusieurs sortirent de là profondément émus, remués, retournés.

— Que faut-il donc faire, dit l'un d'eux, pour être vraiment catholique ?

Ozanam répondit :

— Ne parlons pas tant de charité, faisons-la plutôt et secourons les pauvres.

Le soir même, honteux d'avoir compris si tard la charité

« balais, qui ne ramassent que les ordures. » (C. A. OZANAM, *Vic de Frédéric Ozanam*, ch. VII, p. 256.)

pratique, les deux interlocuteurs portaient, de leurs propres mains, à un pauvre de leur connaissance, le peu de bois qui leur restait pour se chauffer pendant les derniers jours de l'hiver [1].

Telle fut l'étincelle qui jaillit, un soir de l'hiver 1833, sur le seuil de la porte de M. Bailly [2], et qui, peu après, sur les conseils de cette admirable sœur Rosalie [3] qui restera parmi les plus nobles figures de ce temps, devait embraser la Société qu'elle fit naître, du feu divin de la charité.

On voit maintenant pourquoi elle prit, dès sa naissance, le nom de Conférences de Saint-Vincent de Paul, ce nom, désormais immortel, que les pauvres ont appris à bénir depuis un demi-siècle et qui fait se rencontrer sur un terrain commun, le seul possible, tous les partis, tout ce qui divise les hommes, dans l'embrassement — véritablement humanitaire celui-là — que le Christ nous a enseigné, en mourant pour tous, les bras largement étendus, sur sa chaire sanglante.

Ce n'était point encore assez pour les nobles adolescents.

Au mois de juin 1833, ils étaient introduits auprès de M. de Quélen.

— Nous voudrions, disent-ils, des conférences où l'on ne se bornerait pas à entrer dans le détail des preuves de

[1] C. A. OZANAM, *Vie de Frédéric Ozanam*, ch. VII, p. 187.

[2] Cet excellent homme avait établi, avant l'arrivée d'Ozanam à Paris, des conférences de droit, de philosophie et d'histoire, qui se tenaient chez lui. Il fut, depuis 1830, la providence des étudiants de la capitale, à qui il ouvrit son salon, toujours prêt à les aider de sages et bienveillants conseils.

[3] Vicomte A. DE MELUN, *Vie de la sœur Rosalie*, ouvrage couronné par l'Académie française.

fait du catholicisme, à démontrer l'authenticité de ses titres, à réfuter les objections vulgaires déjà tombées dans le mépris, mais où on le développerait dans son harmonie avec les aptitudes et les besoins de l'individu et de la société[1].

L'archevêque les écoutait, souriant et attentif.

— Oui, fit-il tout à coup, j'en ai le pressentiment, quelque chose de grand se prépare, Dieu se ménage une victoire éclatante.

Puis, les embrassant avec effusion :

— J'embrasse en votre personne toute la jeunesse catholique[2].

Le 13 février de l'année suivante, ils demandèrent à l'archevêque de confier cet enseignement à Lacordaire.

Au même moment, la porte s'ouvrit, et Lamennais parut. Monseigneur courut à sa rencontre, l'embrassa, le prit par la main, et, se tournant vers les jeunes solliciteurs :

— Voilà, messieurs, l'homme qui vous conviendrait, si la faiblesse de sa voix lui permettait de se faire entendre ; il faudrait ouvrir les grandes portes pour laisser entrer la foule, et la cathédrale ne serait pas assez vaste pour contenir ceux qui accourraient autour de la chaire.

— Oh! moi, maintenant, Monseigneur, répondit tristement Lamennais, ma carrière est finie[3] !

Les étudiants se retirèrent après avoir remis à l'arche-

---

[1] Pétition adressée à Mgr de Quélen au nom des étudiants catholiques, 13 février 1834. Cette pétition, fort belle, avait été rédigée par Ozanam.

[2] F. Ozanam, *Lettre,* t. I, p. 49.

[3] *Ibid.,* note.

vêque, rédigée par Ozanam, une sorte de programme des questions que la jeunesse catholique désirait entendre traiter dans la chaire de Notre-Dame.

Malheureusement, comme autrefois celui de l'abbé Vertot, le siége de M. de Quélen était déjà fait.

Le mandement, qui annonçait l'ouverture d'une « station quadragésimale sur les vérités fondamentales de la religion », ne répondit point à l'impatiente ardeur des âmes jeunes. L'archevêque ne prononçait pas même le mot de « conférences ». Entre Ozanam et lui, il y avait la distance de 1804 à 1834 [1].

Du reste, le prélat avait résolu de paraître lui-même dans la chaire de Notre-Dame, pour ouvrir plus solennellement cette station, le premier dimanche de carême, et d'y faire monter successivement à sa place sept prédicateurs, qui parleraient, sous sa présidence, sur les sujets qu'il leur aurait indiqués. L'illusion était complète, et l'insuccès ne le fut pas moins.

Malgré le talent des sept élus, desquels, bien entendu, n'était pas Lacordaire, malgré leur vif désir de répondre aux intentions de M. de Quélen, le programme épiscopal les tint dans le « ton ordinaire des sermons [2] », et ils échouèrent — bien que l'un d'eux s'appelât l'abbé Dupanloup — parce qu'on leur opposa l'éclatant contraste de la jeune parole de Lacordaire.

D'après le programme, on devait se tenir dans la limite — je n'ose pas dire dans l'ornière — traditionnelle. Tout

---

[1] Foisset, *loc. cit.*, p. 304.
[2] Pétition des étudiants catholiques, etc.

au plus admettait-il l'horizon ouvert par M. Frayssinous à l'éloquence de la chaire du dix-neuvième siècle.

L'observation est de Chateaubriand , et elle est douloureusement juste :

C'est le malheur des temps où toute une société a disparu tout à coup dans un abîme, que les « demeurants d'un autre âge », comme les appelait l'illustre auteur du *Génie du christianisme,* soient radicalement impuissants à comprendre les temps nouveaux.

M. de Quélen, malgré sa piété, son zèle et sa droiture de sens, ne vit rien au delà de Frayssinous [1].

« Esprit clair et sensé, écrivain correct, orateur par la majesté du port et des traits, M. Frayssinous avait ouvert une route neuve, il y avait marché honorablement ; mais il s'était borné au vestibule du temple, et il n'avait pas pénétré dans les profondeurs du dogme chrétien. Un autre siècle d'ailleurs nous séparait du sien. — C'est Lacordaire lui-même qui parle de son devancier, de celui dont M. de Quélen voulait faire le modèle et le *nec plus ultra* de l'audace pour le jeune conférencier. — M. Frayssinous avait parlé sous le despotisme, qui n'avait même pu supporter longtemps son exquise prudence ; nous avions à parler sous

[1] M. Frayssinous, qui avait commencé à prêcher en 1803, fut sommé par Fouché d'amener de quelque manière l'éloge de la conscription dans les conférences qu'il faisait sur l'existence de Dieu dans l'église de Saint-Sulpice. Il fallut un rapport spécial de Portalis à l'Empereur pour conjurer l'orage une première fois, en 1803, et l'extrême mesure de langage du prédicateur ne réussit pas à faire tolérer ses conférences jusqu'à la fin ; elles furent définitivement supprimées par ordre de l'Empereur, et ne purent être reprises qu'en 1815.

la liberté. Il était, par son âge et ses traditions, une véritable image de l'ancien clergé français ; nous étions, par le nôtre, l'image d'une génération ardente, passionnée et demandant à l'Église cette jeunesse de formes et d'idées, qui ne fut jamais incompatible avec son immuable antiquité[1]. »

On le voit, toujours la même ambition :

Sur des pensers anciens, faire des vers nouveaux.

L'originalité saisissante, la passion pénétrante et sincère, l'impétueux élan de la parole et de la pensée, la tendresse, l'ironie magistrale de celui qui avait un jour écrit dans l'*Avenir :* « Il a fait cela, lui, ce sous-préfet[2] ! » toutes ces choses simples et grandes, que Lacordaire eut à un si haut degré, manquaient totalement à Frayssinous.

Vouloir imposer à Lacordaire d'imiter quelqu'un, lui dicter, comme aux autres, d'être du *servum pecus* des imitateurs, dont parle Horace, c'était le méconnaître profondément, totalement.

On le sonda à cet égard. Il repoussa toute proposition :

— Je ne veux pas me jeter dans ce labyrinthe, où je pressens qu'il sera très-difficile de s'entendre et... d'être entendu[3].

Pour lui, il voulait, montant en chaire, comme un jour à Stanislas, pouvoir chercher un groupe hostile, sceptique, ricaneur, et l'interpeller directement :

[1] LACORDAIRE, *Notice sur le rétablissement en France des Frères Prêcheurs*, pp. 78 et 79.
[2] *Avenir*, art. du 20 avril 1830.
[3] Lettre de Lacordaire à Montalembert, 20 janvier 1834.

— Messieurs, Dieu vous a donné de l'esprit, beaucoup d'esprit, pour vous montrer qu'il n'a pas peur de l'esprit des hommes [1].

C'était hardi, cela, de la part d'un tout jeune prêtre, acclamé, il est vrai, par la jeunesse enthousiaste dont Ozanam était le chef reconnu, écouté, il est vrai encore, par les princes de l'intelligence, mais, en même temps, épié, surveillé, dénoncé.

« Ici, écrivait-il à Montalembert, on me traite de républicain forcené, d'homme incorrigible, relaps, et mille autres douceurs... Il y a des ecclésiastiques qui m'accusent, non pas d'être athée, mais de n'avoir pas prononcé une seule fois le nom de Jésus-Christ [2]. »

Il ne se décourage pas pour si peu.

« Ah ! » s'écrie-t-il, — avec un de ces retours émus où son indéracinable tendresse pour *l'homme qui lui avait permis de l'aimer* [3] se faisait jour, comme malgré lui, — « ah ! si l'abbé de Lamennais avait voulu, quel beau rôle « lui restait ! Il était au plus beau moment de sa gloire, et « jamais je n'ai compris qu'un homme de cette trempe ne « connût pas le prix de ce que Dieu lui laissait [4]. »

Et il ajoutait dans un langage où l'on ne sent percer aucune vanité, mais bien la constatation du succès qu'il vient de remporter à Stanislas. C'est l'accent de la colombe, cet

---

[1] *Souvenirs des Conférences de Stanislas,* cités par Montalembert, *Op. et loc. cit.,* p. 149.

[2] Lettre de Lacordaire à Montalembert, 17 avril 1834.

[3] Lacordaire, *Plaidoyer devant la cour d'assises de la Seine,*
1: 31.

[4] Lettre de Lacordaire à Montalembert, 17 avril 1834.

accent que les serpents ne connaissent point, eux qui cachent dans de tortueux replis les venins mystérieux de l'orgueil. Je ne sais si tous ne sont pas de cet avis, mais il semble difficile de ne pas partager celui du doux évêque de Genève, quand il disait : « Pour moi, je donnerais mille serpents « pour une colombe. »

« Le rôle religieux que l'abbé de Lamennais abandonne « est si beau, si facile à remplir, tellement supérieur à tous « les autres, qu'en trois mois, à Paris, je viens de remuer « plus de cœurs et d'intelligences que je n'aurais pu faire « dans les quinze années de la Restauration [1]. »

III

Mais Lacordaire avait-il bien raison, contre tant de sages ? Le moment est peut-être venu de se le demander.

Daigne le lecteur me le permettre. Après avoir beaucoup réfléchi, et beaucoup étudié Lacordaire, j'en suis arrivé à oser formuler une théorie. Peut-être est-elle moins bonne que je ne me l'imagine. Pourtant, je la crois vraie, et, en tout cas, je la soumets à de plus habiles.

En Lacordaire je distingue l'homme des siècles et l'homme du siècle.

L'homme des siècles reste assis, il étudie, il est plongé dans les pages vénérables du passé : là, il est traditionnel,

[1] Lettre de Lacordaire à Montalembert, 17 août 1834.

témoin son apologétique que nous allons étudier, témoin
cette belle *Lettre sur le Saint-Siége,* le plus beau de ses ouvrages, que nous étudierons aussi.

L'homme du siècle, par contre, se jette, avec une chevaleresque audace, dans l'actualité. Improvisateur, surpris
à l'improviste, dominé par les colères du moment, au journal *l'Avenir* et plus tard encore, il influe plus que personne
dans les victoires de la liberté de l'Église contre tous les
despotismes royaux, libéraux, radicaux, quels qu'ils soient.

De là son amour, sa passion pour la liberté. Cette idole,
cette dévotion de sa vie entière, il l'a défendue envers tous
les régimes : révolution, empire, royauté. Dans la révolution, il vit les saturnales sanglantes où, selon le mot de
madame Roland, tant de crimes furent commis au nom de
la liberté et où la liberté agonisa sous les couperets de la
guillotine. Sous l'empire, il la vit écrasée par un coup de
talon impérial. Dans la royauté, celle de 1815, comme celle
de 1830, il ne vit qu'une comédie, c'est-à-dire un mariage
entre la liberté et le pouvoir, entre la Révolution et la
Monarchie.

Lacordaire s'est-il trompé ? Je n'en sais rien, je n'ose pas
dire, je n'en crois rien, ne voulant blesser personne ; mais,
ce que je sais bien, ce que je crois fermement, c'est que,
s'il eût été autre, Lacordaire aurait peut-être mieux joui de
la vie, il aurait certainement été universellement acclamé
dans l'histoire contemporaine, mais il n'aurait pas été lui,
il aurait moins bien rempli sa mission, malgré tout son
génie.

J'ose espérer que la suite de cette étude rendra ces conclusions plus claires et peut-être moins contestables aux

yeux de ceux qui, à cet endroit, se tiendraient en méfiance vis-à-vis d'elles.

Donc, Lacordaire ne fut ni républicain, ni napoléonien, ni royaliste, ni libéral dans le sens étroit et purement politique du mot. Il fut l'amant passionné de son siècle, il eut foi comme ses contemporains en la liberté, il voulut que l'Église fût appelée à baptiser les temps nouveaux, et il osa dire un jour, aux hommes de Juillet, que « le premier arbre de la liberté avait été planté, il y a longtemps, dans le paradis, par la main de Dieu même [1] ».

Un jour, en plein siècle de Léon X, un moine était monté dans la chaire de sa ville natale. Il promena un long regard sur l'auditoire immense suspendu à ses lèvres, dans ces nefs vastes, où la magnificence des Médicis coudoyait les haillons du lazzarone. Il venait de parler comme parlent les voyants. Chacun haletait sous cette effluve magnétique, qui, des lèvres et du cœur de ce moine, courait sur tous les bancs dans l'immense cathédrale. Tout à coup, hors de lui, l'œil en feu, la lèvre frémissante, les bras étendus, avec un cri de lionne blessée, il cria à tout ce peuple : « Florence, Florence, je suis fou de toi! *Firenze, Firenze, io son' pazzo di te!...* [2] »

Florence était gagnée, et Savonarole était son prophète...

[1] *Souvenirs des conférences de Stanislas,* cités par le P. Chocarne, t. I, p. 161.

[2] « Fais ce que je te dis; crucifie-moi, lapide-moi, mais fais ce que je te dis : tue-moi, je mourrai content. J'ai tout fait pour toi, parce que je t'aime à la folie, parce que je suis fou de toi! O mon Dieu! Oui, je suis fou de ce peuple; pardonne-le-moi, Seigneur! » (Audin, *Histoire de Léon X,* t. I, p. 207.)

Le moine du dix-neuvième siècle a fait ainsi[1]. Il a ramassé aux quatre coins de son pays natal les patriciens et les plébéiens, les maîtres et les petits, ceux qui se haïssaient et ceux qui s'aimaient. Puis, ouvrant ses bras et montrant son cœur, il a crié : O mon pays ! ô mon siècle ! je suis fou de toi !...

Qu'on dise, si l'on veut, que Savonarole a eu tort. Pour moi, je ne sais que pardonner, comme le maître, à celui qui a beaucoup aimé, et, entre le froid censeur qui, dans

---

[1] « Des écrivains politiques, dynastiques ou non dynastiques, ensevelis dans leurs préjugés irréligieux, se sont effrayés. Ils ont redouté dans l'orateur sacré le tribun catholique, la pente démocratique de l'esprit du P. Lacordaire ; et, craignant sur les sentiments populaires l'effet puissant d'une langue libre et chrétienne, ils ont voulu le déraciner et le calomnier en le nommant un *nouveau Savonarole*. Ils ont cru l'attaquer ainsi ; ils l'ont encore loué, en effet. Peut-être ignoraient-ils que le fameux Savonarole ne fut pas seulement un grand orateur chrétien et populaire, mais qu'il fut aussi un controversiste admirable, un philosophe habile, un publiciste éminent. Peut-être ignoraient-ils que ce grand politique, l'ennemi et le réformateur de la corruption de son temps, l'ami de Michel-Ange et de la plupart des hommes illustres de l'Italie du quinzième siècle, avait donné à Florence une constitution fort remarquable dans laquelle l'élément populaire et l'élément aristocratique étaient pondérés et ménagés avec autant de modération que de sagesse ; et que, s'il mourut enfin, victime calomniée des dissensions civiles, son supplice fut un supplice tout politique, effet trop ordinaire de l'aveuglement et des passions des partis, illustre et triste holocauste offert à l'élévation croissante des Médicis, et à la prédominance monarchique qui allait étouffer, à la fin du quinzième siècle, les libertés orageuses des républiques italiennes. » (LORAIN, *le R. P. Lacordaire*, pp. 72 et 73.) — « Savonarole avait été sur son bûcher le dernier jet d'une flamme que ses contemporains ne devaient plus revoir. » (LACORDAIRE, *Mémoire pour le rétablissement de l'Ordre des Frères Prêcheurs*, p. 155.)

le silence de son cabinet, soigneusement abrité contre les
périls de la rue, prononce doctoralement la sentence d'a-
nathème, et l'homme qui m'a généreusement pressé sur sa
poitrine de frère, je suis pour celui qui embrasse contre
celui qui repousse !

IV

Nous sommes en janvier 1835. Condamné au silence depuis huit mois et plus, Lacordaire traversait tristement le
jardin du Luxembourg.

Un ecclésiastique l'aborda. Il était de ses amis :

— Que faites-vous ? Il faudrait aller voir l'archevêque
et vous entendre avec lui.

Lacordaire remercia et passa outre.

A quelques pas de là, un autre ecclésiastique, celui-là
beaucoup moins connu, l'arrêta encore :

— Vous avez tort de ne point voir l'archevêque, j'ai
des raisons de penser qu'il serait bien aise de s'entretenir
avec vous.

Accoutumé à un peu de superstition du côté de la Providence [1], Lacordaire se prit à réfléchir à ces rencontres
fortuites et à cette double invitation. Son parti fut bientôt
arrêté.

[1] LACORDAIRE, *Notice*, etc., p. 80.

Il se dirigea vers le couvent de Saint-Michel, non loin du Luxembourg, où l'archevêque demeurait alors.

La Providence continua son œuvre.

Ce ne fut pas la portière qui vint lui ouvrir, mais une religieuse de chœur « qui lui voulait du bien », en vertu de ces oppositions familières à la nature généreuse de la femme, parce que, disait-elle, « tout le monde était « opposé à M. Lacordaire ».

La religieuse lui apprit que Monseigneur avait absolument défendu sa porte. Il était dès lors fort heureux qu'elle se fût trouvée là, en place de la tourière.

— Je vais, dit-elle, prévenir Monseigneur, et peut-être vous recevra-t-il.

Sa petite négociation dut vite réussir, car elle revint, toute joyeuse, et courant un peu plus vite que ne le permettent les us monastiques, annoncer à l'abbé que Sa Grandeur l'attendait.

L'archevêque se promenait dans sa chambre, l'air triste et préoccupé. A peine s'il répondit d'un geste au profond salut de son visiteur.

Lacordaire n'était pas homme à perdre l'étrier pour si peu, et, voyant que Monseigneur continuait sa promenade, il se mit à l'y accompagner.

Ils marchèrent ainsi de concert pendant assez longtemps.

Tout à coup, l'archevêque s'arrête, regarde son jeune compagnon de promenade d'un œil scrutateur et lui dit :

— J'ai dessein de vous confier la chaire de Notre-Dame. L'accepteriez-vous ?

On a donné de ce revirement subit bien des explications. Pour moi, je préfère n'y voir que la réalisation de cette parole que Lacordaire écrivait un jour à Montalembert :

« Un homme a toujours son heure : il suffit qu'il l'attende et qu'il ne fasse rien contre la Providence [1]. »

L'heure de Lacordaire avait sonné [2].

Lorsque M. de Quélen annonça autour de lui la détermination inattendue qu'il venait de prendre, il fut surpris du peu d'opposition qu'il rencontra. C'est que les adversaires du jeune élu espéraient que ce triomphe serait l'occasion de sa chute, persuadés qu'il n'avait ni les ressources théologiques, ni les facultés oratoires capables de se soutenir dans une œuvre où les unes et les autres étaient nécessaires à un haut degré [3].

Six semaines après cette entrevue, Lacordaire montait pour la première fois dans la chaire de Notre-Dame qu'il a immortalisée.

[1] Lettre de Lacordaire à Montalembert, 30 juin 1883.

[2] « M. l'abbé Liautard, ancien supérieur du collége Stanislas et alors curé de Fontainebleau, avait depuis quelques semaines fait circuler dans le clergé de Paris un mémoire manuscrit, où il inculpait vivement l'administration archiépiscopale. Ce mémoire avait été porté à l'archevêque le jour même de la scène que je viens de raconter, et il en achevait la lecture au moment où la Providence m'envoyait vers lui. Bien entendu que, dans cette pièce accusatrice, il était question des conférences de Stanislas, et que l'archevêque y était taxé d'inintelligence et de faiblesse, à propos de la conduite qu'il avait tenue à mon égard. J'ignore si jamais auparavant la pensée lui était venue de m'ouvrir la chaire de Notre-Dame, mais, quand il me vit arriver à l'heure même où il était ému du jugement porté sur son administration par un homme d'esprit, il est probable que cette coïncidence, presque merveilleuse, le frappa comme un avertissement de Dieu, et qu'un éclair rapide traversant son esprit lui montra dans mon élévation à la chaire métropolitaine des conférences une réponse éclatante à ses ennemis personnels. » (LACORDAIRE, *Notice*, pp. 81 et 82.)

[3] Mémoires de Mgr Affre, cités par l'abbé CASTAN, p. 75.

VI

LES PREMIÈRES CONFÉRENCES DE NOTRE-DAME

Lacordaire, descendu de chaire, se reposait dans la sacristie de Notre-Dame, quand M. de Quélen vint à lui et l'invita fort gracieusement à le suivre.

Ils montèrent tous deux dans la voiture archiépiscopale, et le prélat donna l'ordre de le conduire au n° 71 de la rue Saint-Dominique. C'était l'adresse de madame Swetchine.

En entrant dans le salon de la « maternelle amie [1] » du jeune conférencier, l'archevêque était radieux :

— Madame, dit-il, je vous amène notre géant [2] ! C'était un géant, en effet, que cet homme, dont « les conférences furent une date pour la prédication chrétienne [3] ».

Il nous faut raconter la chose par le détail. L'histoire en vaut la peine.

I

Quand le bruit se répandit dans Paris qu'un jeune prêtre, homme des temps nouveaux, allait porter, dans la chaire de la vieille métropole, une parole toute jeune et vraiment nouvelle, Paris s'émut.

Il importe, pour le comprendre, de se faire une idée de ce qu'étaient le Paris et la France d'alors. Il faut revenir sur cette date, et, en empruntant la langue de Lacordaire lui-même, se remettre devant les yeux la scène, le tableau, où le géant va tout à coup se mouvoir, soulever des montagnes et faire jaillir les laves brûlantes d'un volcan inconnu.

Triste était l'état de l'Église, en France surtout. « Depuis bientôt un siècle et demi, Bossuet n'y rend plus d'oracles,

[1] DE FALLOUX, *Introduction aux lettres du P. Lacordaire.* (*Correspondant*, t. LXI, p. 489.)

[2] LACORDAIRE, *Notice sur le rétablissement de l'Ordre des Frères Prêcheurs*, p. 82.

[3] Mgr DE LA BOUILLERIE, *Oraison funèbre du P. Lacordaire.*

Fénelon dort dans sa mémoire harmonieuse, Pascal a brisé au tombeau sa plume géométrique, Bourdaloue ne parle plus en présence des rois, Massillon a jeté aux vents du siècle les derniers sons de l'éloquence chrétienne. Espagne, Italie, France, par tout le monde catholique, j'écoute : aucune voix puissante ne répond aux gémissements du Christ outragé. Ses ennemis grandissent chaque jour. Les trônes se mêlent à leurs conjurations. Catherine II, du milieu des steppes de la Crimée, au sortir d'une conquête sur la mer et sur la solitude, écrit des billets tendres aux heureux génies du moment ; Frédéric II leur donne une poignée de main entre deux victoires ; Joseph II vient les visiter, et dépose la majesté du Saint-Empire romain au seuil de leurs académies..... Demain matin, ils enterreront le Christ. Ah ! ils lui feront de belles funérailles ; ils ont préparé une procession magnifique ; les cathédrales en seront, elles se mettront en route et s'en iront, deux à deux, comme les fleuves qui vont à l'Océan, pour disparaître avec un dernier bruit.

« Au palais des rois très-chrétiens, dans la chambre où avait dormi saint Louis, Sardanapale était couché. Stamboul avait visité Versailles, et s'y trouvait à l'aise. Des femmes enlevées aux dernières boues du monde jouaient avec la couronne de France ; les descendants des croisés peuplaient de leur adulation des antichambres déshonorées, et baisaient, en passant, la robe régnante d'une courtisane...

« Le vieux peuple franc s'émut de tant d'ignominie ; il secoua cette société tombée dans l'apostasie de la vertu et la jeta par terre d'un coup, à l'étonnement puéril de tous ces rois qui flattaient la raison pure !... Cette même raison pure voulut célébrer ses noces, car elle n'avait célébré sur l'échafaud que ses fiançailles... Les portes de Notre-Dame s'ouvrirent ; une foule innombrable inonda le parvis, menant au maître-autel le marbre vivant d'une chair publique [1]... »

A quelques années de là, les portes de la basilique s'ouvrirent encore. « Un soldat parut sur le seuil, entouré de généraux et suivi de vingt victoires. Lui, l'enfant d'une génération qui avait ri du Christ, il traversa lentement la grande nef, monta devant le sanctuaire, et, se prosternant devant le vicaire du Christ, il lui demanda de bénir ses mains, afin que le sceptre n'y fût pas trop pesant à côté de l'épée [2]. »

Mais, si lui ne riait plus, son entourage riait encore ou murmurait tout haut, et la France aussi. Les portes de la métropole se refermèrent devant une indifférence générale, et la Restauration, succédant à l'Empire, acheva péniblement ses quinze années d'efforts, sans avoir pu réconcilier la France avec le Christ qui aime les Francs.

Depuis cinq années, la postérité de Voltaire semblait avoir repris l'empire. Sur le trône, dans les académies, dans les salons, sur la place publique, partout, Voltaire régnait.

C'est alors qu'un jeune prêtre, encore pâle des faiblesses de l'adolescence, conçut le dessein hardi de tenter l'œuvre à laquelle n'avaient suffi ni les volontés impériales, ni la

---

[1] LACORDAIRE, *Conférences de Notre-Dame*. (Œuvres complètes, t. III, p. 66.)

[2] LACORDAIRE, *Discours sur la vocation de la nation française.* (Œuv. complètes, t. IX, p. 223.)

protection de deux rois, ni les généreuses audaces de l'école de Lamennais, ni le fougueux apostolat des missionnaires de France, ni les larmes des pasteurs pleurant entre le vestibule et l'autel délaissés, celle de remplir encore une fois les nefs de Notre-Dame et de contraindre la foule à s'y fixer !

II

Rien ne fut, parait-il, comique comme l'ahurissement des rares fidèles paroissiens de Notre-Dame, le jour de l'ouverture des conférences. Dès huit heures du matin, toutes les chaises étaient retenues, et les catholiques se trouvèrent noyés dans l'affluence des curieux. Mais le scandale fut à son comble, quand les bonnes dévotes, habituées à la messe des chanoines, se virent impitoyablement refoulées dans les nefs inférieures, pour laisser la place aux hommes. Il en vint six mille [1].

A côté des nouveaux venus, qui déployaient, pour le lire, leur journal, les *Débats,* le *Constitutionnel,* le *National,* les fidèles paroissiens entendaient de leur mieux la grand'messe capitulaire ou lisaient dans leurs livres d'heures.

J'ai vu même, dit un témoin oculaire [2], un élégant des-

[1] OZANAM, lettre du 16 mai 1853.
[2] Amed DIGARD, *Souvenirs de Notre-Dame* (les Retraites).

cendre de cheval sur la place du Parvis, et, après avoir jeté la bride à son groom, entrer sous la voûte auguste et sainte, avec son stick, sans prendre garde qu'une lanière de fouet l'entourait.

A une heure après midi, la croix archiépiscopale parut, précédant et annonçant M. de Quélen. Accoutumé qu'il était à officier dans Notre-Dame vide, Monseigneur ne put contenir un mouvement de surprise, et peut-être d'effroi, en voyant « ces flots de peuple venir battre les murailles de son immense cathédrale, noyer la base des colonnes, se suspendre aux vastes galeries [1] ».

Il y avait là en foule de ces hommes qui avaient commandé et peut-être exécuté le sac de l'archevêché [2].

Il y avait là des hommes de tout âge, de toute croyance, de tout drapeau, jeunes et vieux, jeunes surtout, venus des écoles de droit et de médecine, orateurs, jurisconsultes, savants, militaires, saint-simoniens, républicains et monarchistes, athées et matérialistes [3]; divisés, dès l'enfance, de préoccupations et d'habitudes ; les uns ayant appris à lire dans les fastes des croisades, les autres dans les bulletins de la République et de l'Empire, d'autres dans la

---

[1] *Univers,* 14 mars 1835.

[2] « Tout proche encore des jours où il avait vu tomber son palais, caché encore dans les murs étroits d'une cellule de couvent, il reparaissait à Notre-Dame avec la majesté d'un évêque entouré de son peuple et lui faisait entendre, sous une forme populaire, par une bouche acceptée, les enseignements d'une religion vaincue la veille avec une monarchie de dix siècles et incapable, croyait-on, de ressaisir jamais l'empire des esprits. C'était une noble réponse au sac de l'archevêché. » (LACORDAIRE, *Notice,* p. 84.)

[3] CHOCARNE, *loc. cit.* p. 170.

8.

Charte et dans les premiers monuments de l'éloquence parlementaire [1].

Tout à coup, l'humble surplis du jeune prêtre parut dans la chaire. Ému, mais ferme, le jeune orateur regarda. Le silence s'était fait dans cet océan humain, le plus beau et le plus vaste qui jamais, depuis saint Bernard, eût entouré une chaire chrétienne.

Ce fut pour lui la vision d'Ézéchiel.

« La main du Seigneur, dit le prophète, fut sur moi, et
« le Seigneur m'emporta en esprit ; et il me déposa au
« milieu d'un champ, et ce champ était plein d'ossements.

« Et il me conduisit autour de ces os ; et ils étaient en
« grand nombre sur la face du champ, et tous étaient des-
« séchés.

« Et il me dit : Fils de l'homme, ces os vivront-ils ? Et
« je dis : Seigneur Dieu, tu le sais.

« Et il dit : Prophétise sur ces os, et dis-leur : Os
« arides, écoutez la parole du Seigneur...

« Et je prophétisai, comme il m'avait ordonné : pen-
« dant que je prophétisais, un bruit se fit entendre, et voilà
« que tout s'ébranle ; et les os s'approchent des os, cha-
« cun à sa jointure.

« Et je vis, et voilà les nerfs et les chairs qui recou-
« vraient ces os, et la peau qui s'étendait sur les os, mais
« l'esprit n'était pas en eux.

« Et le Seigneur me dit : Prophétise à l'esprit, fils de
« l'homme, et tu diras à l'esprit : Voici ce que dit le Sei-

---

[1] **A.** DE BROGLIE, *Discours de réception à l'Académie française.*

« gneur Dieu : Viens, esprit des quatre vents, et souffle sur
« ces morts, et qu'ils revivent.

« Et je prophétisai comme il me l'avait ordonné ; et en
« même temps, l'esprit entra en eux, et ils reprirent la
« vie, et une armée innombrable se leva sur ses pieds [1]. »

Passât-elle sous ses yeux, cette vision prophétique ? Je
ne puis l'affirmer ; mais ce que je peux dire, c'est que l'esprit du Seigneur s'empara tout à coup de lui, sa poitrine
se dilata sous la nécessité de saisir une si vaste assemblée
d'hommes, il prit pied dans son sujet et dans son auditoire,
et, quand l'inspiration eut fait place au calme d'un début [2],
elle s'en alla saisir, jusqu'à ses derniers rivages, cette mer
pressée sous lui.

« Assemblée, assemblée, cria-t-il, dites-moi : que me
« demandez-vous ? Que voulez-vous de moi ? La vérité ?
« Vous ne l'avez donc pas en vous, vous la cherchez
« donc, vous voulez la recevoir, vous êtes venus ici pour
« être enseignés [3]. »

Jusque-là, l'archevêque avait écouté, la tête un peu
baissée, dans un état d'impassibilité absolue, comme un
homme qui n'était pas simplement spectateur, ni même
juge, mais qui courait des risques personnels dans cette
solennelle aventure [4].

Au cri de l'orateur, l'archevêque tressaillit visiblement :
une pâleur couvrit son visage ; il releva la tête, jeta sur

[1] EZÉCHIEL, XXXVII, 1 à 10.
[2] LACORDAIRE, *Notice*, etc., p. 82.
[3] LACORDAIRE, *Conférences de Notre-Dame* (Œuv. compl., t. II,
p. 14).
[4] LACORDAIRE, *Notice*, etc., p. 83.

Lacordaire un regard étonné. « Je compris, racontait plus tard Lacordaire, que la bataille était gagnée dans son esprit; elle l'était aussi dans l'auditoire [1]. »

III

Un mot seulement de cette apologétique nouvelle, si brillament inaugurée par le jeune orateur de 1835.

Non-seulement à l'égard de la doctrine, mais même à l'égard de l'exposition et de la défense, Lacordaire rencontrait des traditions établies. Ces traditions conseillent à l'apologiste chrétien de ne point conduire la raison incrédule sur le terrain des vérités révélées, avant de lui avoir fortement démontré d'abord l'existence d'un ordre surnaturel.

Or, le dix-neuvième siècle, renouvelé par la plus profonde des révolutions, exclusivement attaché à reconstruire ses institutions et ses lois sur de nouvelles assises, préoccupé surtout d'immenses problèmes économiques, était mal préparé aux discussions abstraites et aux circuits de la métaphysique. Il fallait le saisir au cœur même de ses pensées, de ses combinaisons, de ses luttes de chaque jour. Pour obtenir de lui un quart d'heure d'attention, il

---

[1] « Je commençai mon discours, dit Lacordaire, l'œil fixé sur l'archevêque, qui était pour moi, après Dieu, mais avant le public, le premier personnage de cette scène. » (*Notice*, p. 83.)

fallait lui dire : Le christianisme aussi est une société; l'Église catholique aussi s'occupe du bonheur, de la dignité, de la liberté des hommes; le Christ aussi est législateur, l'Évangile aussi est une charte et une constitution.

Lacordaire était trop intelligent de son siècle, il avait trop vécu de sa vie et souffert de ses douleurs, pour ne pas le comprendre. Il combina, dans une méditation puissante et juste, une alliance nouvelle de l'éternelle doctrine avec le génie des temps, et commença son apologie comme d'ordinaire on pourrait la terminer [1].

Nouveau saint Paul, il s'en vient jeter fièrement le défi à toute cette postérité des encyclopédistes et des jacobins : « Vous êtes Français? — Je le suis comme vous. — Philosophes? — Je le suis comme vous. — Libres et fiers? — Je le suis plus que vous. »

C'était une prédication nouvelle, en ce sens que c'était une prédication sociale.

Toute société dépend et vit de l'idée religieuse. Or, la société à laquelle s'adressait Lacordaire vivait sans Dieu. Pour la première fois peut-être, depuis que les peuples civilisés ont une histoire, on en voyait un s'essayant à marcher sans le secours d'un commerce positif avec le ciel. Mais si l'individu vit difficilement sans foi religieuse, un peuple s'en passe plus difficilement encore. Un peuple, qu'est-ce, en effet, qu'une grande communauté de souffrances, de misères, de faiblesses, de maladies du corps et de l'âme? Et, sans la religion, sans le christianisme sur-

---

[1] H. PERREYVE, *Biographies et panégyriques*. (Le R. P. Lacordaire, pp. 62 et suiv.)

tout, où serait le remède à tant de maux, la consolation à tant d'infortunes? L'abbé Lacordaire, ramené au catholicisme par cette preuve vivante du besoin qu'a de lui toute société, reçut pour mission spéciale de développer cette vérité devant son pays.

« La vieille société, dit-il, a péri, parce que Dieu en « avait été chassé; la nouvelle est souffrante, parce que « Dieu n'y est pas entré[1]. » Contribuer pour sa part à faire rentrer Dieu dans la foi et dans les mœurs de sa génération, tel fut son but constant, la pensée qui domina son enseignement, ses œuvres, sa vie. Toutes ses conférences sont sur ce plan. Quelque sujet qu'il aborde, l'Église dans son organisation intérieure ou intime, dans son auteur, dans ses effets ou dans ses dogmes, c'est toujours le côté social qui lui apparaît de préférence. Mettre perpétuellement en regard l'Évangile et la société, la société qui s'unit à l'Église et celle qui s'en sépare; montrer que sans l'Évangile, la famille se désunit, la liberté devient licence, l'autorité despotisme; faire toucher du doigt que les vertus dont la société a le plus besoin, l'humilité, la chasteté, la charité, c'est le catholicisme, et le catholicisme seul, qui les produit : telle fut la pensée générale de son enseignement[2], la méthode qui explique, et le choix de son plan nouveau, et l'exposition nouvelle de ses démonstrations.

En 1835, il traite de l'Église, sa nécessité, sa constitution, son autorité morale et infaillible, ses rapports avec l'ordre temporel.

---

[1] LACORDAIRE, *Oraison funèbre de Mgr de Forbin-Janson.* (Œuvres complètes, t. VIII, p. 60.)

[2] CHOCARNE, *loc. cit.*, p. 124 et suiv.

En 1836, il exposa la nature et les sources de la doctrine de l'Église en général.

On n'attend pas de ce livre qu'il puisse entrer dans le détail de cette apologétique[1]. Puisse cependant le peu que nous en avons dit et ce que nous en dirons ailleurs encore donner à un grand nombre la pensée de prendre en main ces volumes où l'ardent apologiste a réuni son magistral enseignement!

Mais, hélas! les volumes ne sauraient ressusciter la parole vivante.

L'eau, dit un critique judicieux, l'eau jaillit limpide d'un rocher, elle se projette en nappes éblouissantes sous les feux du soleil, et retombe en poussière de diamants. Vous puisez de cette eau, et vous m'en apportez dans un bassin. Elle est belle, elle est pure, elle est transparente, cette eau; mais elle n'est plus tourmentée par le mouvement, accidentée par la lumière; je ne me figure plus l'effet qu'elle produisait. Il en est ainsi de la parole soudaine et improvisée qui sort des profondeurs du génie sous le coup de baguette de l'inspiration : elle a une beauté native et virginale, une beauté simple, qui l'emporte du tout sur les atours de la littérature frisée et poudrée. Mais cette bergère, il faut la voir à sa place, la rencontrer assise au coin de la prairie, errant dans les sentiers solitaires bordés des églantiers. Si vous la produisez sous les lambris dorés et à la flamme des lustres étincelants, elle pâlit, elle se décontenance, elle est effacée. La grande dame triomphe et se pa-

---

[1] M. Foisset a admirablement fait ce résumé, au chapitre VIII de sa belle *Vie du P. Lacordaire*.

vane derrière les paillettes de son éventail , et pourtant la simple bergère est plus belle. Cette flamme de l'orateur, c'était son éclair. Si vous la déposez sur le papier, elle se fige, se refroidit et s'éteint[1]. Lisez donc Lacordaire, pour le deviner; mais, pour le connaître, il fallait aller l'écouter.

Allons-y. Le spectacle en vaut la peine.

IV

Une foule plus considérable encore qu'au début est accourue au rendez-vous donné par l'éloquence. Beaucoup de voitures stationnent sur le parvis, annonçant que les heureux du monde sont venus là pour recevoir cette vérité dont ils sont pauvres. De nombreux groupes de jeunes gens descendent du quartier latin et viennent aussi là chercher cette science qui ne s'acquiert point dans des veilles solitaires, qui ne s'éclaire pas de la lampe des philosophes, qui ne s'enseigne pas dans les salles retentissantes des académies.

L'enceinte réservée a été agrandie, et cependant, dès l'aurore, elle est pleine. Tout autour plusieurs rangs de personnes debout forment comme une barrière vivante, comme un amphithéâtre animé. Ce n'est pas sans raison que je me sers de ces termes, car, de même qu'au temps des martyrs la foi descendait dans l'arène pour combattre les bêtes féroces, au milieu d'une foule de spectateurs, dont toujours

---

[1] MARCEL, *Chefs-d'œuvre de l'éloquence*, t. III, p. 512.

quelques-uns sortaient chrétiens de ces scènes sanglantes : ainsi, au sein de cette assemblée agitée de tant de passions et d'opinions diverses, la foi va descendre pour livrer un combat non sanglant au doute, au vice, ces deux monstres de l'intelligence, et plusieurs, après avoir assisté à cette lutte glorieuse, se retireront[1] en louant Dieu[2].

Le pontife est au banc d'honneur, aussi grand par ses vertus que par ses souffrances, couronné de toutes les auréoles que peuvent placer sur un front humain la religion, le talent, le malheur et la calomnie des méchants ; pasteur qui vient lui-même conduire ses brebis au pâturage, et qui se réjouit de leur avidité[3].

Mais voici Lacordaire.

Taille médiocre, constitution qui paraît frêle, mais qui ne l'est pas. Son organisation toute nerveuse semble avoir été préparée pour l'aider à penser et à sentir. Son cœur doit enserrer beaucoup d'amour et de douleur. Sa figure, qui porte les touchants stigmates de la macération corporelle, porte ceux aussi de la pensée qui l'anime et qui l'use,

---

[1] Il est vrai que, selon Lacordaire lui-même (*Conférences de Notre-Dame*, Préface), le but premier de sa prédication, « son but unique, « *quoique souvent elle ait atteint par delà*, c'était de préparer les « âmes à la foi ». Mais « la date des conférences est en même temps celle d'un immense mouvement dans la jeunesse d'alors. Chaque année maintenant, sous les voûtes de la métropole de Paris, des milliers d'hommes viennent s'agenouiller à la table sainte. Demandez leur qui les a faits chrétiens. Beaucoup vous répondront que la première étincelle qui ralluma leur foi, ce fut l'éclair qui avait jailli de cet homme. » (Mgr DE LA BOUILLERIE, *Éloge funèbre du P. Lacordaire*, p. 7.)

[2] *Univers* du 20 mars 1835.

[3] *Univers* du 10 mars 1835.

du sentiment qui le meut et qui le consume. Malgré le voile de modestie qui les couvre, ses yeux noirs laissent échapper des éclairs [1], mais la lumière qui en jaillit est aussi douce que pénétrante. Le réseau nerveux de sa figure fléchit si facilement sous les impressions de son âme, que celle-ci y peint à chaque moment tout ce qu'elle éprouve ; il en résulte une succession continuelle de physionomies diverses pour chaque pensée, pour chaque sentiment [2].

A voir ce jeune homme de trente-trois ans apparaître, pâle et ému, au dessus du plus bel auditoire d'hommes qui fut jamais, on se sent déjà sous le charme.

Il parle. Sa voix, d'abord faible, prend peu à peu de l'ampleur et du timbre. Rien de plus simple que son début : un résumé court et précis de la conférence précédente, un sommaire rapide de la thèse à soutenir. C'est sa manière d'entrer en champ clos, de s'orienter pour le combat. Puis, il prend son essor.

Regardez-le. Il est vraiment beau, ce jeune apôtre, encore illuminé de la grâce de sa conversion, ce racheté de Jésus-Christ, entouré de tous les captifs de l'erreur, brûlant de les amener à la délivrance [3].

Écoutez-le. Sa voix fait vibrer les plus secrètes fibres du cœur, sa parole rend ce qu'on croyait indicible, son geste peint les plus belles attitudes de la statuaire, son re-

[1] « Rien n'est comparable à ce regard flamboyant d'intelligence… « Il parle peu, mais il dit tant du regard !… Avec quel intérêt je l'ai « vu, ce jeune saint, un instant lié à Maurice à l'école de la Chesnaie ! » (Eugénie DE GUÉRIN, *Lettres*, pp. 408, 409 et 412.)

[2] MARCEL, *loc. cit.*, p. 508.

[3] CHOCARNE, *loc cit.*, p. 172.

gard vous porte des flammes dans le sein. Toute sa figure devient tantôt douce et naïve comme celle d'un petit enfant qui fait une caresse à sa mère, tantôt vive et ravissante comme celle de la jeune femme qui témoigne à son époux son amour et son bonheur, tantôt profondément empreinte de ce sentiment ineffable et séraphique que, pour le si bien rendre, il doit éprouver souvent, en versant des larmes délicieuses devant l'image du Sauveur [1].

Debout, l'œil fixé sur la lumière étincelante de l'Épouse du Christ, sa parole inspirée monte et chante. Ce n'est plus l'homme, mais le prophète ; ce n'est plus de l'éloquence, mais de l'extase : son front [2], son regard, son geste, tout vibre et frémit à l'unisson de l'âme.

L'auditoire est là, haletant, enivré, subjugué, ravi : ah ! c'est une belle victoire [3] !

Voyez. L'orateur vient de trouver « un de ces accents qu'il ne se connaissait pas [4] ». De cette poitrine sacerdotale, ainsi que du rocher frappé par la verge divine, vient de jaillir un fleuve bouillonnant, irrésistible, comme un torrent des Alpes [5].

L'auditoire a tressailli. Se soulevant, s'entre-regardant, les auditeurs se demandent s'il ne faut pas se lever en masse et applaudir avec enthousiasme.

---

[1] MARCEL, *loc. cit.*, p. 508.

[2] « Je lui trouve le front inspiré et resplendissant de saint Dominique. » (Eugénie DE GUÉRIN, *loc. cit.*, p. 406.)

[3] CHOCARNE, *loc. cit.*, p. 173.

[4] LACORDAIRE, *Conférences de Notre-Dame* (Œuvres complètes, t. IV, p. 77).

[5] MONTALEMBERT, *le P. Lacordaire* (Œuvres complètes, t. IX, p. 473).

Alors, l'orateur, jouissant avec délices de voir sa pensée pénétrer dans tous les cœurs, enivré, oui, enivré de bonheur et de joie, porte sur le crucifix un long et profond regard d'amour, en joignant les mains, et prononçant le nom de Jésus Sauveur ; puis, il se penche vers l'assemblée avec une figure rayonnante, illuminée, comme pour chercher à s'unir à elle, et répandre de son cœur, à mots pressés et avec des expressions brûlantes, les flots rapides de l'éloquence : de part et d'autre, on ne se possède plus [1].

S'il en est encore quelques-uns parmi mes lecteurs — ils se font rares et vieux, mais ils ne sauraient tous être morts par le cœur et par la mémoire, — ils n'oublieront jamais ces jours où la fibre du beau, du vrai, du grand, du bien, a tressailli dans leur cœur, sous le coup de cette parole [2]. J'évoque et j'invoque leurs souvenirs.

Qu'ils disent tout ce qu'ils ont dû d'émotion à cette voix éteinte ! Et, s'ils se taisaient, les pierres crieraient [3] encore. Oui ! cette enceinte vénérable, qui a traversé tant de souillures et tant de triomphes, gardera inviolable le souvenir de celui qui ramena dans ses flancs, longtemps déserts des flots de fidèles fascinés, et d'infidèles éblouis ou ébranlés [4].

Mais, quelle que soit la fidélité de ces souvenirs, qui nous peindra ces surprises, ces hardiesses et ces familiarités, ces élans aventureux où semblait se jouer un génie aussi audacieux que sûr de lui-même, côtoyant le précipice

---

[1] MARCEL, *loc. cit.*, p. 511.
[2] MONTALEMBERT, *loc. cit.*, p. 473.
[3] *Évangile selon saint Luc*, XIX, 40.
[4] MONTALEMBERT, *loc. cit.*, p. 474.

sans y tomber jamais, puis planant au plus haut des cieux d'un essor que Bossuet seul a surpassé dans la chaire française, qui enlevait littéralement ses auditeurs et les laissait en proie à une émotion qu'un mot seul peut rendre, ce mot de *ravissement*, dont on a fait un si vulgaire abus, mais qui rappelle, dans la langue chrétienne, les visions miraculeuses de saint Paul [1] : *Quoniam raptus est in paradisum* [2] ?

Oui, comme saint Paul et comme ses deux glorieux compatriotes saint Bernard et Bossuet, ce petit prêtre bourguignon, de nos jours et de notre pays, a été véritablement un prince de la parole : *Quoniam ipse erat dux verbi* [3].

En effet, pourquoi Cicéron parmi les anciens, Bossuet parmi les modernes, qui ont tous deux beaucoup plus écrit que parlé, sont-ils surtout célèbres comme orateurs ? Pourquoi Démosthènes, Périclès, Savonarole, Mirabeau, Berryer, O'Connell, Montalembert, excitent-ils, même après vingt siècles, une admiration sans rivale ?

C'est que l'homme a besoin d'entendre, de voir celui qui lui prêche la parole. Le livre, c'est quelque chose ; mais la parole, c'est bien plus, et voilà pourquoi, à côté du livre par excellence, où sont conservés ses divins oracles, à côté de la Bible, Dieu a mis l'Église, c'est-à-dire une bouche qui parle, une lèvre qui anime l'Écriture et la Tradition.

Voilà tout le secret de cet empressement des femmes à

---

[1] MONTALEMBERT, *loc. cit.*, p. 475.
[2] *IIe Épître aux Corinthiens*, XII, 4.
[3] *Actes des apôtres*, XIV, 2.

aller occuper, aux extrémités de la vaste enceinte à peine remplie par la voix de Lacordaire, des places d'où elles peuvent seulement l'apercevoir et recueillir quelques pensées détachées.

La conférence est finie. La foule sort, mais elle s'écoule bien lentement. Sur le parvis, dans les rues avoisinantes qu'il doit suivre, on stationne. On l'attend. Dès qu'il paraît, la foule se range des deux côtés de son passage, avec un frémissement de plaisir. « Qu'il est beau ! » disent les hommes. « Qu'il est bon ! » se disent les femmes [1]. Mais les jeunes gens surtout, se sentant aimés avec prédilection par ce grand homme, l'acclamaient et lui faisaient escorte, car tout ce qu'ils aimaient, le mal excepté, cet homme le disait et le chantait comme eux et mieux qu'ils ne l'eussent jamais soupçonné.

V

Pourtant, il y a une ombre à ce tableau, comme il y en a à toutes les félicités humaines.

Voyez-vous, sur le parvis de Notre-Dame, ce petit groupe mystérieux ? Là, on parle à voix basse, on jette des regards de travers sur les enthousiastes. En vain la vieille métropole s'est remplie comme aux beaux jours du treizième siècle ; en vain a-t-elle vu, dans ses nefs, dans ses tra-

---

[1] Marcel, *loc. cit.*, p. 509.

vées, autour de ses piliers, les têtes s'échelonner comme aux fêtes où les rois y venaient à cheval en sortant de la bataille [1]. Rien n'impose à ces gens-là : ni l'auditoire d'élite, ni le clergé, ni la crosse épiscopale, ni la pompe des cardinaux assis aux pieds de la tribune sainte, ni le représentant du vicaire de Jésus-Christ accouru là pour redire au pape Grégoire ce qu'il avait vu de ses yeux, les merveilles de la prédication de Notre-Dame.

Comme les Athéniens, esclaves des Césars et rebelles à la prédication de saint Paul, ces scribes de bas étage, désespérés, jaloux, haineux, disent : « *Quid vult semini-verbius hic?* Que nous veut donc ce semeur de paroles [2] ? »

Et demain, dans leurs journaux, ils noteront d'erreur, d'inexactitude, de nouveauté suspecte, tel passage, telle phrase, tel mot. Demain ils évoqueront le spectre de l'École menaisienne, et ils iront jusqu'à s'écrier :

« Les sermons de l'abbé Lacordaire, bien compris, se
« réduisent à des articles de journaux qui figureraient assez
« bien, encore aujourd'hui, dans un nouvel *Avenir*. Ils
« constituent, selon nous, la **plus** parfaite dégradation de
« la parole, l'anarchie la plus complète de la pensée, nous
« ne disons pas théologique, mais simplement philoso-
« phique [3]. »

Les misérables! Le lecteur les reconnaît bien. Ce sont eux que nous avons rencontrés, dans un précédent vo-

---

[1] *Univers* du 2 mars 1836.
[2] *Actes des apôtres*, XVII, 18.
[3] *Lettres aux membres du clergé et aux auditeurs de Notre-Dame*. Paris, 1837.

lume[1], sur la route du grand vaincu de la Chesnaie, les mêmes, ceux qui assassinent leurs propres frères, et se délectent aux œuvres malpropres ou sanguinaires, en prétextant la gloire de Dieu.

Ah! s'écriait l'abbé Gerbet devant ces tristes échos de l'envie haineuse, était-il donc dans les destinées de M. Lacordaire de jouir des honneurs antiques et d'avoir, comme les Romains, un *insulteur* à son triomphe[2]?

M. de Quélen — et c'est une gloire de son épiscopat — se sentit obligé de prendre tout haut la défense de « cet excellent et fidèle ami qui faisait la consolation et la joie de son cœur[3] », à qui, comme il le dit le 26 avril 1835, en remerciant publiquement l'orateur, « Dieu avait départi la piété, l'éloquence, et plus encore, cette vertu qui fait les prêtres : l'obéissance[4] ». C'était couvrir de sa grave autorité le noble calomnié, c'était surtout le séparer solennellement et le distinguer du Maître, à qui le manquement à « la vertu qui fait les prêtres » avait fait entreprendre une route déviée, celle qui le conduira à l'abîme.

Il fit plus encore. Le même jour, Lacordaire recevait la lettre suivante :

« MON CHER ABBÉ,

« La carrière que, Dieu aidant, vous venez de fournir dans « l'église de Notre-Dame de France, d'une manière si brillante, et, je l'espère, non moins fructueuse, nous fait dé-

---

[1] *L'École menaisienne*, t. I. — Lamennais.
[2] *Univers* du 2 mars 1836.
[3] Discours de M. de Quélen à la fin des conférences de 1835.
[4] *Univers* du 21 mai 1835.

« sirer au chapitre de Paris et à moi de contracter avec
« vous des liens de confraternité, qu'il est bien doux à un
« ami de former. Par la puissance de la parole, vous avez
« déjà pris, en quelque sorte, possession de la vaste nef de
« la métropole; son chœur et son sanctuaire vous seront
« ouverts par les provisions [1] que je joins ici. Je n'ai pas
« besoin de vous dire combien je suis heureux, mon cher
« Lacordaire, de vous rapprocher de moi davantage, de
« vous associer à ce qu'il y a de plus vénérable dans le clergé
« du diocèse, et de vous donner le premier, avec toute l'af-
« fection et la tendresse que vous me connaissez, *salutem*
« *in osculo sancto.*

« † HYACINTHE, *archevêque de Paris.* »

Cet acte presque courageux de l'archevêque, loin de
désarmer les malveillances et d'apaiser les dépits impla-
cables, ne fit que les irriter.

A tous les reproches, Lacordaire se contentait de répondre simplement : « Je sais où je veux arriver dans l'âme
« de mes auditeurs, et je crois y arriver quelquefois. Mon
« auditoire sent la lumière, elle est disposée pour lui. Avec
« de belles lignes d'architecture scolastique, tout en disant
« les mêmes choses, je le laisserais indifférent. Le jour où
« j'abandonnerai ma méthode, je serai un homme perdu [2]. »

Mais les attaques redoublaient de violence. Aussi le
jeune chanoine, dépassant la sagesse des vieillards, comprit l'inutilité de la défense avec de pareils adversaires, et,

[1] De chanoine honoraire du chapitre de Notre-Dame.
[2] Lettre du 24 juin 1835.

malgré les instances de M. de Quélen, il jugea plus sage et plus chrétien de se retirer, et d'attendre du temps, des événements et de la grâce de Dieu, une justification éclatante.

En terminant sa dernière conférence de 1836, il dit :

« Messieurs, je vous quitte. Je laisse entre les mains de
« mon évêque cette chaire de Notre-Dame désormais
« fondée, fondée par lui et par vous, par le pasteur et par
« le peuple. Un moment ce double suffrage a brillé sur
« ma tête : souffrez que je l'écarte de moi-même, et que
« je me retrouve seul quelque temps devant ma faiblesse
« et devant Dieu [1]. »

L'archevêque ainsi interpellé se leva. Comme l'année précédente, il entonna, avec une majesté incomparable, l'hymne de la reconnaissance :

« *Alleluia!* s'écria-t-il, oui, *alleluia!* louez Dieu! Et comment ne le louerions-nous pas, comment ne le loueriez-vous pas vous-mêmes, de ce qu'il a daigné susciter, pour vous tout exprès, un prophète nouveau ? »

Puis, d'une voix qui s'attristait, avec des larmes dans le cœur, le vénérable pontife ajouta :

« Ce cantique, dit Bossuet, cet *alleluia,* nous le disons
« sur un ton et un air mélancolique. Hélas ! cette mélancolie
« augmente encore à la fin de ces conférences. Car, vous
« l'avez entendu, ce ministre docile nous sera enlevé pour
« quelque temps, malgré les résistances de notre cœur. Il
« ira porter au loin ses méditations. Il ira, dans la Ville
« Éternelle, au pied du tombeau des saints apôtres, aux

[1] LACORDAIRE, *Conférences de Notre-Dame* (Œuvres complètes, t. III, p. 258).

« pieds du père commun des fidèles, pour lui rendre
« compte de ce qu'il a vu et de ce qu'il a fait. Ainsi Jésus-
« Christ appelait ses apôtres dans la retraite, après qu'il
« les avait envoyés prêcher aux peuples ; et ses apôtres
« venaient lui dire ce qu'ils avaient fait et comment ils
« avaient enseigné. »

Regardant alors, avec une infinie tendresse, vers la chaire
où Lacordaire l'écoutait humblement, l'archevêque dit
encore :

« Dans le sein de la retraite, notre cher et éloquent
« prédicateur méditera la science divine. C'est dans le sein
« de la retraite que saint Jean Chrysostome forgea les fou-
« dres qu'il devait faire retentir si glorieusement du haut
« de la chaire patriarcale de Constantinople...

« Il emporte avec lui toutes nos bénédictions. Il nous
« reviendra ! »

Ainsi, pour la seconde fois, Lacordaire va prendre le bâ-
ton de pèlerin et se diriger vers la Ville Éternelle.

Il ne savait pas alors pourquoi Dieu, qui avait ses grands
desseins sur cet homme, l'enlevait ainsi au champ de bataille,
en pleine victoire, pour le jeter aux pieds de son Vicaire et
lui faire entendre de plus près les oracles du Vatican.

Nous allons suivre, dans ses merveilleux enchaînements,
le pourquoi mystérieux de la Providence.

VII

A ROME ET A METZ

L'année qui précéda son départ pour Rome, dans une pensée d'apostolat que nous exposerons ailleurs [1], Lacordaire avait dû entreprendre un voyage en Allemagne, à la poursuite d'une âme qu'il aima de prédilection.

[1] Dans l'ouvrage sur *Montalembert,* le IVe de nos volumes sur l'École Menaisienne.

Or, la police, depuis les affaires de l'*École libre* et les conférences de Stanislas, avait l'œil sur lui.

Tout voyage à l'étranger exigeant un passe-port, l'abbé dut, avec deux témoins, se soumettre à une visite préalable chez le commissaire de police. Les deux témoins, arrivés avant lui, s'étaient vu représenter les risques de leur responsabilité. Lacordaire, en entrant dans le cabinet du commissariat, les trouva tant soit peu inquiets. L'officier de police avait d'ailleurs un air sévère, et le ton qu'il prit n'était rien moins que rassurant, lorsqu'il commença une sorte d'interrogatoire :

— Qu'allez-vous faire en Allemagne?

— Je vais me promener.

Une promenade d'un abbé en pays étranger! quoi de plus suspect?... Nouvelles questions, toutes aussi pertinentes.

— Enfin, monsieur, dit Lacordaire très-gravement, si je veux mettre le feu à l'Allemagne, qu'est-ce que cela vous fait?

L'argument fut décisif et dissipa tous les ombrages du commissaire, qui pensa probablement que les flots du Rhin empêcheraient l'incendie de gagner la France [1].

[1] Édouard DUMONT (art. du *Monde,* 24 août 1870).

I

On a beaucoup dit que Louis-Philippe fut un persécuteur de l'Église. Je n'irai point jusque-là. Louis-Philippe était doué d'un génie souple et discret; il avait les défauts des esprits trop fins. C'était une crainte excessive des obstacles, une incurable disposition à présumer chez les autres les habiletés dont il était susceptible lui-même. Cette préoccupation paralysait par la défiance l'énergique décision de son caractère.

Le caractère si différent de Lacordaire inspirait au Roi les défiances les plus étranges. En voyant M de Quélen, qui n'avait pas encore reparu à la cour, appeler, en 1835, le jeune orateur dans la chaire de Notre-Dame, il ne put se défendre de dire à Montalembert :

— Êtes-vous bien sûr que cet abbé Lacordaire ne soit pas un carliste[1] ?

Dans l'esprit du Roi et dans les cartons de la police, Lacordaire était suspect.

Il ne l'était pas moins auprès des anciens adversaires de l'École Menaisienne. Cette campagne de l'*Avenir* s'est plus particulièrement attachée à ses pas. C'est un souvenir qui planera sur sa vie entière, collé à lui comme la tunique de Nessus.

[1] Delpech. (*Messager du Midi,* art. du 17 mai 1870.)

L'observation en a été faite par son historien [1]. On a amnistié l'abbé Gerbet, on a magnifié M. de Salinis, cent fois, mille fois plus complices que lui de M. de Lamennais, en politique comme en tout le reste. On n'a pas pardonné à Lacordaire.

On ne lui a tenu aucun compte de ce qu'il a quitté M. de Lamennais dès le 15 mars 1832; aucun compte de ce qu'il s'était condamné, au mois d'août suivant, à un exil volontaire, indéfini, pour ne pas recommencer l'*Avenir*, auquel tous ses collaborateurs demeuraient fidèles; aucun compte de ce que, tandis que Lamennais sortait frémissant de la ville papale et répondait à l'Encyclique par les *Affaires de Rome* et les *Paroles d'un croyant*, Lacordaire se prosternait sur le tombeau de saint Pierre et se relevait soumis et transformé; aucun compte de ce qu'il a rompu, le premier de tous, avec le Maître, et l'a réfuté le premier, en 1833, dans un écrit public [2].

Non, tout cela n'est rien, et pourquoi?

Le moment est venu de s'en expliquer nettement.

Pourquoi? — On répond : La démocratie le réclame [3]. C'est un libéral ! Voilà le grand mot lâché, la grosse injure, le pavé qui écrase infailliblement un homme. Quand on l'a dit avec une certaine bouche arrondie, la lèvre un peu en avant, avec l'expression de quelqu'un qui a l'air de prononcer le vieux monosyllabe qui avait tant de succès dans les comédies de l'ancien régime, lorsque l'acteur ou

[1] FOISSET, *Vie du R P. Lacordaire*, t II, p 474.
[2] *Considérations sur le système philosophique de M. de Lamennais.* (Paris, Derivaux, 1834.)
[3] J. D'EMS. (*Union nationale*, art. du 22 mai 1870.)

l'actrice faisait : « Fi, monsieur ! » quand on a jeté, du haut de sa grandeur d'orthodoxie impeccable, cette épithète sonore et écrasante de Libéral, on a tout dit, et voilà mon homme aplati. C'est maintenant une vieille loque à jeter aux chiffons, ça n'est plus bon à rien.

Il faudrait s'entendre cependant, et c'est un procédé de polémique par trop commode que de recourir, grâce à cette perversion des mots qu'on ne se fait pas faute de reprocher aux partis adverses, à une injure pour se dispenser de discuter. De bonne foi, est-ce là une méthode que des esprits sincères voudront admettre sans contrôle ?

J'aurai recours à une autorité, que nul ne contestera, j'espère, celle du prélat qui, de nos jours et dans les derniers temps surtout, a le plus impitoyablement poursuivi le libéralisme catholique. J'ai nommé Mgr de Ségur. Or, écoutez comment ce prélat, dont les œuvres d'apostolat pleureront longtemps en France la mort prématurée, définit l'épithète :

« *Libéral,* dit-il, belle et noble expression, qui veut dire *généreux.* Être *libéral,* c'est avoir l'âme élevée, largement ouverte à toutes les grandes aspirations. Rien n'est chrétien, rien n'est français comme le sentiment qu'exprime le mot *libéral*[1]. »

Mais si, par libéral et par libéralisme, vous entendez l'indifférentisme religieux, la rupture radicale entre les choses du ciel et de la terre, la séparation absolue entre les intérêts de l'Église et les intérêts de l'État, l'État sans Dieu, sans morale religieuse, sans commerce avec le ciel,

---

[1] Mgr DE SÉGUR, *la Liberté,* p. 33.

oh ! de grâce, prenez en main les écrits, relisez les œuvres oratoires ou polémiques de Lacordaire, et dites-moi, je vous en adjure, s'il n'a pas soutenu tout au contraire les thèses les plus diamétralement adverses à cette énormité sociale [1].

Lacordaire dit un jour [2] à des jeunes gens venus pour le haranguer :

— Messieurs, j'espère mourir en religieux pénitent et en libéral impénitent.

Maintenant, nous savons ce qu'a voulu dire cette âme, essentiellement et irrémissiblement ennemie de tout despotisme, de tout absolutisme, de tout ce qui, dans quelque ordre que ce soit, viole les droits imprescriptibles de la liberté des enfants de Dieu.

II

Grégoire XVI ne s'y méprit point, lui, le Pape qui avait signé l'encyclique *Mirari vos*.

Et cependant, on ne s'était pas fait faute d'inspirer au Pape des craintes. Pour l'indisposer encore plus sûrement et mettre Lacordaire en contradiction avec l'Encyclique, on

[1] Cette importante question du libéralisme de Lacordaire reviendra dans le volume qui traitera de Montalembert. Nous étudierons alors, à sa place naturelle, l'obéissance effective et la soumission de cœur de ce grand chrétien à l'encyclique de Grégoire XVI.

[2] Après sa réception à l'Académie française.

avait rédigé une brochure spéciale. La plume du rédacteur était trempée de fiel, soigneusement édulcoré de miel. La brochure fut portée par un émissaire sûr à l'audience du Souverain Pontife.

Excellent théologien, Grégoire XVI la lut, et, relevant sa belle tête, il dit à l'émissaire, avec un fin sourire :

— *Caro mio,* il s'agit de savoir : 1° si les propositions qu'on attaque sont en effet censurables; 2° si la censure n'est pas plus censurable elle-même que les propositions dénoncées [1].

Quand Lacordaire fut arrivé, il eut bien vite son audience [2].

En le voyant entrer dans son cabinet, le Pape ouvrit ses deux bras et dit d'un air tout joyeux :

— Ah! l'*abbate* Lacordaire !

Le jeune prêtre se prosterna pour baiser les pieds du vicaire de Jésus-Christ. Grégoire XVI lui prit la tête dans ses mains, la pressant avec effusion, en disant :

— Je sais que l'Église catholique a fait en vous une belle acquisition.

Puis il le fit asseoir en face de lui et se complut à rappeler les souvenirs du jour où il l'avait reçu, en compagnie des deux autres pèlerins de l'*Avenir :*

— Je me souviens, disait le Saint-Père, d'une belle *chambrée :* l'abbé de Lamennais était là, puis le comte de Montalembert, puis l'abbé Lacordaire, et ici le cardinal de Rohan.

---

[1] Mgr LACROIX, *Journal inédit*.
[2] Le 6 juin 1836.

Et il désignait du doigt la place que chacun avait occupée.

L'audience finie, il accompagna son visiteur d'un paternel sourire, et, comme celui-ci était arrivé à la porte, le Pape étendit avec bonté la main vers lui, en répétant, d'une voix caressante, l'*addio* des Italiens[1].

Une autre fois, Grégoire XVI, l'ayant encore admis à son audience, s'arrangea, avec une délicatesse toute paternelle, pour avoir le dernier mémoire des ennemis de Lacordaire sur son bureau.

— Voilà, lui dit-il en déchirant le pamphlet, voilà ce que je fais de ce qu'on m'écrit contre vous[2].

Dans une cérémonie publique, le jour de la Chandeleur, le Saint-Père avait donné ordre au maître des cérémonies de réserver un magnifique cierge. Au moment de la distribution, voyant approcher le jeune Français, il s'interrompit, disant avec sa vivacité habituelle au cérémoniaire distrait : *Presto, per l'abbate Lacordaire*[3]! Et il lui donna le beau cierge de réserve[4].

Quand on sut tout cela en France, — et Grégoire XVI s'arrangea pour qu'on le sût bien, en faisant à tout venant l'éloge le plus tendre de l'exilé[5], — ses ennemis cherchèrent le moyen de s'en tirer par une explication. Ils la trouvèrent.

---

[1] Lettre de Lacordaire à madame Swetchine, 21 juin 1836.

[2] Régnier, *Souvenirs et lettres d'ami*, p. 99.

[3] Vite, pour l'abbé Lacordaire!

[4] Lacroix, *Journal inédit*.

[5] Voir, dans la lettre de Lacordaire à madame Swetchine du 21 décembre 1836, le récit de l'audience où Grégoire XVI entretint Mgr Flaget de sa confiance en l'abbé Lacordaire, et des services qu'il avait rendus au Saint-Siége.

On sut que, sur l'intervention de madame Récamier[1], le célèbre docteur de ce nom avait recommandé au Père de Rozaven de veiller sur Lacordaire à Rome. On sut encore que l'abbé s'était adressé pour la confession au Père de Villefort.

— Voilà! dit-on aussitôt. Il n'est pas étonnant que le Pape lui fasse si bon accueil : il a les Jésuites pour lui!

« Beaucoup de gens, écrivait Lacordaire, croient que j'ai fait un acte très-habile, en me liant ici avec les Pères Jésuites. J'admire moi-même comment, avec quelque chose de si subit, la Providence permet cependant que ma conduite se suive et que certaines gens me croient très-habile et très-fin[2]. »

La Providence en effet était intervenue, et, sans qu'il les eût cherchés le moins du monde, tous les moyens d'action s'étaient réunis sous sa main pour lui aplanir toutes les difficultés. Cardinaux, ambassadeur, patriciat romain, ordres religieux, prélature, chacun s'était mis à ses ordres. « Je n'aurais jamais cru, écrit-il, que la Providence me favoriserait si largement[3]. »

---

[1] Dans ses lettres du 17 et du 27 juillet 1835, Lacordaire a raconté comment madame Récamier réussit à l'attirer chez elle et le combla de ses attentions pendant le séjour qu'il fit, à Dieppe, auprès de la célèbre amie de Chateaubriand.

[2] Lettre de Lacordaire à madame Swetchine, 23 juillet 1836.

[3] Lettre de Lacordaire à madame la comtesse de la Tour du Pin, 18 novembre 1837.

III

Le séjour de Rome lui ménageait d'autres ravissements.

Il y était allé d'instinct, comme la pierre à son centre, comme le fils à sa mère, comme le vaisseau fatigué par les flots cherche le port. Une première fois, après les orages de l'*Avenir*, il y avait trouvé la paix, il en était sorti « libre et victorieux [1] ». A l'encontre des rationalistes qui redoutent dans le Saint-Siége l'oppresseur des intelligences, il avait « appris de sa propre expérience que l'Église est la libératrice de l'esprit humain [2] ». On l'accusait d'être secrètement resté attaché au système d'un homme qui s'était violemment séparé de l'unité catholique; il répondait en venant vivre à Rome, au centre même de cette unité, sous les yeux de celui qui est le souverain juge des controverses [3].

De quelle paix il y jouit! Sa correspondance avec madame Swetchine en porte les doux reflets, et, n'était un peu de tristesse en songeant à l'éloignement de ses amis de France, son cœur jouirait avec ravissement de ce qu'il appelle « le repos du travail [4] » à Rome.

[1] LACORDAIRE, *Considérations sur le système de M. de Lamennais*, p. 161 (Œuvres complètes, t. VI).

[2] *Ibid*.

[3] CHOCARNE, *le R. P. Lacordaire*, t. I, p. 180.

[4] Lettre de Lacordaire à madame Swetchine, 18 mai 1836.

Il visite des ruines, et sa pensée s'en va, gracieuse et tendre, vers sa maternelle amie : « Les ruines de Rome « vous saluent, lui écrit-il, et moi je vous aime trop pour « vous faire des compliments [1]. »

Celle-ci lui répond : « Mettez à profit, sans en rien « perdre, ce temps d'utile et précieuse solitude. Dites-moi « toujours ce que vous voulez », et elle ajoute, non sans une pointe à l'adresse de quelque vivacité dans les premières impressions de son cher dirigé : « ce que vous « voulez le jour même, sans vous préoccuper si vous le « voudrez le lendemain [2]. » Puis, elle l'engage à bien veiller sur sa langue. « Tant que vous le pouvez, écrit-« elle, éloignez le bruit, les propos; croyez qu'ils ne sont « jamais sans inconvénient, même pour celui que le monde « absout »; et elle termine : « Adieu, mon cher ami, bénis-« sez-moi et laissez-moi vous bénir [3]. » A quoi Lacordaire réplique : « M. l'Archevêque a cru me dominer par le « besoin que j'avais de lui et par le côté docile de mon « être; il aurait fallu pour cela me respecter davantage et « connaître davantage le prix des hommes. Adieu donc, « chère amie; je vous aime et vous félicite d'avoir un fils « si mauvais que moi [4]. » Je dirai tout à l'heure de quoi il s'agissait.

Madame Swetchine proteste : « Rien », dit-elle dans une lettre admirable, la plus belle peut-être de toutes, « rien « ne pourra jamais me séparer de vous. Vous n'êtes pas

---

[1] Lettre de Lacordaire à madame Swetchine, 8 septembre 1836.
[2] Lettre de madame Swetchine à Lacordaire, 34 octobre 1836.
[3] *Ibid.*, 29 janvier 1837.
[4] Lettre de Lacordaire à madame Swetchine, 10 février 1837.

« plus libre par la nature de votre caractère, que je
« n'aurais voulu moi-même vous laisser libre... Pourvu que
« vous soyez à Dieu, à son Église, le « faites ce que vous
« voudrez » s'échappe de mon cœur avec une impétuosité
« qui vous garantit ma sincérité... Nous nous touchons,
« nous nous tenons par des pensées et des impressions
« bien autrement vivantes, et les parties de nous-mêmes
« qui se *débranchent* n'empêchent pas qu'une seule et
« même séve soit notre vie. Mon cher enfant, mon cher
« ami, respectez ce lien, ne le brisez jamais. On ne sait
« pas, dans la jeunesse, les tristesses et les ravages des
« amitiés rompues. Lors même qu'elles ne le sont pas
« tout à fait par notre faute, c'est un poids bien pénible,
« et la conscience est placée si près du cœur, que tout ce
« qui afflige celui-ci la trouble [1]. »

Peu auparavant, elle lui avait écrit : « Mon bonheur
« aurait été de vous approuver toujours, mais ma ten-
« dresse n'en a pas besoin... Comme Rachel, j'ai pu quel-
« quefois vous nommer l'enfant de ma douleur, et vous
« savez que souffrir ne décourage pas les pauvres mères [2]. »

Le fils, parfois bien difficile à contenir, se met bien
plus à l'aise. Tandis que Rachel a recours aux circonlocu-
tions, lui, se sentant inviolablement aimé, gronde, murmure même, et, ce qui est le pire, pour un peu, il bou-
derait. De là, ses boutades contre la légitimité, « entachée,
« selon lui, de cette malheureuse idolâtrie royale qui
« a perdu », dit-il, « la maison de Bourbon [3] »; contre

[1] Lettre de madame Swetchine à Lacordaire, 18 avril 1837.
[2] *Ibid.*, 29 janvier 1837.
[3] Lettre de Lacordaire à madame Swetchine, 4 juillet 1837.

« l'alliance entre la cause du légitimisme et celle du galli-
« canisme[1] », et ce charmant post-scriptum si spirituel et si malin : « J'ai fait dernièrement un discours à la
« Chambre des députés, dans ma tête, contre toute l'aris-
« tocratie européenne. Il a fort réussi[2]. »

IV

Mais, un jour, le 26 novembre 1836, madame Swetchine vient de lire un livre, dont elle avait espéré que
l'éclat ne se produirait point, malgré toutes les menaces. Le livre est tombé des mains de la généreuse
Russe, devenue la fille de l'Église catholique, et, sous
le coup d'une douleur poignante, elle écrit : Ah! mon
cher ami, « il n'y a qu'un ange et qu'un prêtre qui puissent tomber si bas. Satan lui-même n'aurait pas mieux
inventé[3]. »

A son tour, Lacordaire lit ce livre : « Cette lecture,
« dit-il, m'a causé une impression de tristesse incroya-
« ble... Il y a là un triomphe sur la misère, et sur quelle
« misère! qui fait frissonner d'un bout à l'autre; ensuite
« une cessation de foi si sensible à chaque phrase et un
« souvenir si présent de ce que fut la foi dans ce cœur...
« Voilà la première fois depuis dix-huit cents ans qu'un

---

[1] Lettre de Lacordaire à madame Swetchine, 4 juillet 1837.
[2] *Ibid.*, 16 septembre 1837.
[3] Lettre de madame Swetchine à Lacordaire, 26 novembre 1837.

« homme, par suite d'une désobéissance à l'Église, a passé
« de la foi à l'incrédulité... Il n'a pas même essayé de se
« tenir un moment assis sur la route; il a passé de
« l'Orient à l'Occident d'un seul trait, sans même tra-
« verser le milieu, comme quelques théologiens pensent
« que les esprits purs passent d'un lieu à un autre sans
« avoir besoin de passer par l'espace qui les sépare... Il
« s'est trouvé parmi les ennemis de l'Église tel qui lui a
« jeté un lambeau de vêtement pour se couvrir un peu.
« Et un de ses fils, un de ses fils de prédilection, un
« homme qu'elle avait comblé de gloire, une âme sortie
« de ses entrailles, un chrétien lui a ôté ce pauvre lam-
« beau qui couvrait à demi sa nudité[1]. »

Cet homme subitement incrédule, ce fils ingrat, cet apo-
stat qui renouvelle le crime de Cham, c'est Lamennais, et
ce livre, c'est le pamphlet des *Affaires de Rome*.

Le disciple n'est plus maître de son indignation. Il frémit,
dans sa piété filiale, devant « cette habileté implacable, qui
« dépouille l'Épouse divine de tous ses restes de gloire
« pour la montrer à tout l'univers, nue, pauvre, souillée
« de plaies et toute crucifiée comme son maître[2] ».

De ce frémissement va partir un chef-d'œuvre.

Ah! c'est que l'Église de France n'avait plus rien vu de
pareil depuis tantôt deux siècles.

C'était le 30 octobre 1681. Dans l'église des Grands-Au-
gustins de Paris, s'ouvrait cette assemblée fameuse, qui a
donné son nom à la célèbre déclaration du clergé de France.

---

[1] Lettre de Lacordaire à madame Swetchine, 26 novembre 1836.
[2] *Ibid.*

Des bruits menaçants grondaient dans l'air, on murmurait des mots sinistres, et, en regardant du côté du Louvre, on évoquait les noms de Henri VIII et des autres souverains absolus qui, non contents de leur couronne, avaient mis la main à l'encensoir et voulu devenir pontifes en même temps et au même titre qu'ils étaient rois. Un spectre menaçant s'élevait, et il fallait bien fermer les yeux pour ne pas le voir, là, qui planait au-dessus de toutes ces mitres et ces crosses tremblantes, le spectre du schisme. Un jeune évêque le vit. Sacré par la main du génie en même temps que par la grâce de l'onction pontificale, il monta dans la chaire. Deux heures durant, il tint sous lui, comme un cheval qui se cabre, toute cette assemblée. Deux heures durant, il parla de son amour de fils pour sa mère, il déroula les parchemins augustes de cette mère noble entre toutes, et, quand il eut fini, tous, les parlementaires comme les prêtres, les princes comme les évêques, jurèrent de nouveau de mourir plutôt que de renier cette mère. En prononçant son admirable *Discours sur l'unité de l'Église,* Bossuet venait d'acquérir son plus beau titre à l'immortalité.

J'ai dit déjà que Lacordaire fut le Bossuet du dix-neuvième siècle. Je n'hésite pas à ajouter que son meilleur droit à ce rapprochement glorieux, c'est d'avoir, lui aussi, préservé son temps et son Église des épouvantements du schisme. « Quand ceci aura paru », disait Grégoire XVI, en montrant le manuscrit de Lacordaire, « l'auteur sera encore bien plus célèbre [1]. »

Le Pape parlait de la *Lettre sur le Saint-Siége.*

---

[1] Lettre de Lacordaire à madame Swetchine, 2 février 1837.

Je voudrais pouvoir reproduire ces soixante pages [1]. Je voudrais faire passer sous les yeux de mes lecteurs, en les accompagnant de timides commentaires, cette magnifique théorie de l'unité, ces vues du génie sur la prédestination de la péninsule Italique et sur les desseins de Dieu choisissant Rome pour centre de la catholicité, ce vol rapide au-dessus de l'histoire des peuples dominés par la force morale qui est au cœur de l'Église, cette calme démonstration de la sagesse du successeur de Pierre au milieu des éléments disparates mêlés et broyés ensemble depuis un siècle; cette intuition d'un grand esprit proclamant que la guerre n'est plus entre les rois ni entre les peuples, mais bien uniquement entre la raison et la foi, entre le ciel et l'enfer, entre la puissance catholique et la puissance rationaliste; et ces élans, ces cris à la Bossuet, cette sublime apostrophe qui rappelle à s'y méprendre l'immortelle prosopopée de l'évêque de Meaux : « Non, non, quand je « ne croirais pas, quand jamais un rayon de la grâce di-« vine n'eût illuminé mon entendement, je baiserais en-« core avec respect les pieds de cet homme, qui, dans « une chair fragile et dans une âme accessible à toutes les « tentations, a maintenu si sacrée la dignité de mon es-« pèce et fait prévaloir pendant dix-huit cents ans l'esprit « sur la force [2]. »

C'était vrai, cela, du temps de saint Pierre. Ce fut vrai du temps des Grégoire VII et des Innocent III. Ce fut vrai

---

[1] *Lettre sur le Saint-Siége* (t. IX des Œuvres complètes de Lacordaire, pp. 1 à 60).

[2] LACORDAIRE, *Lettre sur le Saint-Siége, loc. cit.*, p. 27.

encore, quand Henri VIII voulut plier la doctrine aux caprices immondes des plus vils instincts de la bête qui est en tout homme. Ce fut vrai, quand Louis XIV, quand Napoléon, quand la gloire d'un règne et la gloire des armes voulurent forcer le Vicaire du Christ à s'incliner devant leurs drapeaux redoutés et leurs aigles victorieuses. Ce fut vrai hier, c'est encore vrai aujourd'hui, et, tandis que les nations et les rois se débattent sous des nécessités terribles, tandis que tout tremble et s'effare, tandis que nous couchons chaque soir, d'un bout de l'Europe à l'autre, sur un volcan aux grondements sinistres, en un point du monde, à une hauteur douce, lumineuse et calme, s'impose, au respect de ses ennemis comme à la vénération de ses fils, une figure auguste. Du sein de son Vatican, comme autrefois Pierre du sein de la prison Mamertine, un homme fait encore « prévaloir l'esprit sur la force ». Hier, il s'appelait Pie IX ; aujourd'hui, c'est Léon XIII.

V

Mais, pendant que le Pape lisait avec admiration et approuvait bien haut la *Lettre sur le Saint-Siége*, des conseils timides se faisaient entendre autour de l'archevêque de Paris. On la jugeait compromettante, et l'on disait que la Russie pourrait s'en offenser! Un parti politique, tout-puissant dans l'entourage de M. de Quélen, s'unit aux rancunes des représentants de l'ancienne Église de France.

« On veut me perdre, écrivait Lacordaire, je le sais
« bien. Et moi, je ne veux pas leur porter ma tête [1]. » Il
ajoutait : « Il est certain que la prudence la plus naturelle
« exigeait que je me maintinsse dans les bonnes grâces de
« M. l'Archevêque... Mais comment accepterait-il un
« homme qui croit à beaucoup de nouveautés? Pensez-
« vous que, si j'étais ambitieux, je ne sache pas depuis
« longtemps ce que j'aurais à faire? Eh! mon Dieu, je
« n'aurais que deux mots à dire, mais je ne les dirai
« jamais [2]. »

Il écrit à M. de Quélen : « Soyons vrais, car je touche à
« mes trente-cinq années, et j'ai besoin de prendre un
« parti. Vous avez un goût personnel pour moi; vous
« aimez ma sincérité, mon désintéressement, ma foi, ma
« docilité; il y a peut-être en moi quelque chose qui vous
« plaît. Vous êtes sûr que je ne serai jamais un hérétique,
« ni un schismatique, que je suis dévoué passionnément
« à l'Église. Mais il y a entre nos deux manières d'être et
« de sentir, de concevoir ce temps et ses remèdes, un dis-
« sentiment profond. Je ne suis pas votre homme, vous
« appartenez à une époque et moi à une autre, voilà la
« vérité [3]. »

La *Lettre sur le Saint-Siége* resta donc dans les cartons [4]. Elle y resta près de deux ans. Mais, un jour de

[1] Lettre de Lacordaire à madame Swetchine, 3 janvier 1837.
[2] *Ibid.*, 10 février 1837.
[3] Lettre de Lacordaire à M. de Quélen, 14 janvier 1837.
[4] « Je sacrifiai à l'instant mon travail, et bien que, depuis, le
Souverain Pontife ait exprimé, par deux fois, la pensée qu'il fût
imprimé en pays étranger, je n'ai jamais songé qu'à le tenir clos dans

novembre 1837, les sbires prussiens enlevaient à main armée l'archevêque de Cologne et l'emprisonnaient dans une forteresse. Le Souverain Pontife fit entendre une courageuse protestation contre cette violence, qui touchait à l'oint du Christ, dans l'exercice même de ses droits et de ses devoirs pastoraux. Lacordaire crut l'heure venue et pensa que se taire serait une lâcheté. Il publia sa lettre. Ce fut une traînée de poudre : les timides épouvantés se sentirent écrasées sous les applaudissements du monde et de l'Église.

L'archevêque ne dit rien. Mais Lacordaire ne se dissimula point que désormais, entre M. de Quélen et lui, malgré les efforts de madame Swetchine et le goût personnel du prélat pour un fils qui l'avait blessé, il n'y aurait plus cette affection qui, pour être sans nuages, a besoin de n'avoir aucune arrière-pensée, aucun ressentiment du passé, le ciel pur d'un oubli complet désormais impossible.

mon portefeuille. Mais, blessé dans l'appréciation qui avait été faite de mon caractère, après seize années de communications fréquentes et tant de liens tissus des mains de la Providence, je crus convenable de m'abandonner à un sentiment d'honneur, peut-être trop humain pour être chrétien, mais pas assez pour être injuste et incompris d'un autre homme d'honneur. » (*Lettre de Lacordaire à M. de Quélen, 12 août 1837.*) Cette lettre commence d'une manière touchante : « Monseigneur, le choléra est dans Rome. Exposé comme tous à être subitement atteint, je désire porter devant Dieu un cœur sincèrement uni à mon évêque, non-seulement par l'obéissance canonique, à laquelle je n'ai jamais manqué, mais encore par une affection pure de tout nuage. » Cette lettre resta près de deux mois sans réponse. Quand il y répondit, M. de Quélen le fit en termes qui témoignaient combien son ressentiment était profond et la blessure encore récente.

VI

C'est alors que vint jusqu'au jeune exilé une de ces brises, chargées de parfums et de suaves réconforts, qui soufflent parfois dans l'existence humaine, à l'heure où tout semble perdu. Elles viennent des rivages où mourut notre jeunesse et où commença notre maturité, à ce moment de la vie où l'amitié vient nous visiter et s'impose à nous par des liens que l'âge viril et la vieillesse seront plus tard impuissants à nouer.

Ce fut un ami du séminaire, un condisciple de Saint-Sulpice, qui la lui apporta. Nous l'avons tous connu, en Provence, et tous ceux qui le connurent l'ont aimé. Il repose maintenant sous les voûtes de notre basilique métropolitaine, où le souvenir évoque sa figure douce et noble, son sourire accueillant, sa parole toujours harmonieuse comme son cœur. L'ami qui vint ainsi à Lacordaire s'appelait l'abbé Chalandon.

M. Chalandon était alors grand vicaire dans la ville où Bossuet essaya ses ailes d'aigle, et il vint trouver Lacordaire à Rome pour lui proposer de remonter, à la suite de Bossuet, sur une chaire que le prince de l'éloquence chrétienne avait illustrée, il y a deux siècles, alors que, tout jeune prêtre, il remplissait les fonctions d'archidiacre de l'église cathédrale.

— La ville, dit l'ami, vous accueillera avec autant

d'empressement qu'à Notre-Dame, et votre auditoire, aussi français que l'auditoire de Paris, vous écoutera avec beaucoup plus de recueillement [1].

Je n'ai pas nommé encore cette ville, et j'ai dit que l'auditoire y était aussi français qu'à Notre-Dame. Le puis-je dire encore, aujourd'hui que la ville forte dont je parle, vierge jusqu'à nous de toute insulte, ne bat plus le pavillon de France, aujourd'hui qu'un long crêpe noir recouvre chez nous les armes de la cité conquise par l'invasion ennemie? Oh! oui, je le dirai encore, car, si les remparts ne retentissent plus des pas de la sentinelle française, les cœurs y battent toujours à l'unisson des nôtres, et si, interrogeant le plus petit enfant qui passe, vous demandez à Metz le mot de l'avenir, l'enfant n'hésite pas, il vous répond : France !

C'est au profit de Metz que les instances de M. Chalandon décidèrent l'abbé Lacordaire à remonter dans une chaire française.

Le terrain s'y affermit sous ses pieds avec une promptitude et une solidité sans pareille. Il y arriva, d'un seul coup, à un point d'émancipation, de propriété de lui-même, d'action sur les autres, tel qu'il n'avait point osé l'espérer avant dix ans [2]. Jamais sa voix n'avait été plus forte ni plus sonore [3]. Ce fut un long triomphe, qui dura quatre mois.

Mais il était dans la destinée de l'abbé Lacordaire d'être

[1] DE FALLOUX (art. dans l'*Univers*, 17 janvier 1838).
[2] Lettre de Lacordaire à madame Swetchine, 5 janvier 1838.
[3] *Ibid.*, 29 janvier 1838.

partout posé comme une lumière, et aussi comme un signe de contradiction [1].

Malgré l'enthousiasme de son grand vicaire, l'évêque, vieillard de quatre-vingt-deux ans, goûtait peu cet enseignement insolite, et il prêtait facilement l'oreille aux détractions du vieux clergé messin, se plaignant que l'orateur était « constamment à côté du dogme » [2].

Aux attaques du clergé vinrent bientôt se joindre celles des protestants et des républicains.

« Ceux-ci », raconte plaisamment Lacordaire, « ceux-ci,
« qui étaient d'abord très-bien disposés, ont été blessés de
« quelques passages de ma *Lettre sur le Saint-Siége*, et
« ils ont publié contre moi un énorme article en dix co-
« lonnes [3]. »

Il faut d'ailleurs reconnaître que les républicains avaient quelque motif d'écrire leurs dix colonnes, quand ils eurent lu, dans la lettre de Lacordaire, des paroles comme celles-ci : « On pourrait dire qu'il n'existe en France que des partis
« monarchiques, si l'on ne découvrait, à fond de cale de
« la société, je ne sais quelle faction qui se croit républi-
« caine et dont on n'a le courage de dire du mal que parce
« qu'elle a des chances de vous couper la tête dans l'inter-
« valle de deux monarchies [4]. »

Puis, Lacordaire avait écrit autrefois, et le souvenir en était encore vivant : « Je crois que, durant ma vie et bien
« au delà, la république ne pourra s'établir, ni en France,

---

[1] *Évangile selon saint Luc*, II, 32 et 34.
[2] Lettre de Lacordaire à Montalembert, 25 juillet 1838.
[3] Lettre de Lacordaire à madame Swetchine, 29 janvier 1838.
[4] LACORDAIRE, *Lettre sur le Saint-Siége*, loc. cit., p. 34.

« ni en aucun autre lieu de l'Europe, et je ne pourrais
« prendre part à un système qui aurait pour base la per-
« suasion contraire [1]. »

Racontant les attaques dont il fut l'objet de leur part,
Lacordaire continue d'un ton moitié sérieux, moitié
badin :

« Ils sont toutefois forcés de reconnaître que ma parole
« est libérale, ce qui les embarrasse beaucoup pour l'ac-
« corder avec mon écrit. Ils partent de là pour faire des
« suppositions inimaginables et les plus divertissantes du
« monde. Me voilà donc brouillé avec les républicains, jus-
« tement par le même écrit que les légitimistes n'ont pas
« voulu annoncer dans leurs journaux [2], et je parierais cent
« contre un que le ministère et le juste milieu ne sont pas
« contents de leur côté; de sorte, conclut-il, que j'ai
« le bonheur incomparable de n'avoir pour moi aucun
« parti [3]. »

La réflexion a un faux air bonhomme. C'est là *un bonheur* qui échoit souvent à ceux qui, se désintéressant des
choses de ce bas monde pour s'attacher exclusivement à
leur ministère sacré, arrivent à mécontenter successivement tous les partis et à n'en avoir aucun pour eux. Mais,

---

[1] Lettre de Lacordaire à Lamennais, 11 décembre 1832.

[2] A peu de temps de là cependant, la *Quotidienne* publiait, de la
Lettre sur le Saint-Siége, un éloge enthousiaste et très-bien raisonné.
L'article était signé « le vicomte François de la Bouillerie », le même
qui, plus tard, entré dans les saints ordres et devenu évêque, devait
porter, le premier encore, la parole de la louange sur la tombe de
son éloquent ami, en prononçant un magnifique éloge funèbre, à Sorèze,
devant le cercueil de Lacordaire.

[3] Lettre de Lacordaire à madame Swetchine, 29 janvier 1838.

— Lacordaire l'a dit, — c'est là *un bonheur incomparable,* bien que ce soit une faute selon les vues de l'habileté humaine.

VII

C'était, d'ailleurs, un bien beau moment dans le réveil des forces vives de l'Église. De toute part, le terrain était remué, et, de toute part aussi, l' « homme ennemi » venait mêler l'ivraie à la bonne semence.

Deux grands esprits se distinguaient dans le mouvement général, tous deux amis de Lacordaire.

Le premier, l'abbé Bautain, à Strasbourg, avait ravivé la philosophie chrétienne. Malheureusement, il s'engagea dans un débat stérile, où l'excès de son zèle contre les doctrines rationalistes l'amenait à recevoir un désaveu public de son évêque[1]. Lacordaire vint de Metz à son secours, il concilia non sans peine le différend et rendit à l'Église « un homme sincère, dévoué, honnête, poursuivi par l'envie[2] ».

Il disait : « Celui qui fait bon marché de la pensée d'un « homme, d'un homme sincère, d'un homme qui a fait à « Dieu des sacrifices visibles, celui-là est un pharisien, la « seule race d'hommes qui ait été maudite par Jésus- « Christ. » Et, comme on lui opposait la nécessité de

[1] Lettre de Lacordaire à M. Foisset, 21 février 1835.
[2] Foisset, *Vie du R. P. Lacordaire,* t. 1, p. 427.

veiller à l'orthodoxie, il répondait : « Personne plus que
« moi n'estime à son prix la pureté de la doctrine, et
« j'ose dire que j'en deviens chaque jour plus jaloux pour
« moi-même. Mais la charité dans l'appréciation des
« doctrines est le contre-poids absolument nécessaire à
« l'inflexibilité théologique. Le mouvement d'un vrai chré-
« tien est de chercher, dans une doctrine, la vérité et non
« l'erreur, et de faire tous ses efforts pour l'y trouver,
« tous ses efforts jusqu'au sang, comme on cueille une rose
« à travers les épines. » Et, après cette admirable vue
sur l'esprit évangélique, il ajoutait cette idée spirituellement sage : « Y a-t-il un Père de l'Église qui n'ait des
« opinions et même des erreurs? Jetterons-nous leurs écrits
« par la fenêtre, pour que l'Océan soit plus pur? Si on lais-
« sait faire les chimistes, l'Océan serait vide avant cent ans.
« — Oh ! que l'homme qui combat pour Dieu est un être sa-
« cré, et que, jusqu'au jour d'une condamnation manifeste,
« il faut porter sa pensée dans des entrailles amies[1] ! »

[1] Lettre de Lacordaire à madame Swetchine, 9 janvier 1840. La
comtesse Edling ayant cru pouvoir tirer de cette lettre une conséquence
fatale à l'unité catholique, Lacordaire compléta sa pensée, en lui écrivant : « Quand j'ai dit qu'il fallait chercher la vérité et non l'erreur
dans la pensée des hommes, je l'ai dit en ce sens qu'un homme étant
catholique de fait et de vouloir, il l'est dans ses écrits, jusqu'à la
preuve évidente du contraire. Mais je n'ai pas voulu insinuer par là
que la charité est au-dessus de la vérité, ou, en d'autres termes, qu'il
faille sacrifier l'unité à l'union ; car l'unité est la seule source de toute
union durable, et quiconque la détruit, fût-ce par un baiser, détruit
la racine de l'union... Sacrifier l'unité à l'union, c'est briser l'Apollon
du Belvédère pour que chaque morceau ait le plaisir d'être à part,
tout en continuant idéalement de faire partie de la statue. » (LACOR-
DAIRE, *Lettre à la comtesse Edling*, 9 janvier 1840.)

L'autre prêtre également ami de Lacordaire, et dont la vive action a laissé des traces profondes dans l'œuvre de la régénération religieuse en France, devait avoir, avant de mourir, la consolation d'asseoir son œuvre propre. Nous le vîmes alors à Marseille. Il venait de détacher, pour le transplanter chez nous, un rameau de l'arbre qu'il avait fait reverdir : la bouture y est vite devenue un plant vigoureux.

Quatre années avant l'époque où nous sommes, le 11 juillet 1833 [1], dans l'antique prieuré de Solesmes, ce prêtre, à peine âgé de vingt-huit ans, revêtait l'habit de ces mêmes moines qui ont fait la civilisation euporéenne et conquis sur notre sol un renom immortel à l'érudition bénédictine. Plus tard, à Rome, le 14 juillet 1837, Lacordaire applaudissait à la bénédiction solennelle donnée par le chef de l'Église au restaurateur de l'Ordre de Saint-Benoît : le prieuré était devenu une abbaye ; le jeune prêtre, institué abbé de Solesmes, prenait définitivement le nom désormais célèbre et révéré de Dom Guéranger.

Homme d'Église par-dessus tout, Dom Guéranger a exercé sur la liturgie, sur la piété catholique, sur la direction de la théologie et des études sacrées, une influence dont nous recueillons les fruits. Il aura la gloire d'avoir largement contribué à décider de l'avenir de son éloquent ami.

A toutes les contradictions qui, à Metz, avaient ravivé dans son âme le souvenir des hostilités dirigées contre ses

---

[1] Goschler, *Dictionnaire encyclopédique de la théologie catholique*, t. X, p. 163.

conférences de Paris, Lacordaire eut la sagesse de ne rien répondre. Quand il vit à Strasbourg les mêmes sentiments produire les mêmes déchirements, sa tristesse fut profonde, il se tut encore, mais il éprouva le besoin de reposer son cœur sous un toit ami. Solesmes lui offrit cet asile[1].

Il aimait les moines d'instinct. « C'est un spectacle tou-
« jours attendrissant que celui de la vie religieuse, écri-
« vait-il à madame Swetchine, cette grande maison com-
« mune, ce silence, les vieillards qui ont un air grave, si
« vénérable, si admirablement transformé par une longue
« vie intérieure, les novices qui présentent sur leurs fronts
« tout le charme de la jeunesse, embellie par le sacrifice
« qu'ils en font à Dieu, le repas dont les mets simples sont
« assaisonnés par la lecture de quelque livre édifiant[2]. »

Puis, à Solesmes, il avait la conversation de Dom Guéranger.

Le savant abbé écoutait volontiers son jeune ami. Il souriait à ses vues, l'encourageait, quand, épanchant sa grande âme de voyant d'Israël, le prophète nouveau lui disait :

— Tout se prépare aux quatre coins du monde; Dieu a ses élus et ses trompettes qui attendent.

Il l'encourageait, quand les difficultés de l'entreprise inspiraient au grand homme cette réflexion alarmée :

— Il n'y a pas assez d'*humus* dans les ruines, à la première génération, pour qu'il y croisse de grands arbres[3].

---

[1] Lettre de Lacordaire à la comtesse Eudoxie de la Tour-du-Pin, 18 novembre 1837.

[2] Lettre de Lacordaire à madame Swetchine, 8 septembre 1836.

[3] *Ibid.*, 25 juillet 1836.

— Nous ne sommes plus de la première génération, répondait l'abbé de Solesmes; elle s'est couchée comme un soleil dans les nuages, à nous l'avenir !

Et, un jour qu'il lui avait répété ces choses, Dom Guéranger arrêta un long regard sur son hôte, ému par la grâce divine et mûri par le calme de la vie monastique. Puis, de sa belle voix grave et profonde, avec cet air solennel qui faisait revivre la vision du patriarche saint Benoît, le restaurateur de la famille bénédictine dit au jeune orateur de Notre-Dame :

— Rétablissez, vous aussi, une famille de moines, — Dieu vous a fait prêcheur, comme il fit au treizième siècle d'un autre grand homme. La tourmente a dispersé les fils de cet homme, et il n'en reste plus rien sur notre sol. A vous, mon ami, à vous de faire renaître l'ordre des Prêcheurs, de rendre un père en France à la famille de saint Dominique [1].

---

[1] C'est à Solesmes que Lacordaire arrêta définitivement sa résolution. Il y vint faire une retraite, sous la direction de l'abbé, au mois de juin 1838, dans l'intention de faire décider, d'une façon définitive, la question de sa vocation à la vie dominicaine. Cette retraite dura huit ou dix jours, et la conclusion fut qu'il devait entrer dans l'Ordre des Frères Prêcheurs. (FOISSET, *Vie du P. Lacordaire*, t. I, p. 452.)

VIII

DOMINICAIN

— Peut-être est-ce vous qui accomplirez mon songe.

— Quel songe, Monseigneur?

— Quoi, vous ne connaissez pas mon songe?

— Non, Monseigneur.

— Eh bien! je vais vous le raconter, asseyez-vous.

« Et alors », dit Lacordaire, narrant dans ses *Mémoires* l'accueil que fit M. de Quélen à sa première ouverture du projet de rétablir en France l'ordre des Frères Prêcheurs,

« et alors, d'une manière charmante, comme un homme
tout à coup changé, il me fit le récit qu'on va lire :

« — J'avais été nommé coadjuteur de Paris, avec le titre
d'archevêque de Trajanople. Au mois d'août 1820, M. le
cardinal de Périgord voulut donner dans son palais une retraite particulière aux seuls curés de Paris, et, à cette occasion, je vins prendre un appartement à l'Archevêché.
Dans la nuit du 3 au 4 août, veille de la fête de saint Dominique, comme l'horloge de Notre-Dame sonnait deux
heures du matin, du moins il me le parut, je me crus transporté dans les jardins du palais en face du petit bras de la
Seine qui coule entre les bâtiments de l'Hôtel-Dieu ; j'étais
assis dans un fauteuil. Au bout de quelques moments, je vis
une grande multitude qui s'amassait sur les bords du fleuve
et qui regardait vers le ciel. Le ciel était pur et sans nuage,
mais le soleil y paraissait couvert d'un voile noir, d'où
ses rayons s'échappaient comme du sang ; sa course était
rapide, et il semblait se précipiter vers l'extrémité de l'horizon. Bientôt il disparut, et tout le peuple s'enfuit, s'écriant :
« Oh ! quel malheur ! » Resté seul, je vis les eaux de la
Seine s'enfler par un reflux qui venait du côté de la mer et
monter à gros bouillons dans l'étroit canal qu'elles remplis-
saient. Des monstres marins arrivaient avec des flots, s'arrêtaient en face de Notre-Dame et de l'Archevêché, et faisaient effort pour se précipiter du fleuve sur le quai. Alors
une seconde vision arriva, je fus transporté dans un couvent
de religieuses vêtues de noir où je demeurai très-longtemps.
Cet exil fini, je me retrouvai au même lieu où mon songe
avait commencé Mais le palais archiépiscopal avait disparu,
et à sa place s'étendait sous mes yeux une pelouse fleurie.

Les eaux de la Seine avaient repris leur cours naturel; le soleil brillait de son éclat accoutumé; l'air était frais et comme parfumé des baumes du printemps, de l'été et de l'automne mêlés ensemble; c'était dans toute la nature quelque chose que je n'avais jamais senti. Pendant que j'en jouissais avec une sorte d'ivresse, j'aperçus à ma droite dix hommes vêtus de blanc; ces dix hommes plongeaient leurs mains dans la Seine, en retiraient les monstres marins que j'y avais vus et les déposaient sur le gazon transformés en agneaux. — Vous le voyez, ajouta M. de Quélen, tout ce songe de 1820 s'est fidèlement accompli. La Monarchie, représentée par le soleil couvert d'un voile noir, est tombée précisément au milieu de la confiance et de la joie causées par la prise d'Alger; le peuple s'est jeté sur Notre-Dame et sur mon palais. Le palais a été détruit, et une pelouse semée d'arbres en recouvre l'emplacement; j'ai long-temps habité[1] et j'habite encore ici où je vous parle[2] dans une maison de religieuses vêtues de noir; que reste-t-il pour que mon songe ait tout son accomplissement, sinon de voir à Paris ces hommes vêtus de blanc et occupés à en convertir le peuple? Or, c'est peut-être vous qui les y amènerez[3]. »

Il ne restait plus que cela en effet Le terme de sa carrière épiscopale lui avait été indiqué par l'apparition de ces

---

[1] Les Religieuses de Saint-Michel, rue Saint-Jacques, chez qui demeura M. de Quélen après le sac de l'Archevêché.

[2] A ce moment, l'archevêque habitait au pensionnat des Dames du Sacré-Cœur.

[3] LACORDAIRE, *Notice sur le rétablissement en France de l'Ordre des Frères Prêcheurs,* chap. v, pp. 99-102.

religieux, qui devaient bientôt, en la personne du restaurateur de l'ordre des Frères Prêcheurs et du haut de la chaire
de Notre-Dame, évangéliser son peuple. Mais quand ces
choses auront lieu, M. de Quélen mourra : il ne restera
plus rien à accomplir du songe de 1820

I

Sur le soir du douzième siècle, dans une vallée de la
vieille Castille, naissait un enfant prédestiné. L'heure était
triste : tous ceux qui aimaient l'Église conjuraient le Christ
de regarder enfin ses mains et ses pieds percés pour elle,
sachant bien que de ce regard d'amour sortirait une fois
encore le salut du monde. Le Christ avait entendu ces voix
suppliantes : un petit enfant naissait pour exécuter cette
œuvre de régénération. Un signe célèbre précéda sa naissance. La mère de cet enfant vit en songe le fruit de ses
entrailles sous la forme d'un chien qui tenait dans sa gueule
un flambeau, et qui s'échappait de son sein pour embraser
toute la terre. De cet enfant naîtra une famille qui prendra
pour armes la vision de la Castillane; elle fera entendre
des aboiements sonores contre les envahisseurs du bercail
ravagé, elle portera le feu sur la face du monde, et elle bril-
lera comme un flambeau posé sur le chandelier dans les
ténèbres. — Ce n'est pas tout. A l'église, tandis qu'on le
baptisait, l'enfant de Castille laissa voir sur son front une

étoile radieuse, et toujours, disent ses historiens, quelque splendeur jaillit depuis de son beau visage [1].

Quand il eut grandi, le jeune prédestiné devint prêtre. Or, son âme restait triste, parce que, de plus en plus, les peuples, insoucieux et indolents, s'asseyaient à l'ombre des ténèbres du mal et s'enfonçaient dans la nuit de l'oubli. Et cependant, une voix était en lui, qui lui criait d'aller et lui reprochait l'inaction : c'était la voix de son sacerdoce. La même chose était arrivée, douze siècles auparavant, à un autre prêtre de Jésus-Christ. Celui-là s'appelait Saul, et, depuis que l'Église naissante le comptait parmi les siens, on le nommait Paul.

Or, un jour, saint Paul, étant sur les ruines de Troie, vit en songe un Macédonien qui se tenait debout, et qui le priait : « Passe, disait-il, passe et viens à nous [2] ! » Ce Macédonien, c'était l'humanité tout entière, suppliante de Dieu, lui demandant la vérité ; et saint Paul, c'est le prêtre, c'est l'apôtre, qui a reçu les prémices de l'esprit de vie et d'amour ; saint Paul, c'était, à cette heure, le noble enfant de la Castille, comme, à cinq siècles de là, ce sera Lacordaire.

Mais, à ce moment, saint Paul s'appelait Dominique de Guzman. Comme l'apôtre, Dominique vit, caché sur les ruines de Troie, cette image de la désolation du monde, le Macédonien qui se dressait devant lui. Il prie debout ce Macédonien, car il est pressé : « Passe, disait-il, passe et viens à nous. » Passe par delà les frontières de ton

---

[1] Cf. LACORDAIRE, *Vie de saint Dominique*, pp 25 et 26.
[2] *Actes des Apôtres*, XVI, 9.

pays, gravis les sentiers escarpés de tes Pyrénées natales. Oh! qu'ils seront beaux, tes pieds sur la montagne, empourprés de sang aux ronces du chemin, lassés et meurtris aux pierres de la route pénible! Viens à nous, passe, Quand tu seras sur le versant pyrénéen qui regarde la France, tu verras comme l'hérésie immonde a souillé le vieux sol de Clovis et de Charlemagne. Tu entendras le bruit des batailles livrées par l'erreur à la vérité, et tu nous prendras certainement en pitié. Viens, passe, un grand peuple t'attend, des assemblées immenses entoureront ta parole, et encore, si vastes et si profondes qu'elles soient, ce ne sera pas tout ton auditoire. Ton auditoire! c'est l'humanité. Ta parole rejaillira sur nous, « comme ces cailloux lancés sur la surface des mers, qui de bonds en bonds, et portés par les flots, vont atteindre au loin leur but [1] ».

Dominique obéit à l'appel du Macédonien. On le vit descendre le versant des Pyrénées, l'étoile au front, et courir, comme le chien rapide, un flambeau aux lèvres, dans nos vallées méridionales que désolait l'erreur des Albigeois. Savant comme un docteur, dévoué comme un missionnaire, cet homme étonnant réunit dans une même pensée l'apostolat et la science. Puis, se sentant trop seul pour cette œuvre inouïe jusqu'alors, il réunit des frères et confia à un ordre nouveau cette double mission. Ce fut l'ordre des Frères Prêcheurs.

L'ordre était né en France, dans notre Midi, qui l'aima

---

[1] LACORDAIRE, *Conférences de Notre-Dame.* (Œuvres complètes, t. III, p. 98.)

toujours de prédilection et qui l'aime encore. Mais la grande tourmente de 93 l'avait balayé comme tant d'autres : il ne restait plus rien que des ruines, attestant par leur grandeur que ces hommes furent longtemps parmi nous puissants en œuvres et en paroles. Tout à coup, l'esprit de saint Dominique agita le cœur du jeune prêtre, que nous avons suivi jusqu'ici dans des œuvres où sa grande âme cherchait à se répandre, sans pouvoir jamais s'ouvrir aussi large et aussi vaste que le torrent qu'il sentait en lui. Il lui sembla que le grand patriarche de la famille dominicaine lui demandait, au nom du Christ, de faire un pas de plus dans la voix du sacrifice. Là seulement, disait la voix, « il trouverait le terme de ses expériences, le fruit de ses épreuves et la plénitude de sa vie [1] ».

Que d'obstacles à cette entreprise !

Son amour de l'indépendance, jusque-là « sa couche et son guide » ; un défaut de ressources presque absolu, maintenant qu'il avait « mangé à Rome les derniers restes d'un faible patrimoine [2] » ; les lois hostiles de la Révolution ; les barrières morales, élevées par l'opinion publique en France.

De toutes les institutions de l'Église, la moins bien vue, à coup sûr, à cette époque, c'était l'institution monastique. Les congrégations religieuses avaient péri sous le poids des accusations et des railleries de tout un siècle ; elles demeuraient frappées d'une prohibition légale absolue [3].

---

[1] RR. PP. C. et M., *Notice sur le Père Lacordaire*, p. xxxiii.
[2] LACORDAIRE, *Notice sur le rétablissement*, etc., p. 91.
[3] A. DE BROGLIE, *Discours de réception à l'Académie française*.

Comment, lui, l'orateur populaire, si violemment épris d'un siècle dont il « avait tout aimé [1] », entreprendrait-il de relever un des souvenirs les plus effacés, les moins bien compris, disons-le, les plus impopulaires du passé? A ce siècle libéral, venir jeter ce fier défi! Ces fils de Voltaire, les braver en costume d'inquisiteur! Ces légistes et ces proconsuls, qui avaient dépouillé et chassé les religieux, se présenter à eux comme l'héritier et le rénovateur des œuvres du moyen âge, et dans le moyen âge de l'œuvre monastique la plus militante, celle de saint Dominique [2]!

C'était hardi, cela, et n'était le Macédonien, qui criait toujours, debout et pressé : « Passe, et viens à nous! » son âme resterait « tombée sous lui, comme un cavalier sous son cheval [3] ».

— Ma carrière est faite, se disait-il, mon action assurée : pourquoi recommencer sur nouveaux frais? J'étais heureux, content, sans soucis, et je vais me jeter sur les épaules, non pas tant une vie dure, une robe de laine [4], que ce fardeau pesant d'une famille à élever et à nourrir. Moi, sans besoin, j'allais me trouver des enfants qui me demanderaient du pain. L'égoïsme me disait : Reste; Jésus-Christ

[1] LACORDAIRE, *Notice*, etc., p. 19.
[2] H. DE RIANCEY, *le R. P. Lacordaire*, p. 13.
[3] LACORDAIRE, *Notice*, etc., p. 91.
[4] « Le voyant couvert de pied en cap d'une laine épaisse adhérente à sa peau, je ne pus m'empêcher de lui demander comment lui, qui ne pouvait supporter naguère que la toile et la filoselle, était allé si loin choisir un Ordre dont le costume seul suffirait pour agacer un honnête homme du matin au soir et du soir au matin. — Est-ce que tu crois par hasard, me répondit le Père, qu'on entre en religion pour y avoir ses aises? » (RÉGNIER, *Souvenirs et lettres d'ami*, p. 160.)

me disait : Lorsque la gloire et la tranquillité me furent proposées, j'ai choisi la vie et la mort de la croix [1].

Sollicité par une grâce plus forte que lui, il prit enfin son cœur entre ses mains, et le jeta découragé, meurtri, sanglant, aux pieds de Celui qui l'appelait. Quel jour ce fut, et quelle épreuve!

« Il faisait froid, le vent avait tourné au nord, et nous n'avions qu'un habit d'été dans une chambre sans feu : nous ne connaissions plus personne : tout le prestige, tout le bruit s'était évanoui ; l'amitié nous suivait de loin sans nous presser plus : nous étions seuls avec Dieu, en présence d'une vie dont la pratique nous était encore inconnue. Le soir, nous allâmes à matines, puis au réfectoire, et enfin nous coucher. Le lendemain, le froid était plus vif encore, et nous ne comprenions qu'à demi la suite de nos exercices. J'eus un moment de faiblesse ; je tournai les yeux vers tout ce que j'avais quitté : cette vie faite, ces avantages certains, des amis tendrement aimés, des journées pleines de conversations utiles, les foyers chauds, les mille joies d'une vie comblée par Dieu de tant de bonheur extérieur et intérieur ! C'était payer cher l'orgueil d'une forte action que de perdre tout cela pour toujours. Je m'humiliai devant Dieu et lui demandai la force dont j'avais besoin. Dès la fin de la première journée, je sentis qu'il m'avait exaucé, et depuis, toujours, les consolations ont été croissant dans mon âme, avec la douceur d'une mer qui caresse ses grèves en les couvrant [2]. »

[1] Lacordaire à madame Swetchine, 15 avril 1839.
[2] *Ibid.*

Le couvent où il commençait ainsi son noviciat de vie religieuse porte un nom qui lui rappelait un autre noviciat. Mais celui-ci ne lui avait point donné les consolations croissantes qui caressaient maintenant son âme. A la Chesnaie, il avait vécu, triste et agité, au milieu des chênes ; à la *Quercia* [1], il pouvait se réconforter, en songeant que les « moines et les chênes sont immortels [2] », et calmer son impatience, en se répétant que « les moines, comme les chênes, croissent lentement et fortement [3] ».

II

Son premier disciple de France fut Réquédat. « Il eut, entre tous les autres, la gloire d'être mon premier compagnon, et la mort, en le frappant bientôt d'un arrêt précoce, a laissé dans ma mémoire une virginité que rien n'a ternie [4]. » Réquédat n'eut qu'une passion dans sa vie : la France, et ne connut qu'une ardeur, celle du patriotisme. Disciple de Buchez [5], il comprit un jour que le meilleur

---

[1] Lieu complanté de chênes.

[2] LACORDAIRE, *Mémoire pour le rétablissement en France de l'Ordre des Frères Prêcheurs.* (Œuvres complètes, t. IX, chap. I.)

[3] MONTALEMBERT, *les Moines d'Occident,* t. I, p. 5.

[4] LACORDAIRE, *Notice,* etc., p. 105.

[5] L'école de M. Buchez a été la plus chrétienne de toutes les écoles socialistes de notre siècle. Au lieu de prendre pour principe les droits de l'homme et d'enivrer le peuple d'une orgueilleuse indépendance, elle donnait pour base de sa doctrine le devoir, et ce de-

moyen de servir son pays, c'était d'en revenir aux fortes et viriles vertus qu'inspire celui qui aime les Francs. Ce jour-là, il entre à Saint-Etienne du Mont, et, voyant des femmes autour d'un confessionnal, il s'agenouille et attend son tour. Lorsqu'il fut venu, le prêtre, entendant ce jeune homme qui ne s'était pas confessé depuis sa première communion, s'accuser d'avoir voulu beaucoup de mal à tous les ennemis de la France, et répondre négativement à toutes ses autres questions, ne put croire à sa sincérité et refusa de l'absoudre. Ce ne fut qu'après plusieurs épreuves qu'il comprit l'étonnante candeur de cette âme d'élite [1]. Lacordaire l'accueillit comme un frère envoyé de Dieu. Le ciel avait décidé que cette âme candide, en récompense de son amour pour sa patrie terrestre, lui apporterait la première les prémices et la dîme des nouveaux Prêcheurs français [2].

Réquédat avait laissé un ami en France. Architecte de grand talent, il brisa son avenir pour courir auprès de son ami et mourir, comme lui, sur la terre d'Italie, second holocauste offert à Dieu par la jeune famille dominicaine [3].

Le troisième, Hernsheim, passionnément épris de la philosophie thomistique, vivra et mourra parmi les premiers fils de Lacordaire, s'estimant « une de ces pierres

voir, révélé par Notre-Seigneur Jésus-Christ, fils de Dieu, était la fraternité universelle. (CARTIER, *Vie du P. Besson*, p. 16.)

[1] CHOCARNE, *le R. P. Lacordaire*, t. I, p. 279.

[2] Réquédat mourut à Sainte-Sabine, le 2 septembre 1840. Lacordaire fut inconsolable de cette perte, et toutes ses lettres témoignent de la vivacité de sa douleur.

[3] Piel mourut au couvent de Bosco, le 19 décembre 1841.

obscures que la main de l'architecte cache dans les profondeurs de la terre, et qui, tout inconnue qu'elle est, a cependant sa part dans la solidité de l'édifice [1] ».

Les deux autres sont trop connus, pour que je dise rien en ce moment de leur vie [2]. Ce furent l'abbé Jandel, « un homme complet [3] », écrivait Lacordaire, et Hyacinthe Besson [4], « une âme incroyablement pure, bonne, simple, tout à fait la miniature d'Angelico de Fiesole. Je n'eus que la peine de me baisser pour cueillir cette belle fleur [5]. »

Les dominicains italiens étaient sous le charme. Quand il fallut voter, selon la coutume, sur l'admission des nouveaux frères, venus de France, ils décidèrent de leur faire, comme ils disaient, une acceptation *à la française,* et ils se mirent à battre des mains, au moment où les nouveaux venus entraient dans la salle de la délibération [6].

Puis, le ciel semblait applaudir, lui aussi, et traduire, sous une poétique image, le sourire du patriarche saint Dominique à sa jeune postérité.

[1] LACORDAIRE, *Rapport au chapitre provincial* (1854).
[2] Le R. P. Cormier a prononcé et publié sur le Révérendissime Frère Jandel, qui mourut maître général de l'Ordre, un fort bel éloge funèbre, auquel nous regrettons de ne pouvoir, faute d'espace, faire un large emprunt.
[3] Lettre de Lacordaire à madame Swetchine, 13 mai 1840.
[4] La *Vie du R. P. Besson* a été écrite *con amore* par M. Cartier. C'est un chant que ce livre, un des plus suaves de la littérature mystique à notre époque. La figure ascétique du Père Besson impressionnait autant et plus que sa parole. Un soldat français, que son éloignement empêchait d'entendre, disait à un de ses camarades : « Cet homme-là, c'est un crucifix qui parle. » (CARTIER, *Vie du P. Besson*, p. 156.)
[5] Lettre de Lacordaire à madame Swetchine, 13 mai 1840.
[6] Lettre de Réquédat à Piel, 7 avril 1839.

On montre, dans le jardin du couvent [1], entre des parvis de briques, un vieux tronc d'oranger, que la tradition rapporte y avoir été planté par saint Dominique lui-même. Pendant notre séjour, dit Lacordaire, il poussa du pied une jeune et forte tige qui donna bientôt des fleurs et des fruits. On remarqua ce phénomène comme une sorte de présage d'un rajeunissement de l'Ordre et de l'esprit du saint patriarche, et notre foi accueillit volontiers cet encouragement [2].

Un rayon d'espérance et de résurrection éclairait ce beau cloître et ces grands corridors si longtemps déserts, et le rameau prophétique, sorti au pied de l'oranger de saint Dominique, indiquait que le tronc épuisé par les siècles allait se renouveler et offrir ses fruits d'or aux générations futures [3].

Lacordaire jouissait avec délices de son doux noviciat, « ce morceau de pain que la bonté divine laisse au riche qui a tout perdu ».

Loin de l'effrayer, les obstacles le ragaillardissent : « J'ai toujours cru qu'il fallait semer au milieu de la tempête : on passe plus librement entre les nuages et la foudre [4]. » Il est comme le prince de Condé, dormant avant Rocroi. « Je suis d'un calme parfait », écrit-il à madame Swetchine. Sa santé résiste merveilleusement aux austérités du noviciat. « Je me porte comme un moine destiné à mettre le feu aux quatre coins de l'Europe. » Les lettres

---

[1] Sainte-Sabine, sur le mont Aventin, fondé par saint Dominique.
[2] LACORDAIRE, *Notice*, etc., p. 108.
[3] CARTIER, *Vie du P. Besson*, p. 73.
[4] Lettre de Lacordaire à madame Swetchine, 2 octobre 1841.

datées de cette époque respirent toutes cet entrain et cette gaieté. Madame Swetchine s'étant plainte un jour d'une expression qu'elle trouva un peu dure : « Vous autres femmes, lui répond-il, vous avez un art de dire qui est admirable, qui est fin, délicat, enveloppé, ouvert quand il le faut et à charmer tout l'univers. Il faut nous pardonner notre esprit grossier qui va tout droit, même quand il va de travers [1]. » Il continue sur ce ton badin : « J'ai un superbe diplôme en parchemin, signé du général des Frères Prêcheurs, qui m'appelle un homme *clarissime*. Et, après cela, vous me traitez comme un petit garçon qui ne sait pas ce qu'il fait et presque pas ce qu'il dit. Le beau-frère de mon frère aîné, l'abbé Eglée, pro-secrétaire de l'archevêché de Paris, est comme cela ; il m'aime de tout son cœur, et, chaque fois qu'il me voit, il ne peut s'empêcher de hausser les épaules, tant il me trouve bête [2]. » Bref, il se trouve si heureux dans son nouvel habit et dans son couvent, qu'il défie madame Swetchine : « Adieu, lui dit-il ; si vous n'aimez pas les dominicains, il faut que vous ayez le cœur d'un tigre [3]. »

Dieu lui envoie de charmants souvenirs de France. Montalembert s'annonce, Alfred de Falloux le vient surprendre ; un autre gentilhomme, non moins chrétien et non moins aimé, vient abriter ses renoncements généreux sous le regard de l'orateur de Notre-Dame et préparer à l'Église de France un de ses princes les plus écoutés. On

---

[1] Lettre de Lacordaire à madame Swetchine, 14 septembre 1838.
[2] *Ibid.*, 29 sept. 1838.
[3] *Ibid.*, 29 mai 1839.

le rencontra depuis bien des fois sur la route de Lacordaire ; et quand l'aigle aura replié dans la mort ses ailes hardies, c'est lui qui viendra glorifier, au nom de l'Église et au nom de la France, ces deux ailes du génie qu'il avait connu de si près et dont nul n'a décrit avec plus de compétence l'envergure sublime. Daignent ceux qui lisent ces lignes permettre à celui qui les écrit de saluer au passage ce nom qui m'est cher entre tous, parce que, au lendemain de mon sacerdoce, le maître vénéré qui le porta daigna abaisser sur son humble disciple un de ces regards qui élèvent, rapprochent, et consacrent une vie : François de la Bouillerie !... Lacordaire en parle toujours avec une tendre complaisance : « Mon manuscrit sera porté à Paris du 1er au 15 août par l'abbé de la Bouillerie, pour qui je sens de plus en plus de la tendresse, et qui m'en montre aussi beaucoup[1]. » A trois mois de là, il vient de recevoir une lettre fort consolante de son amie, « et, dit-il, pendant que je jouissais de ce bonheur, voilà que l'abbé de la Bouillerie est tombé dans mes bras avec une effusion, une amitié, un abandon que je lui rendais de toute mon âme[2] ».

Mais s'il charmait les Italiens par sa gaieté et son entrain, le pieux novice français les jetait dans l'admiration par son amour de la pénitence et sa soif de sacrifice. C'est notre éloquent compatriote, dont la Faculté d'Aix et le diocèse de Marseille pleurent encore la voix harmonieuse, l'abbé Bayle, qui, parlant du jeune dominicain à Rome, a raconté ce trait, où éclate la folie de la croix, cette folie qui,

<hr>

[1] Lettre de Lacordaire à madame Swetchine, 8 juillet 1840.
[2] *Ibid.*, 28 novembre 1840.

en scandalisant ceux du dehors, ravit ceux de la famille.

Le Père Lacordaire et le Père Besson se promenaient un jour dans la campagne romaine. Ils admiraient ensemble, l'un en poëte, l'autre en artiste, le paysage sévère où les arbres sont rares, mais où se dressent de tous côtés les débris grandioses d'un monde détruit. Arrivés dans le bois de la nymphe Égérie, non loin du tombeau de Cæcilia Metella, ils approchèrent d'un buisson qui élevait plus haut que les autres ses rameaux épineux.

— Voudriez-vous bien faire quelque chose pour le bon Dieu? demanda le Père Lacordaire à son compagnon de promenade.

— Bien volontiers, répondit simplement le Père Besson.

— Êtes-vous disposé à vous mortifier en ce moment?

— Oh! oui, mon Père : quelle pénitence voulez-vous que je fasse?

— Ne croyez-vous pas que les épines qui ont percé le front de notre divin Maître étaient plus poignantes que celles de ce buisson?

— Beaucoup plus, sans doute.

— Eh bien! puisque Notre-Seigneur a supporté les épines de sa couronne, nous pouvons bien supporter celles-ci. Venez, embrassons cet arbre, qui nous rappelle la Passion du Sauveur.

Ils se jetèrent sur le buisson jusqu'à se meurtrir les mains et les pieds [1].

---

[1] A. BAYLE, *Oraison funèbre du P. Lacordaire, prononcée dans l'église de Saint-Joseph de Marseille,* p. 14.

III

Paris cependant restait toujours son point de mire. S'il est venu faire sa campagne d'Italie, c'est pour rentrer en triomphateur dans son pays natal.

Tout à coup, dans le silence attentif de ce pays, inquiet et curieux de ce que va faire l'homme qui l'avait séduit par l'incomparable magie de son éloquence, une voix vint d'outre-mont, confiante, fière, ferme autant que hardie.

« Mon pays », criait la voix, « mon pays, pendant que vous poursuiviez avec joie et douleur la formation de la société moderne, un de vos enfants nouveaux, chrétien par la foi, prêtre par l'onction traditionnelle de l'Église catholique, vient réclamer de vous sa part dans les libertés que vous avez conquises et que lui-même a payées. » Puis elle ajoutait : « Vous pouvez, ô mon pays, trouver de meilleurs serviteurs que moi, mais non de plus dévoués [1]. »

On l'avait menacé des lois de sa patrie, il eut foi en elle. « Je m'adresse, disait-il, à une autorité qui est la reine du monde, qui, de temps immémorial, a proscrit des lois, en a fait d'autres, de qui les chartes elles-mêmes dépendent, et dont les arrêts, méconnus un jour, finissent toujours par s'exécuter. C'est à l'opinion publique que je demande

[1] Lacordaire, *Mémoire pour le rétablissement en France de l'Ordre des Frères Prêcheurs.* (Œuvres complètes, t. IX, p. 61.)

protection, et je la lui demande contre elle-même, s'il en est besoin, car il y a en elle des ressources infinies, et sa puissance n'est si grande que parce qu'elle sait changer sans se vendre jamais[1]. »

Il ajoutait : « Je crois faire acte de bon citoyen autant que de bon catholique, en rétablissant en France les Frères Prêcheurs. Si mon pays le souffre, il ne sera pas dix années peut-être avant d'avoir à s'en louer. S'il ne le veut pas, nous irons nous établir à ses frontières, et nous y attendrons patiemment le jour de Dieu et de la France. L'important est qu'il y ait des Frères Prêcheurs français, qu'un peu de ce sang généreux coule sous le vieil habit de saint Dominique. Quant au sol, il aura son tour ; la France arrivera tôt ou tard au rendez-vous prédestiné où la Providence l'attend[2]. »

Nous, Français, nous aimons les audacieux. Blessé au vif dans ses préjugés antimonastiques, le pays sourit à l'audace de ce moine français. On lut, on dévora, on célébra ce livre.

Plaidoyer court, substantiel et animé, le *Mémoire pour le rétablissement en France de l'ordre des Frères Prêcheurs* traitait la question générale du droit de la conscience à la vie évangélique sous les trois vœux de pauvreté, de chasteté et d'obéissance. Il retraçait en quelques chapitres une image vivante des lois et de l'histoire de l'ordre de Saint-Dominique. Quelques noms fameux et populaires, Bar-

---

[1] LACORDAIRE, *Mémoire pour le rétablissement en France de l'Ordre des Frères Prêcheurs*. (Œuvres complètes, t. IX, p. 205.)

[2] LACORDAIRE, *Mémoire*, etc., p. 207.

thélemy dé Las Casas, saint Thomas d'Aquin, Albert le
Grand, Fra Angelico de Fiesole, Savonarole, étaient rappelés, et l'on y consacrait un long chapitre à relever une
foule d'erreurs touchant l'origine et le vrai caractère de
l'Inquisition [1].

Surprise mais charmée, l'opinion publique laissa pres-
sentir qu'elle se laisserait volontiers faire violence.

Attentif à cet indice, le novice de la Quercia entreprit
une autre œuvre, où, sous une autre forme, il laissait
voir clairement que, s'il avait choisi l'Ordre des Prêcheurs
et la règle dominicaine, c'est parce que celle-ci et celui-là
lui avaient semblé le mieux se rapprocher des institutions
libérales de son pays et du besoin de tempérer le gouvernement d'en haut par les représentations d'en bas et les
suffrages électifs.

Je veux parler de la *Vie de saint Dominique.*

Après l'avoir lue en manuscrit, madame Swetchine
s'écria : « Ce livre n'est pas seulement un chef-d'œuvre,
c'est un miracle, parce qu'il est destiné à en faire [2]. »

Écrite sur les monuments primitifs du treizième siècle,
cette histoire rétablissait dans les esprits sincères la véritable physionomie du prétendu fondateur de l'Inquisition [3].
L'auteur ne s'y étudiait qu'à peindre son héros, qui est
aussi son père, et, sans le savoir, il y montrait ce que lui-
même aspirait à être désormais. Nul ne s'y méprit. Ce
livre fut une révolution, non-seulement dans l'hagiogra-

---

[1] LACORDAIRE, *Notice sur le rétablissement*, etc., pp. 103 et 104.
[2] Lettre de madame Swetchine à Lacordaire, 19 août 1840.
[3] LACORDAIRE, *Notice*, etc., p. 109.

phie, qui sortait enfin des fastidieuses et sèches vies de
saints dont les écoles jansénistes avaient secoué la sopori-
fique torpeur sur deux siècles de dévots ankylosés, mais
encore dans la littérature[1], dans la philosophie chrétienne, et jusque dans l'ordre politique et social.

Quand le bruit flatteur de ces triomphes d'auteur arriva au nouvel historien de saint Dominique, il en eut une
joie d'enfant, non point la vanité d'un puéril amour-propre,
— il avait l'âme trop grande pour se contenter de la gloire,

> Cette statue en deuil,
> Qu'on achète à grands frais pour parer un cercueil,

disait notre Paul Reynier[2], — mais parce que, derrière les
murmures approbateurs des lettrés, il entendait battre des
mains françaises, saluant l'espoir de son retour.

— L'heure est venue, dit-il, non pas de rentrer en
France, mais de lui donner un moment le spectacle de notre
résurrection[3].

L'hiver de 1841 approchait. A l'ouverture du Salon, les
visiteurs s'arrêtèrent devant une toile, où l'artiste, M. Chas-
sériaux, avait peint l'orateur de Notre-Dame sous le froc
monastique. Le peintre avait hésité avant d'envoyer le portrait au jury.

— Exposez, lui écrivit Lacordaire; c'est encore un moyen
de faire connaître mon habit[4].

---

[1] « Ce n'est pas seulement un talent hors ligne, s'écriait M. de
Chateaubriand, c'est un talent unique. C'est immense comme beauté ;
je ne sais pas un plus beau style. »

[2] P. REYNIER, *Ode à V. Hugo.*

[3] LACORDAIRE, *Notice*, etc., p. 109.

[4] G. MERLET (art. du journal *la France,* 25 juillet 1862).

Le public ne manifesta aucune hostilité.

L'ayant su, Lacordaire eut hâte de faire voir sa robe blanche et sa chape noire sur les routes de France et dans les rues de Paris. Çà et là, un peu de surprise, quelquefois un murmure; somme toute, moins d'hostilité que de sympathie.

A peine arrivé à Paris sous l'armure d'une antiquité oubliée, l'impopularité du froc céda devant la popularité de celui qui le portait si noblement. Au lieu de rugir devant « la sanglante réapparition d'un moine inquisiteur[1] », le peuple vint à lui, comme à une liberté, et le gouvernement ne manifesta aucune inquiétude.

Le garde des sceaux, ministre des cultes, M. Martin (du Nord), l'invita à un grand dîner de quarante couverts qu'il donnait à la chancellerie. Pendant le repas, M. Bourdeau, ancien ministre de la justice sous Charles X, se pencha vers son voisin et lui dit :

— Quel étrange retour des choses de ce monde! Si, quand j'étais garde des sceaux, j'avais invité un dominicain à ma table, le lendemain, la chancellerie eût été brûlée[2]!

L'archevêque de Paris assistait au dîner. Ce n'était plus M. de Quélen, c'était Mgr Affre. Le précédent archevêque était mort, et, s'il n'avait pas aimé davantage Lacordaire, c'est la faute de celui-ci, qui le confesse ingénument : « Si j'eusse voulu, nul favori ne m'eût contre-balancé dans son cœur, tant Dieu avait créé en lui de penchant pour moi; mais je ne l'avais pas voulu[3]. »

---

[1] LACORDAIRE, *Notice*, etc., p. 112.
[2] LACORDAIRE, *Notice*, etc., p. 113.
[3] Lettre de Lacordaire à madame Swetchine, 8 juillet 1840.

Mgr Affre était beaucoup plus le prélat des temps nouveaux. Droit et courageux, il avait toujours été favorable à l'éloquent calomnié. Celui-ci vint à l'archevêque :

— Il ne me suffit pas de dîner en froc à la chancellerie ; permettez que je reparaisse dans la chaire de Notre-Dame, avec mon vieil habit du moyen âge.

L'archevêque y consentit.

La partie engagée était belle. Malgré les décrets de prairial, malgré les échafauds de 93, malgré les ordonnances de 1828, malgré les Montlosier morts, malgré les Dupin et les Isambert vivants, la robe monastique allait reparaître dans la chaire, à Paris même, là où, dix ans auparavant, ce même moine n'avait pu faire tolérer sa soutane noire de prêtre [1]. Cette hardiesse chevaleresque échauffait et séduisait son cœur.

Mais laissons-le raconter lui-même, avec la grandeur d'une âme simple qui dédaigne de voiler, sous une feinte modestie, l'éclat de son triomphe.

« Je parus enfin à Notre-Dame avec ma tête rasée, ma tunique blanche et mon manteau noir. L'archevêque présidait ; le garde des sceaux avait voulu se rendre compte par lui-même d'une scène dont personne ne savait bien l'issue ; beaucoup d'autres notabilités [2] se cachaient dans l'assemblée, au milieu d'une foule qui débordait de la porte

---

[1] « Quand je le vis pour la première fois, il était vêtu en laïque, l'état de Paris ne permettant pas alors aux prêtres de porter leur costume. » MONTALEMBERT, *le P. Lacordaire* (*loc. cit.*, p. 400).

[2] Chateaubriand, Guizot, des ambassadeurs, des pairs, des députés. (*Univers*, 16 février 1841.)

au sanctuaire [1]. J'avais pris pour mon discours un sujet de nature à couvrir de la popularité des idées l'audace de mes pensées. J'y réussis [2]. »

Quel discours ! Relisez-le et comprenez quels frissons couraient le long de cette vaste assemblée, quand l'orateur le laissa tomber de ses lèvres puissantes sur le plus bel auditoire du monde. Il parlait de la *vocation de la nation française*. Pendant une heure, il avait raconté les gestes de Dieu accomplis par les Francs [3]; il s'arrêta :

« Je suis long peut-être, Messieurs, mais c'est votre
« faute, c'est votre histoire que je raconte ; vous me par-
« donnerez, si je vous ai fait boire jusqu'à la lie ce calice
« de gloire [4]. »

Et il reprit son sujet. Comme il avait dit les gloires, il dit les humiliantes chutes et les apostasies lamentables. Il raconta comment, au siècle dernier, la France avait trahi son histoire et sa mission.

« Jusque-là, s'écria-t-il, quand on attaquait la religion,
« on l'attaquait comme une chose sérieuse ; le dix-huitième
« siècle l'attaqua par le rire. Le rire passa des philosophes
« aux gens de cour, des académies dans le salon ; il attei-
« gnit les marches du trône ; on le vit sur les lèvres du

---

[1] « Lorsque Mgr l'archevêque de Paris est arrivé, il a trouvé assemblées à ses pieds dix ou douze mille personnes. » (*Univers*, 16 fév. 1841.)

[2] LACORDAIRE, *Notice*, etc., p. 112.

[2] « C'est lui, dit M. de Montalembert, qui a le premier, dans un
article de l'*Avenir*, exhumé ce titre de la chronique des *Gesta Dei
per Francos*, dont on use depuis lors à tort et à travers dans la littérature ecclésiastique. » (*Loc. cit.*, p. 480.)

[4] LACORDAIRE, *Discours sur la vocation de la nation française.*
(Œuvres complètes, t. IX, p. 225.)

« prêtre; il prit place au sanctuaire du foyer domestique,
« entre la mère et les enfants. Et de quoi donc, grand
« Dieu, de quoi riaient-ils tous? Ils riaient de Jésus-Christ
« et de l'Évangile! Et c'était la France [1]! »

L'orateur s'arrêta, et, interrogeant son auditoire :

« Que fera Dieu?... » demanda-t-il. « La France avait
« trahi son histoire et sa mission; Dieu pouvait la laisser
« périr, comme tant d'autres peuples, déchus, par leur
« faute, de leur prédestination. Il ne le voulut point; il
« résolut de la sauver par une expiation aussi magnifique
« que son crime avait été grand. La royauté était avilie :
« Dieu lui rendit sa majesté, il la releva sur l'échafaud.
« La noblesse était avilie : Dieu lui rendit sa dignité, il la releva
« dans l'exil. Le clergé était avili : Dieu lui rendit le respect
« et l'admiration des peuples, il le releva dans la spoliation,
« la misère et la mort. La fortune militaire de la France était
« avilie : Dieu lui rendit la gloire, il la releva sur les
« champs de bataille. La papauté avait été abaissée aux
« yeux des peuples : Dieu lui rendit sa divine auréole, il
« la releva par la France... [2]. »

L'éloquent Prêcheur continua à développer, comme une
galerie de tableaux saisissants, les résurrections et les espérances de la France chrétienne. Mais l'auditoire attendait
qu'il osât parler du véritable but de sa réapparition dans la
première chaire française. Comme autrefois Bossuet avait
piqué la curiosité des auditeurs de son Oraison funèbre
d'Henriette d'Angleterre, mais avec un bien autre péril que

[1] LACORDAIRE, *Discours,* etc., p. 226.
[2] *Ibid.,* p. 227.

d'introduire dans la pompe oratoire mention du don d'un anneau au lit de mort, Lacordaire parlera-t-il de son projet? On le connaissait trop pour en douter. Aussi, après une énumération hardie des relèvements opérés depuis que le Vicaire de Jésus-Christ avait rouvert Notre-Dame, il laissa tomber cette affirmation : « Et aujourd'hui même, devant « cette foule qui m'écoute et qui ne s'en étonne pas, appa- « raît, sans audace et sans crainte, le froc séculaire de saint « Dominique[1]. »

Puis, se tournant vers l'archevêque : « Monseigneur, « dit-il, la couronne de saint Denis est tombée sur votre « tête dans une heure à jamais mémorable, à l'heure où « plus que jamais s'opère la réconciliation entre l'Église et « la France; j'en ai pour garant cette foule qui se presse « autour de votre siége. Je ne puis oublier qu'à une autre « époque je fus soutenu dans cette chaire par vos conseils « et votre affection. L'occasion solennelle de vous en re- « mercier m'avait manqué jusqu'aujourd'hui, je la saisis « avec joie. Je me félicite de me retrouver sous les mêmes « auspices, au jour où je viens inaugurer l'ordre et l'habit « des Frères Prêcheurs en face de mon pays[2]. »

Et, s'étant incliné sous la bénédiction du prélat ému, le courageux orateur descendit de chaire.

La cause était gagnée au tribunal souverain de l'opinion.

On n'a pas oublié cette douloureuse plainte de Lacordaire, encore à la Chesnaie, racontant qu'à voir le Maître s'assombrir et s'irriter, il lui semblait voir Saül livré à l'esprit

[1] LACORDAIRE, *Discours*, etc., p. 231.
[2] *Ibid.*, p. 233.

mauvais, et regrettant de n'avoir pas, pour le calmer, la harpe de David.

Lacordaire oublie de tout dire, et, puisqu'il évoque le souvenir du jeune David devant le roi Saül, il faut compléter les données du récit sacré. Or, dit l'Écriture, tandis que l'esprit du Seigneur se retirait de Saül et que l'esprit mauvais se saisissait de lui, le Seigneur commanda à Saül d'oindre un nouveau roi et de le sacrer au milieu de ses frères. C'était David, « et l'esprit du Seigneur, dit le livre saint, descendit sur David depuis ce jour-là et à jamais[1] ».

Comme David avait remplacé Saül, Lacordaire remplaça Lamennais. A lui maintenant de conduire les bataillons sacrés à l'assaut, à lui de veiller sur les remparts d'Israël, car l'esprit du Seigneur est descendu sur ce jeune roi.

[1] Livre des Rois, liv. I, chap. XIX.

IX

PRÊCHEUR

Le Père Lacordaire, « ami passionné de son siècle, né au plus profond de ses entrailles », devait conserver, pour le convertir, toutes les idées généreuses qu'il en avait reçues et qui n'étaient point contraires à la foi chrétienne.

C'était le seul moyen de répondre à sa vocation, et d'utiliser les qualités brillantes et nouvelles qui lui avaient été données pour le salut de ses contemporains. Il dut ses succès et son influence à ces doctrines, que ses adversaires lui reprochent comme des erreurs; et, s'il n'eût pas parlé aussi sincèrement de la patrie et de la liberté, la religion compterait certainement en France bien des conquêtes de moins [1].

Il est facile, après un demi-siècle, de mesurer froidement les termes et de fixer les limites. Mais, de grâce, comprenez ce que méritent de sympathies et, s'il en était besoin, d'élogieuse indulgence, ces hommes, ardents ou jeunes, généreux ou forts, qui se mettaient les premiers en avant au jour de la bataille : pareils à ces belliqueux et aventureux tirailleurs qui se font tuer avant que le combat régulier soit engagé [2].

Si l'on mesure le terrain parcouru depuis 1830 et si l'on compare la position présente de l'Église à l'impopularité qui l'étouffait jusqu'alors, on comprend ce cri joyeux, arraché au cœur de l'homme qui fut, après Lamennais, le vrai chef du mouvement, quand il fait remarquer, en 1844, que c'est la première fois, depuis la Ligue, que l'Église de France n'est pas divisée par des querelles et des schismes. « Il n'y a pas quinze années encore, écrit-il, il « y avait des gallicans et des ultramontains, des cartésiens « et des menaisiens, des Jésuites et des gens qui ne « l'étaient pas, des royalistes et des libéraux, des coteries,

[1] CARTIER, *Vie du P. Besson*, p. 334.
[2] LORAIN, *le R. P. Lacordaire*, p. 34.

« des nuances, des rivalités, des misères sans fond ni
« rive ; aujourd'hui, tout le monde s'embrasse ; les évê-
« ques parlent de liberté et de droit commun, on accepte
« la presse, la charte, le temps présent. M. de Monta-
« lembert est serré dans les bras des Jésuites ; les Jésuites
« dînent chez les Dominicains ; il n'y a plus de cartésiens,
« de menaisiens, de gallicans, d'ultramontains ; tout est
« fondu et mêlé ensemble... Il y a un clergé de France,
« un clergé qui parle, qui écrit, qui se concerte, qui fait
« face aux puissances, un clergé sorti des vies passées,
« ne s'adressant plus au Roi, mais à la nation, à l'huma-
« nité, à l'avenir. Quatorze ans et une occasion ont suffi
« pour cela. *O altitudo!...* Je ne crois pas que l'histoire
« ecclésiastique présente nulle part une aussi surprenante
« péripétie [1]. »

Il n'oublie qu'une chose dans cette constatation du réveil
religieux et de l'admirable union qui s'est faite dans son
Église natale, c'est de marquer le nom du capitaine qui,
des sublimes hauteurs de son génie et de sa foi, commande
et dirige la mêlée.

L'ennemi ne peut s'empêcher d'admirer cet homme. Sur
d'augustes conseils [2], à l'exemple du Maître et au risque

---

[1] Lettre de Lacordaire à madame Swetchine, 16 juin 1844.

[2] « Mgr de Bordeaux, l'année dernière, Mgr Menjaud, cette année,
m'ont conseillé d'aller dans le monde, en acceptant les invitations
qu'on me ferait, et, une fois le pas franchi, on ne peut plus refuser personne..... Madame Swetchine m'a souvent dit que c'était un malheur
pour moi que mon goût de la solitude, parce qu'en me voyant on per-
drait beaucoup de préjugés que l'on a à mon égard, et, en effet, si
Nancy m'est aujourd'hui unanimement favorable, je le dois peut-être

d'être blâmé comme lui [1], il s'asseyait à la table des publicains et à celle des pécheurs. On lui objectait qu'il avait
des relations fort peu orthodoxes, il en convenait volontiers :
« J'imite, disait-il, nos anciens Pères, qui correspondaient
avec les païens de leur temps, et leur disaient des choses
agréables de bien bon cœur [2]. »

Tolérant dans le sens même du Christ, il avait, en outre,
trouvé le terrain commun pour les négociations : la ruine
du principat antichrétien fondé au quinzième siècle et con-
solidé au seizième. « Le plus grand pas est presque fait,
aujourd'hui que l'Église se sépare de ce prétendu ordre, et
reconnaît dans les libertés modernes les filles légitimes des
libertés du moyen âge et leur aïeul à toutes, le saint Évangile de Jésus-Christ [3]. » Comme son siècle, il haïssait l'absolutisme; il eut le rare bonheur de pouvoir mettre au service
de sa haine une intelligence et un cœur sans pareils, de se
présenter à l'ennemi avec une impitoyable aversion pour

non-seulement à mes apparitions en chaire, mais à mes apparitions
privées. Je dînais avant-hier avec tous les officiers de hussards en
garnison à Nancy ; le colonel a porté un toast en mon honneur.
N'est-ce rien que ce rapprochement? Dans une visite de quatre
jours à Metz, une quinzaine d'officiers, je veux dire d'élèves de
l'École d'application, m'ont donné une petite soirée; j'ai bu avec eux
et causé de religion. N'est-ce rien que cette familiarité? Il est certain
que beaucoup de gens me jugent mieux en me voyant dans le particulier : faut-il abandonner cet avantage? » (*Lettre de Lacordaire
à madame la comtesse de la Tour-du-Pin*, 28 février 1843.)

[1] Le Fils de l'homme est venu, mangeant et buvant, et ils disent :
C'est un homme insatiable, adonné au vin, ami des publicains et
des pécheurs. (*Évangile selon saint Matthieu*, xi, 19.)

[2] Lettre de Lacordaire à M. Lorain, novembre 1831.

[3] *Lettre de Lacordaire à madame Eudoxie de la Tour-du-Pin*,
21 août 1846.

« le double despotisme de la monarchie absolue et de l'anarchie de l'impiété », de prouver avec la dernière évidence
que « ces deux puissances sont unies d'un bout à l'autre du
monde pour faire la guerre à la vérité et au droit[1] ».

D'ailleurs, toujours soumis, dans les hardiesses de son
apostolat, aux décisions de l'autorité suprême, il fit valoir
au centuple les talents qui lui avaient été confiés, et le
maître le récompensa, en le chargeant de ressusciter parmi
nous l'ordre religieux le plus calomnié par l'histoire[2].

I

Un soir du carême 1843, se déchaînait sur Marseille
une de ces averses que notre ciel semble avoir emprun-
tées aux trombes du pôle, et qui transforment subitement
nos rues en lacs soumis aux caprices d'un torrent impétueux. Sous l'abri d'une porte cochère, un jeune homme,
fort coquettement vêtu d'un costume de voyageur, attendait que le torrent fût écoulé, pour courir au spectacle.
Mais la pluie ou plutôt la trombe continuait à faire rage,
et notre jeune élégant estima prudent de traverser la rue
à gué et de se réfugier dans une église voisine, où il atten-
drait la fin de l'orage pour s'en aller à ses plaisirs. La grâce

---

[1] *Lettre de Lacordaire à madame Eudoxie de la Tour-du-Pin,*
21 août 1846.
[2] CARTIER, *Vie du P. Besson,* p. 334.

de Dieu l'attendait là, et la Providence, qui veillait sur le berceau de la jeune famille rendue par Lacordaire à saint Dominique, allait lui donner son premier toit sur le sol français.

Dans l'église où notre voyageur s'était réfugié, devant un simple auditoire, un prêtre posait le problème tant cherché du bonheur. Il démontrait que la solution ne pouvait se trouver qu'en Dieu et dans la pratique religieuse. Le baron de Saint-Beaussant, — c'était le nom du jeune homme, — voulut en faire sur-le-champ l'essai, et, de retour à Nancy, sa patrie, ses anciens compagnons virent que l'esprit de Dieu avait chassé l'esprit du monde [1].

Lacordaire vint à Nancy. M. de Saint-Beaussant lui offrit une maison, l'acheta, la meubla, et, le 4 juin 1843, « pour la première fois, depuis cinquante ans, un dominicain français logea sous un toit qui appartenait à son ordre [2] ».

Du reste, l'enthousiaste accueil de Nancy se traduisait sous des formes très-nouvelles. Tous les rimailleurs de Lorraine se donnaient sur le compte de l'éloquent Prêcheur libre carrière et l'accablaient de leurs inspirations. Les dames, prises comme dans un seul coup de filet dès le premier discours, assiégeaient l'évêché où logea d'abord l'orateur, s'ingéniant à corrompre des cerbères, dont la consigne était difficile à attendrir. Les sténographes recom-

---

LACORDAIRE, *Oraison funèbre du F. de Saint-Beaussant.* (*Année dominicaine*, t. II, p. 159.)

[2] LACORDAIRE, *Rapport au chapitre provincial*, 15 septembre 1834.

mençaient à inspirer à Lacordaire cette belle horreur, dont il ne s'est jamais départi, pour leurs infidèles fidélités [1]. Mais on n'eût peut-être pas imaginé ailleurs qu'à Nancy de revêtir l'enthousiasme d'une forme comme celle que je vais raconter.

Quelqu'un remarqua que la couronne monastique du Père paraissait très-fournie, et que, sur le reste de la tête rasée, les cheveux apparaissaient assez pour permettre à ses admirateurs d'en arriver à savoir combien il y en avait. L'idée est quelque peu originale, et il y a lieu de s'étonner que, ne fût-ce que pour la curiosité du fait, aucun biographe ne l'eût mentionnée, avant la publication des souvenirs d'un Nancéien [2].

Un beau matin, pendant son séjour à l'évêché de Nancy, on lui annonce la visite d'un pauvre aveugle, né calculateur, sans étude et sans écriture; additionnant sans travail, multipliant, divisant par la seule puissance de sa mémoire et de sa prodigieuse conception mathématique, en nombres entiers ou fractionnaires, la masse de chiffres la plus épouvantable que voulût bien lui proposer le premier venu.

[1] « Qu'est-ce donc que vous avez à crier contre l'*Univers* et les sténographes qui ne feraient pas leur devoir? C'est déja bien assez, je l'espère, que, quand j'étais à Paris, je sois devenue la proie de la sténographie. Sachez, Madame, que je déteste le sténographe à l'égal de tout ce qu'il y a de pis, et je ne vous pardonnerais jamais d'être cause pour la millième partie que je fusse sténographié. » (*Lettre de Lacordaire à madame Swetchine*, 5 décembre 1841.)

[2] *Lacordaire, Souvenirs et lettres d'ami*, par Mgr J. RÉGNIER, chap. XXIX, p. 153. Cette brochure, très-curieuse, parue en 1880, renferme, sous une forme divertissante, quelques anecdotes inédites sur les diverses phases de la vie du P. Lacordaire.

Le pauvre sphinx, exhibé, promené, administré par de plus malins que lui, s'en venait offrir au Père Lacordaire de lui résoudre ce problème.

— Compter mes cheveux? dit le Père. Mais, d'abord, si par impossible vous vous trompiez, personne n'en saurait rien; ensuite et surtout, j'y tiens d'autant moins qu'ils sont tous comptés [1].

— Par qui, s'il vous plaît? demanda le sphinx, étonné d'une telle concurrence.

— Par quelqu'un de plus fort que vous, sans rien ôter à votre mérite.

— Impossible; je suis le seul en Europe!

— Celui-là est le seul dans l'univers; et il sait non-seulement le nombre de cheveux qui me restent, mais de ceux que l'on m'a rasés, ou que j'ai perdus et que je puis perdre encore.

L'aveugle était muet de surprise ou d'incrédulité.

— Bien plus, continua le Père Lacordaire, quatre témoins, dignes de foi, et qui ont donné leur vie pour appuyer leur témoignage, m'assurent qu'il n'en tombe pas un sans la permission de ce Roi des calculateurs [2].

— Ah! c'est vrai, dit enfin le pauvre aveugle en levant la séance, j'avais compté... sans les quatre évangélistes [3].

[1] Tous les cheveux de votre tête sont comptés. (MATTH., X, 30.)
[2] Un seul cheveu de votre tête ne périra pas (LUC, XXI, 18.)
[3] RÉGNIER, *loc. cit.*, pp. 158 et 159.

II

J'épargnerai à mes lecteurs le triste récit des tracasseries
que suscitait, dans l'ombre, sans courage et sans honneur,
un pouvoir dont le masque de libéralisme tombait devant
la résistance des évêques et l'impitoyable droiture du généreux lutteur. A Nancy, comme à Bordeaux, on le tra-
cassa sur son costume, sur son titre religieux, sur son
œuvre[1]. « Quel pays que le nôtre ! disait-il. Bientôt on ne
pourra plus parler au nom de la liberté. Du reste, cela est
heureux. Il faut que les catholiques demeurent seuls à défendre les libertés humaines, et que leurs adversaires arrivent peu à peu au délire du despotisme[2]. »

Quelques amis font entendre des conseils timides. Sa
belle âme entre dans une noble indignation : « J'irais donner
à nos ennemis le spectacle d'un religieux qui a peur après
avoir affiché le courage, qui se cache après s'être montré?...
Cela n'est pas possible[3]. » Et il ajoute cette magnifique
parole, qu'il faudrait écrire en lettres d'or partout, à notre
époque d'affaissement moral et d'aplatissement universel :
« Le caractère est ce qu'il faut sauver avant tout, car c'est

---

[1] Dans ses *Mémoires* et sa *Correspondance*, Lacordaire a raconté
cette série de réclamations taquines, qui donnèrent lieu à une foule
d'incidents narrés tout au long par M. Foisset.

[2] Lettre de Lacordaire à madame Swetchine, 28 décembre 1844.

[3] *Ibid.*, 12 novembre 1843.

le caractère qui fait la puissance morale de l'homme [1]. »

Le couvent de Nancy fondé, peuplé, Lacordaire vint à Paris où, depuis plusieurs années, l'appelait Mgr Affre, qui, lui non plus, ne devait pas faillir à la liberté de la parole apostolique.

Louis-Philippe l'apprit. Il manda Mgr Affre.

— Est-il vrai, monsieur l'archevêque, que vous voulez faire prêcher le Père Lacordaire, un dominicain? C'est contraire aux lois.

Le prélat voulut défendre ses droits et repousser l'ingérence du gouvernement dans les affaires ecclésiastiques.

— Mais, vous n'y songez pas, reprit le monarque, vous aurez une émeute ; je ne pourrai pas vous défendre ; la garde nationale ne donnera pas. Vous avez donc oublié le sac de l'archevêché? Une fois le peuple déchaîné, qu'arrivera-t-il?

La reine vint à la rescousse, joignant ses conseils et ses prières aux menaces du Roi.

— Sire, répondit avec calme l'archevêque, s'il existe un danger réel, le ministre m'adressera une ordonnance et défendra la réunion de Notre-Dame.

— Ainsi, reprit Louis-Philippe, piqué de ne pouvoir parvenir, comme il s'en était vanté, « à faire une peur de chien » au prélat, vous voulez faire prêcher le Père Lacordaire? Eh bien! vous en répondez!

— Sire, je suis engagé devant tous les fidèles de mon diocèse. Le Père Lacordaire commencera les conférences, à moins d'une ordonnance du ministre.

[1] Lettre de Lacordaire à madame Swetchine, 12 novembre 1843.

— Vous ne savez pas, monsieur l'archevêque, quel conflit vous allez engager ; vous en porterez toute la responsabilité [1].

On rapporta l'entretien à Lacordaire :

— Nul, s'écria-t-il, nul ne m'insultera dans la chaire de Notre-Dame ; un immense auditoire me couvrira contre tout désir isolé et honteux. A ma troisième phrase, je me serai fait dans le cœur de tout ce monde un asile sacré. La France a un instinct de l'honneur qui la charme partout où elle en trouve l'ombre [2].

— Mais, objectait-on, ne craignez-vous pas des poursuites ?

— Ils n'oseront pas, répliqua-t-il ; ce serait pire que sous Danton et Robespierre [3].

Il ajoutait :

— Le gouvernement n'a pas confiance, que nous importe ? Il faut avoir du courage et de la présence d'esprit pour ceux qui n'en ont pas [4].

Le moine courageux reparut à Notre-Dame, sous les antiques voûtes surprises de revoir cette blanche robe proscrite qui rappelait à la vieille métropole sa jeunesse du treizième siècle. Il remonta dans la chaire le premier dimanche de l'Avent 1843 pour n'en descendre qu'en 1851. Le vieux roi s'était trompé : il n'y eut pas d'émeute. Au lieu des murmures annoncés, le lendemain du jour où Louis-Philippe tombera, des applaudissements échapperont

---

[1] CRUICE, *Vie de Mgr Affre*, chap. XXXV, p. 313.
[2] Lettre de Lacordaire à madame Swetchine, 12 novembre 1843.
[3] *Ibid.*, 1er mai 1843.
[4] *Ibid.*, 12 novembre 1843.

un jour irrésistiblement aux auditeurs de la parole du Prêcheur, plus jeune, plus vibrante, plus souveraine que
jamais.

Voulez-vous avoir l'idée des progrès de la pensée sous
ce front de plus en plus illuminé des flammes du génie, et
de l'expression sur ses lèvres uniquement éloquentes, relisez les conférences de 1843 et des années qui suivirent.

Sur le papier, il est vrai, je l'ai déjà observé, c'est de la
lave figée, mais c'est encore si beau! Après avoir remué
les âmes qui les ont entendues, ces conférences de Notre-
Dame touchent encore et remuent ceux qui les lisent. Elles
ont la vie, elles la donnent; elles ont reçu de Dieu la grâce
et elles la communiquent.

En les publiant, Lacordaire disait : « Elles arriveront au
lecteur froides et décolorées; mais quand, au soir de l'automne, les feuilles tombent et gisent par terre, plus d'un
regard et plus d'une main les cherchent encore; et, fus-
sent-elles dédaignées de tous, le vent peut les emporter et
en préparer une couche à quelque pauvre, dont la Providence se souvient au plus haut du ciel[1]. »

Nombreux sont ces pauvres dont les regards et les mains
les cherchent encore, pour en faire une couche somptueuse, où l'on se repose dans une contemplation souvent
extatique de la vérité.

— Rien de moi subsistera-t-il? écrivait en 1852 le Père
Lacordaire à un de ses jeunes amis. Ces conférences, dont
les pensées et dont le style semblent toucher nos contem-

[1] LACORDAIRE, *Conférences de Notre-Dame*, Préface (t. XII des
Œuvres complètes, p. 7).

porains, survivront-elles au siècle qui les a vues paraître? Qui pourrait en répondre[1]?

L'Église et la France vous répondront, mon Père!... Les
conférences de Notre-Dame sont et resteront un monument
de l'éloquence chrétienne et de l'éloquence française au
dix-neuvième siècle. Plus on s'éloignera dans les âges futurs
des lettres françaises et de la théologie catholique, plus cette
apologie du christianisme apparaîtra grande et forte, comme
ces montagnes qui grandissent et s'estompent d'une buée
lumineuse, à mesure qu'on s'éloigne des versants où l'on
est trop proche pour saisir les beautés majestueuses et les
grandes proportions.

III

Quand, en 1843, il remonta dans la chaire de Notre-
Dame, le nouveau Bossuet employa trois années[2] à exa-
miner les effets de la doctrine catholique sur l'esprit, sur
l'âme et sur la société, qui sont « les trois théâtres de
toute action », et sa conclusion fut encore que « l'Église,
dépositaire et organe de cette doctrine, était douée d'un
pouvoir incomparable et surhumain[3] ».

Mais l'Église ne s'est pas faite toute seule. Qui l'a bâtie?

---

[1] Lettre de Lacordaire à M. Villard, 15 janvier 1852.
[2] Conférences 14 à 36.
[3] LACORDAIRE, *Conférences de Notre-Dame* (*loc. cit.*, t. III,
p. 396).

« Qui lui a donné sa constitution organique et doctrinale?
qui, Messieurs? Ah ! je l'ai nommé bien des fois déjà ! C'est
celui qui est ici devant vous, le Seigneur Jésus-Christ[1]. »
Mais « quel est-il? D'où vient-il? D'où vient sa puissance
« à lui-même? Quelle est son histoire[2]? » Ce fut le but des
conférences qui suivirent, et qui, en 1846, roulèrent exclusivement sur Jésus-Christ. C'est là, à mon sens, que
se trouveront les plus merveilleux effets de son éloquence.
Qu'on en juge par ces paroles qu'on ose à peine citer,
lorsqu'on n'a, pour les transcrire, qu'une plume profane,
mais que n'oublieront jamais ceux qui ont eu le bonheur
de les entendre[3] :

« Poursuivant l'amour toute notre vie, nous ne l'obte-
« nons jamais que d'une manière imparfaite qui fait saigner
« notre cœur. Et l'eussions-nous obtenu vivants, que nous
« en restera-t-il après la mort? Je le veux, une prière amie
« nous suit au delà de ce monde, un souvenir pieux pro-
« nonce encore notre nom; mais bientôt le ciel et la terre
« ont fait un pas, l'oubli descend, le silence nous couvre,
« aucun rivage n'envoie plus sur notre tombe la brise éthérée
« de l'amour. C'est fini, c'est à jamais fini, et telle est
« l'histoire de l'homme dans l'amour.

« Je me trompe, Messieurs, il y a un homme dont l'amour
« garde la tombe; il y a un homme dont le sépulcre n'est
« pas seulement glorieux, comme l'a dit un prophète,
« mais dont le sépulcre est aimé. Il y a un homme dont la

---

[1] LACORDAIRE, *Conférences de Notre-Dame* (*loc. cit.*, t. III,
p. 396).

[2] *Ibid.*, p. 396.

[3] MONTALEMBERT, *loc. cit.*, p. 491.

« cendre, après dix-huit siècles, n'est pas refroidie; qui
« chaque jour renaît dans la pensée d'une multitude in-
« nombrable d'hommes; qui est visité dans son berceau
« par les bergers et par les rois, lui apportant à l'envi, et
« l'or, et l'encens, et la myrrhe. Il y a un homme dont
« une portion considérable de l'humanité reprend les pas
« sans se lasser jamais, et qui, tout disparu qu'il est, se
« voit suivi par cette foule dans tous les lieux de son an-
« tique pèlerinage, sur les genoux de sa mère, au bord
« des lacs, au haut des montagnes, dans les sentiers des
« vallées, sous l'ombre des oliviers, dans le secret des
« déserts. Il y a un homme mort et enseveli, dont on épie
« le sommeil et le réveil, dont chaque mot qu'il a dit vi-
« bre encore, et produit plus que l'amour, produit des
« vertus fructifiant dans l'amour. Il y a un homme attaché
« depuis des siècles à un gibet, et cet homme, des milliers
« d'adorateurs le détachent chaque jour du trône de son
« supplice, se mettent à genoux devant lui, se prosternent
« au plus bas qu'ils peuvent sans en rougir, et là, par
« terre, lui baisent avec une indicible ardeur les pieds san-
« glants. Il y a un homme flagellé, tué, crucifié, qu'une
« inénarrable passion ressuscite de la mort et de l'infamie,
« pour le placer dans la gloire d'un amour qui ne défaille
« jamais, qui trouve en lui la paix, l'honneur, la joie, et
« jusqu'à l'extase. Il y a un homme poursuivi dans son
« supplice et sa tombe par une inextinguible haine, et qui,
« demandant des apôtres et des martyrs à toute postérité
« qui se lève, trouve des apôtres et des martyrs au sein
« de toutes les générations. Il y a un homme enfin, et le
« seul qui ait fondé son amour sur la terre, et cet homme,

« c'est vous, ô Jésus ! vous qui avez bien voulu me bapti-
« ser, m'oindre, me sacrer dans votre amour, et dont le
« nom seul, en ce moment, ouvre mes entrailles et en
« arrache cet accent qui me trouble moi-même et que je
« ne me connaissais pas [1]. »

Quel langage sur l'amour humain et sur sa fragilité à
côté d'un autre amour ! Ce n'est point le seul passage où
Lacordaire ait touché le difficile et grand sujet de l'amour,
et il l'a toujours fait avec une délicatesse, une profondeur,
bien faites pour nous surprendre chez un homme qui n'a
jamais aimé ici-bas que Dieu et la gloire [2]. Lisez seulement
ces quelques mots adressés à un jeune homme pour l'engager à une vie pure :

« Il y a au monde entre ta mère et ta sœur, entre tes
« aïeux et ta postérité, une frêle et douce créature qui
« t'est destinée de Dieu ; cachée à tous les regards, elle
« nourrit en silence la fidélité qu'elle te promettra, elle vit
« déjà pour toi qu'elle ignore, elle t'immole ses penchants,
« elle se reproche tout ce qui pourrait déplaire un jour
« au moindre de tes désirs. Ah ! garde-lui ton cœur comme
« elle te garde le sien ; ne lui apporte pas des ruines en
« échange de sa jeunesse ; et, puisqu'elle se sacrifie pour
« toi par un amour anticipé, fais à ce même amour un
« juste et sanglant sacrifice [3] ! »

Et ceci, encore plus éloquent, plus éclatant que tout le
reste :

<hr>

[1] LACORDAIRE, *Conférences*, etc. (t. IV, pp. 76 et 77).
[2] PRÉVOST-PARADOL (art. de la *France centrale*, 11 avril 1862).
[3] LACORDAIRE, *Conférences* (*loc. cit.*), t. V, p. 243.

13.

« Je dis à un homme : Je vous estime... Je vous admire...
« Je vous vénère. Ne puis-je pas lui dire autre chose
« encore? Ai-je épuisé dans ce mot la parole humaine tout
« entière? Non, j'ai encore une chose à lui dire, une
« seule, la dernière de toutes ; je puis lui dire : Je vous
« aime. Dix mille mots précèdent celui-là ; mais aucun
« autre ne vient après dans aucune langue, et, quand on
« l'a dit une fois à un homme, il n'y a plus qu'une res-
« source, c'est de le lui répéter à jamais [1] ! »

Est-ce beau, cela ? Et n'est-on pas de l'avis de Montalembert : « La gloire du Père Lacordaire ne fait que débu-
ter ; dans un siècle au plus, elle aura atteint son apogée [2]. »

Qu'après cela, les petits roquets aboient, laissons-les
japper. Ces pauvres chétifs, c'est une satisfaction à la médiocrité de s'entendre elle-même aboyer de loin et de s'imaginer que, parce qu'on passe à distance, elle a donné peur.
« Quand l'Arabe, passant au pied des pyramides, leur jette
un coup de sa lance, les pyramides se taisent. »

Pour lui, il vient de trahir le secret de sa vie intime,
quand, du haut de sa chaire, en cette éloquente année
1846, il s'écriait :

« Seigneur Jésus, depuis dix ans que je parle de vous
« à cet auditoire, c'est, au fond, toujours de vous que j'ai
« parlé ; mais enfin, aujourd'hui plus directement j'arrive
« à vous-même, à cette divine figure qui est chaque jour
« l'objet de ma contemplation, à vos pieds sacrés que j'ai
« baisés tant de fois, à vos mains aimables qui m'ont si

---

[1] LACORDAIRE, *Conférences (loc. cit.)*, t. VI, p. 370.
[2] MONTALEMBERT, *loc. cit.*, p. 568.

« souvent béni, à votre chef couronné d'épines, à cette vie
« dont j'ai respiré le parfum dès ma naissance, que mon
« adolescence a méconnue, que ma jeunesse a reconquise,
« que mon âge mûr adore et annonce à toute créature. O
« Père ! ô maître ! ô ami ! ô Jésus ! secondez-moi plus que
« jamais, puisque, étant plus proche de vous, il convient
« qu'on s'en aperçoive et que je tire de ma bouche des
« paroles qui se sentent de cet admirable voisinage [1]. »

Quand on parle ainsi, c'est qu'on aime, et, quand on
aime ainsi, on atteint le délire, l'ivresse, la folie de l'amour.
Le moment est venu de tout dire à cet égard. Ses historiens ont pu hésiter et se demander s'ils devaient trahir à
ce siècle délicat les scandales de l'amour divin chez ce sublime extravagant [2]. Je serai plus hardi, et je révélerai,

---

[1] LACORDAIRE, *Conférences*, etc. (*loc. cit.*, t. IV, p. 6).

[2] « Nous nous sommes longtemps demandé, écrit le P. Chocarne,
« comment nous dirions ce que nous savons. Fallait-il laisser entre-
« voir la vérité, plutôt que la raconter en détail ? Fallait-il voiler
« le récit sous le nuage transparent des termes et des figures, de
« peur de heurter les esprits délicats et les âmes timorées ? Ou
« bien, fallait-il dire simplement, carrément et franchement, la
« vérité à tous risques et périls ? Ce dernier procédé nous a paru
« préférable, plus digne de l'homme dont nous racontons les vertus
« et des saintes choses dont il a rempli sa vie. Lorsqu'il a eu le cou-
« rage de le faire, pourquoi n'aurions-nous pas eu le courage de le
« dire, et le public de l'entendre ? »

Remercions le P. Chocarne, dit à ce propos l'abbé Bayle, d'avoir
raconté sans périphrase à un siècle qui s'affaisse dans la mollesse, et
qui n'aspire qu'à savourer les douceurs du bien-être, ce que le
P. Lacordaire fait pour dompter son corps, afin de faire grandir son
âme. Le monde trouvera peut-être, pour employer une expression
qui vint un jour se placer d'elle-même sur les lèvres de l'orateur,
lorsqu'il vit l'impression produite sur son auditoire par le récit de
l'héroïque charité de sainte Elisabeth, le monde trouvera peut-être

non pas seulement sans hésitation, mais avec la confiance d'être compris, comment, une fois qu'il se fut emparé de sa belle âme, l'amour du Crucifié ne lui laisse plus de repos.

qu'il est « plus facile de boire avec ses amis du vin de Château-Margaux », que d'approcher de ses lèvres le calice amer de la pénitence chrétienne.

Mais qu'importe que le monde ne comprenne pas ces mystères de la vie spirituelle, qu'il n'en sente pas l'héroïsme et la beauté ? Ce qui importe, c'est que les âmes pieuses soient édifiées, c'est que l'on sache, selon le mot de M. de Montalembert, que la plus grande âme de ce siècle en a été une des plus saintes. Il faut que ceux qui ont été peut-être froissés par quelques-unes des opinions du P. Lacordaire voient clairement la pureté de ses intentions et de ses motifs, et se sentent désarmés en présence de ses mortifications. D'ailleurs, n'a-t-on pas prétendu qu'il prêchait un christianisme romantique, assez voisin de ce qu'une certaine école appelle le culte idéal ? On saura maintenant s'il rougissait de l'Évangile, s'il reculait devant les pratiques de la vie religieuse, qui ont pour objet de maîtriser le corps et d'en faire l'obéissant esclave de l'âme, s'il n'était pas épris de ce que saint Paul appelle la divine folie de la croix.

Nous ne citerons ici aucun fait particulier. Présenté isolément et hors du cadre qui lui convient, il pourrait surprendre plutôt qu'attendrir. Il faut lire sans interruption le récit du P. Chocarne. Quand on verra le P. Lacordaire sévère jusqu'au sang pour lui-même, toujours prêt à tout pour vaincre l'orgueil, on avouera qu'il pouvait diriger les autres dans les voies de l'abnégation et du renoncement; on ne sera plus surpris qu'il ait réussi à rétablir en France l'Ordre de Saint-Dominique, avec tout ce que notre siècle peut supporter des rigueurs de l'institution primitive. Dans cette voie royale de la croix, le P. Lacordaire n'était pas suivi par tous ceux qu'il aurait voulu décider à marcher sur ses traces; mais ceux qui se laissaient encourager par ses exemples étaient heureux de gravir, à ses côtés, l'âpre chemin des forts. Sa vie, désormais complétement connue, augmentera le nombre de ceux qui s'appliqueront à l'imiter; ils remercieront Dieu, de plus en plus, d'avoir donné à l'Église de France, en nos jours de débilitation morale, *ce chrétien antique dans un monde nouveau.* (A. BAYLE, *Gazette du Midi,* 13 avril 1866.)

Oui, en plein dix-neuvième siècle, au lendemain des con
quêtes de 89 et de la proclamation des Droits de l'homme,
quand la cendre ironique de Voltaire était à peine refroidie,
cet avocat, ce libéral, cet écrivain, cet homme d'esprit,
cet orateur, ce grand homme, Lacordaire se donnait la
discipline tous les jours, et plusieurs fois par jour souvent.
Il obligeait ses frères, au nom de la sainte obéissance, à
l'attacher, les épaules nues, à un poteau, à le flageller, à
lui cracher au visage, à l'insulter, à le fouler aux pieds, à le
lier sur une croix pendant les trois longues heures que
Jésus-Christ son maître était resté vivant et sanglant sur la
sienne ! Quel scandale ! Pas un de ces jours où il avait tenu
des multitudes frémissantes et captives sous sa parole,
non ! pas un jour ne s'est passé qu'il ne se fît donner, fatigué, épuisé, brisé, une flagellation sévère [1].

Nous regimbons, nous, les fils d'un siècle de décadence,
Romains amollis par les envahissements du confortable,
nous nous révoltons contre cette folie sanglante de l'amour, et
pourtant, que nous le voulions ou que nous ne le voulions
pas, si Lacordaire a remplacé Lamennais, si David a été
sacré roi à la place de Saül, c'est qu'il a crucifié sa chair
et l'a domptée avec une énergie terrible. S'il a conduit si
vaillamment les bataillons d'Israël, c'est que, pour écraser
les révoltes de l'orgueil, il a cruellement expié chacun de
ses triomphes oratoires.

« Un jour, écrivait-il à l'un de ses novices, un jour, vous
« paraîtrez devant les hommes ; vous leur porterez témoi-

---

[1] VILLARD, *Étude biographique et critique sur le P. Lacordaire,*
p. 110.

« gnage au nom de Jésus-Christ, et ce témoignage sera
« d'autant plus fort que vous aurez souffert davantage,
« pleuré davantage, sacrifié davantage. Ce n'est rien de
« parler, il faut mettre du sang sur les paroles[1]. »

C'était à la prison de la Roquette. Le canon des libérateurs
retentissait tout proche, et le bruit des pas de ceux qui
venaient les sauver allait retentir bientôt sous les voûtes
sombres. Les bourreaux le comprenant se hâtèrent. Ils
firent descendre la funèbre procession des otages. L'archevêque de Paris ouvrait la marche, le vénérable curé de la
Madeleine la fermait. L'archevêque, épuisé de fièvre et d'in-
somnies, sembla défaillir. L'abbé Deguerry s'élança :

— Monseigneur, cria-t-il, courage ! *sine sanguinis effu-
sione non fit remissio,* pas de rémission sans effusion de
sang[2]!...

Eh oui! c'est un oracle, cela, et il ne dépend pas de
notre sagesse à courte vue qu'il en soit autrement. C'est
parce qu'il y eut du sang versé sur le Golgotha que le monde
fut racheté, c'est parce qu'il y eut du sang sur les échafauds de la Terreur que Notre-Dame fut rouverte, c'est
parce qu'il y a du sang tout frais sur les dalles de la Roquette que nous serons sauvés encore, c'est parce qu'il mit
du sang sur sa parole que le géant de l'apostolat contem-
porain a remué la France et l'a ramenée, comme un cour-
sier emporté qui retrouve son maître sur les routes de
l'honneur, de la justice et de la vérité!

« Quand nous nous faisons moines, écrivait-il à Oza-

---

[1] Lettre à une religieuse, 10 juillet 1854.
[2] Épître de saint Paul aux Hébreux, xiv, 26.

nam, c'est avec l'intention de l'être jusqu'au cou [1]. » Chargé
de gloire et déjà d'années, il fait lui-même sa cellule, il
balaye les corridors et les chambres, lave les pieds de ses
moines, raccommode leurs chaussures, entretient les lam-
pes, se porte à tous les services, descend à la cuisine [2]
pour éplucher des navets [3] et rincer la vaisselle, et tout
cela, avec quel entrain! quel enjouement! quel charme!
quelle exquise modestie!

Ah! dira plus tard un de ses plus ardents admirateurs
écrivant de lui, qui de nous, jeunes gens, charmés par la
vie, eût soupçonné de pareils mystères de pénitence et de
renoncement dans cet orateur, dont le front rayonnait,
dont l'œil jetait des éclairs, dont la parole étincelait d'esprit, d'audace, de génie! Nos yeux ne se doutaient de rien,
à voir la sérénité de cette belle et radieuse figure! Il suivait si bien les conseils de son adoré Maître, de jeûner
sans qu'on s'en aperçût et sans exterminer sa face [4]!

[1] Lettre de Lacordaire à Ozanam, 2 octobre 1839.

[2] « J'ai déjà un petit serviteur, jeune homme de dix-sept ans, pieux,
honnête, d'une famille chrétienne, et qui s'attache à nous plus avec
une intention religieuse qu'avec le désir de gagner la vie temporelle.
Il ne sait pas même faire cuire un œuf; c'est moi qui lui apprendrai
la cuisine. » (*Lettre de Lacordaire à madame la comtesse Eudoxie
de la Tour-du-Pin*, 24 mai 1843.)

[3] « Nos Pères ont été accueillis avec une bienveillance excessive;
on leur a apporté de partout des vivres, vin, huile, pommes de
terre, navets. Il faut vous dire pour l'intelligence des navets, qu'il
y a tout près de là un territoire célèbre pour ce genre de légumes.
Si vous n'avez jamais mangé que des navets de Paris, je vous plains
infiniment. » (*Ibid.*, 20 décembre 1848.)

[4] H. VILLARD, *loc. cit*, p. 122.

IV

La province l'entendait et l'acclamait à l'envi de Paris. Il avait même comme un faible pour elle « Je suis plus tranquille en province, disait-il, et j'y fais plus de bien. La plupart des grandes villes ont une population lettrée, qui n'a jamais entendu, même une fois, la parole de Dieu... D'ailleurs, il est utile de présenter partout successivement l'habit de dominicain à toute la France, après l'avoir solennellement inauguré à Paris[1]. »

Ce qu'il a dit en province n'a pas été recueilli, au moins d'une manière authentique[2]. A toutes les instances, il répondait : « Ce ne sont que des portions découpées dans le tout et qui trouveront leur place dans l'ensemble avec des proportions plus vastes... » Puis, ajoutait-il avec sa charmante bonhomie, « on ne peut tout recueillir, il faut savoir perdre son bien[3] ».

On le supplie de sortir de France et de porter au delà

---

[1] Lettre de Lacordaire à madame la comtesse Eudoxie de la Tour-du-Pin, 5 octobre 1842.

[2] La *Tribune sacrée*, l'*Enseignement catholique*, l'*Univers*, l'*Année dominicaine*, l'*Étoile du matin* et l'*Espérance* de Nancy ont reproduit, d'après la sténographie, la plupart des conférences et des discours de circonstance qui ne sont pas imprimés dans la collection des Œuvres complètes du P. Lacordaire.

[3] Lettre de Lacordaire à madame Swetchine, 24 octobre 1844.

des frontières nationales le rayonnement de ses paroles ;
il s'y refuse avec un accent où respire l'amour de la patrie, et, s'il se décide une fois à partir en Belgique, il a
surmonté pour cela une indomptable répugnance : « J'ai
regret, dit-il, de prêcher hors de France, et je n'ai pas
encore pris mon courage à deux mains[1]. »

La France lui rendait cet amour.

A Bordeaux, la ville de Montaigne et de Montesquieu, la
ville de Vergniaud et des Girondins, la jeunesse accourt ;
un jour elle envahit, au nombre de trois mille, les cours,
les jardins, les salons de l'archevêché, pour remercier le
généreux archevêque, Mgr Donnet, d'avoir maintenu à
l'éloquent Prêcheur sa parole devant les résistances d'un
pouvoir tracassier.

A Nancy, il devient si populaire qu'il fait accepter à un
peuple l'éloge de l'évêque que ce même peuple avait
chassé. Cette oraison funèbre de Mgr de Forbin-Janson est
une des plus belles compositions et des plus belles entreprises de Lacordaire. Madame Swetchine lui avait recommandé de lui envoyer ce discours, aussitôt paru : « Je
vous l'enverrai, répondit-il, si je ne suis pas lapidé à
l'exorde ou à la péroraison[2]. » Le succès fut complet.
« C'est un jour de joie et de réconciliation, écrivait-il,
l'un des meilleurs jours de ma vie[3]. »

C'est à Nancy encore qu'il eut à raconter une vie aussi

---

[1] Lettre de Lacordaire à madame la comtesse Eud. de la Tour-du-
Pin, 15 mai 1846.

[2] Lettre de Lacordaire à madame Swetchine, 22 août 1844.

[3] Lettre de Lacordaire à M. Foisset, 28 août 1844.

noble et aussi austère que les plus belles Vies de Plutarque, avec ce lustre de plus que le Christ ajoute aux vertus militaires, car, porté dans le cœur de Drouot, tout le long des guerres gigantesques de la République et de l'Empire, le Christ, par ce cœur rare, unique peut-être, le Christ avait comme sacré le stoïcisme de ces rudes armées, et, qu'on me permette de le dire, nous l'avons vu encore, nous l'avons reconnu, ce Christ, dans nos dernières gloires et dans nos suprêmes désastres, passer au galop du cheval de Lamoricière et de Sonis.

Aucune ville ne l'émut comme Grenoble. « Evidemment, cette nature touche à la mienne [1]. » Le clergé surtout lui fit là un accueil qui le ravit.

A Lyon, on le porta en triomphe de l'église à l'archevêché. Les officiers en uniforme entouraient le cortége. On criait : Vive Lacordaire! Vivent les Dominicains! « Jamais, disait-il, je n'ai vu un enthousiasme plus pénétrant [2]. »

C'est pendant son séjour à Lyon qu'il alla visiter le curé d'Ars. Qu'il fut beau de voir ces deux grands serviteurs de Dieu s'efforçant, l'un d'effacer son génie, l'autre de cacher sa sainteté! Ils se bénirent l'un après l'autre, et, s'étant relevés, ils s'embrassèrent avec effusion [3].

Il m'est impossible de suivre ce conquérant sur toutes les routes de France, et pourtant je voudrais m'attacher à ses pas, ne perdre ni un seul de ses mouvements ni une seule de ses manœuvres : il est toujours si grand à Bor-

[1] Lettre de Lacordaire à **M.** Foisset, 10 avril 1844.
[2] Lettre à madame Swetchine, 6 avril 1845.
[3] BRAC DE LA PERRÈRE, *Souvenirs de deux pèlerinages à Ars.*

deaux, à Nancy, à Grenoble, à Lyon, à Strasbourg, à Dijon, à Liège, à Toulon, partout où il sème sa parole, protégé par les évêques, applaudi par les populations, tracassé par le gouvernement de Juillet. Je voudrais le montrer ramenant ses novices et ses moines de Bosco à Chalais, charmante solitude au penchant des Alpes, au bord de la vallée de Graisivaudan ; quittant ses belles et chères montagnes du Dauphiné pour aller cacher dans l'ombre et la tristesse d'une petite rue de Paris les fondements d'une nouvelle maison qui prenait possession de la capitale[1].

Je voudrais surtout raconter ses luttes en faveur de la liberté d'enseignement, et je ne me console de ne pouvoir le faire ici que parce que, dans un prochain volume, en traitant de Montalembert, le sujet reviendra à sa place naturelle avec les développements si pleins d'intérêt qu'il comporte.

Mais on ne me pardonnerait point de ne rien dire de son voyage à Rome en 1846 pour saluer de son admiration un pontificat nouveau.

Grégoire XVI était mort. Deux cardinaux[2] s'entretenaient de l'élection du futur pape. « Si c'est le diable qui fait l'élection, dit l'un d'eux, ce sera vous ou moi qui serons pape ; si c'est le Saint-Esprit, ce sera Mastaï ou Gizzi. »

Mastaï fut élu, et Gizzi devint son secrétaire d'État.

« Qui eût dit cela ? s'écria Lacordaire ; qui l'eût dit en 1832, lorsque tous nos desseins furent renversés ?... Il n'a fallu que seize ans pour opérer sans secousse cette révolu-

---

[1] Lettre inédite à un vieil ami, 24 avril 1845.
[2] Le cardinal Micara et le cardinal Lambruschini.

tion aussi grande pour Rome que la révolution de 1830 pour la France[1]. »

Puis, faisant un douloureux retour sur la situation de l'Europe, il jette un regard attristé dans l'avenir, et ce voyant d'Israël, entendant les acclamations qui saluent l'aurore du nouveau pontificat, semble saisi de l'esprit du Seigneur, et il laisse tomber de sa plume ces prophétiques paroles :

« Ne faut-il pas de grandes ruines avant de grandes résurrections? Il me vient en pensée que peut-être Pie IX est destiné à être le Louis XVI de la papauté, et c'est déjà un bien illustre office[2]! »

Pie IX vivant, Lacordaire sent ses espérances grandir. Mgr Affre lui avait paru être le prélat des temps modernes. Pie IX lui apparaît bien plus encore comme le pontife des temps nouveaux. « Je partage votre joie, écrit-il à madame Swetchine; cette élection m'a touché jusqu'aux larmes[3]. »

Mais l'émeute gronde, et voici bien un autre champ de bataille.

V

Lors de la réception des autorités de la capitale pour la fête du Roi, en 1846, l'archevêque de Paris ayant osé dire

---

[1] Lettre de Lacordaire à madame Swetchine, 21 août 1846.
[2] Lettre de Lacordaire à madame Swetchine, 26 juin 1846.
[3] *Ibid.*

que l'Église réclamait la liberté et non la protection[1], Louis-Philippe, choqué de cette liberté épiscopale, empêcha que ce discours fût imprimé au *Moniteur* avec tous les autres. Quand il fut question d'une nouvelle présentation, au jour de l'an, l'archevêque fit prévenir la Reine qu'il viendrait offrir ses vœux au Roi, mais qu'il était dans l'intention de ne pas faire de discours, pour ne pas s'exposer de nouveau à recevoir un affront, comme à la Saint-Philippe. La Reine, dans l'espoir de tout concilier, ménagea une entrevue entre le Roi et l'archevêque, entrevue que l'archevêque rapporta en ces termes à l'un de ses amis[2] :

« Le Roi me reçut dans son salon, et, comme c'était son habitude, il me tira à part dans l'embrasure d'une fenêtre, où il me fit asseoir et s'assit lui-même. Là, nous fûmes quelque temps à nous regarder en silence. A la fin, je pris la parole et je lui dis :

— Ayant su que le Roi désirait me parler, je me suis rendu avec empressement à son invitation.

— Moi, dit le Roi, je n'ai rien à vous dire; c'est vous, m'a-t-on dit, qui voulez me parler, et je suis prêt à vous écouter.

— Eh bien! le Roi doit savoir le sujet de ma visite :

---

[1] Dans des vœux adressés au Roi, le prélat avait osé dire que l'Église, illustre étrangère en ce monde, ne réclamait pas la protection des souverains; elle ne demandait que la liberté qui est accordée à tous, et il lui suffisait de son indépendance pour exercer son bienfaisant empire sur les peuples. (CRUICE, *Vie de Mgr Affre*, chap XXXV, p. 314.)

[2] M. Bonnetty, fondateur et directeur des *Annales de philosophie chrétienne*.

comme je ne veux pas m'exposer encore à l'affront qui m'a été fait dans la dernière présentation, je me propose de venir offrir mes vœux pour la santé du Roi à la tête de mon clergé; mais je ne ferai pas de discours.

— Ah! je vois que c'est une nouvelle attaque que vous dirigez contre moi. Je croyais que toutes nos discussions étaient finies, et il paraît que vous voulez encore recommencer. Si j'ai empêché que votre discours fût publié, c'est parce que vous vous étiez permis des conseils inconvenants.

— J'en demande bien pardon au Roi, mais ni mes intentions ni mes paroles ne pouvaient avoir ce sens. Demander la liberté, et non la protection, est peut-être la demande la plus modérée que puisse faire l'Église.

— Et moi, je ne l'entends pas ainsi... Avec vos demandes et vos promesses, vous jetez le trouble partout.

« Et, passant aussitôt à une autre question :

— Ainsi, par exemple, je sais qu'il y a peu de temps vous avez rassemblé un concile à Saint-Germain.

— Ce n'est point un concile que nous avons assemblé; mais quelques évêques, mes suffragants et mes amis, sont venus me voir, et nous avons traité de différents points de discipline ecclésiastique.

— Oh! je le disais bien, que vous avez tenu un concile; sachez que vous n'en avez pas le droit.

« Jusqu'à ce moment, racontait l'archevêque, j'avais répondu au Roi avec beaucoup de déférence, en évitant presque de le regarder; mais, à ce mot, j'élevai les yeux, et, les fixant sur les siens, je lui dis avec fermeté :

— Pardon, Sire, nous en avons le droit, car toujours

l'Église a eu le droit d'assembler ses évêques pour régler
ce qui pourrait être utile à leurs diocèses...

— Ce sont là vos prétentions, mais je m'y opposerai ;
d'ailleurs, on m'a dit aussi que vous aviez envoyé un
ambassadeur au Pape ; je sais même que c'était pour lui
demander la permission de faire gras le samedi.

— C'est vrai, Sire, nous avons envoyé un ecclésiastique
faire quelques demandes au Pape ; mais cela même est
dans tous les droits des fidèles, et à plus forte raison des
évêques.

— Et qu'est-ce que vous lui avez demandé encore ? Je
veux le savoir.

— Si c'était mon secret, je le dirais tout de suite au Roi ;
mais, ce n'est pas seulement le mien, c'est encore celui de
mes collègues, et je ne puis le dire au Roi...

« A ces mots, le Roi, rouge de colère, se leva brusque-
ment, me prit par le bras et me dit :

— Archevêque, souvenez-vous que l'on a brisé plus
d'une mitre...

« Je me levai à mon tour, en disant :

— Cela est vrai, Sire, mais que Dieu conserve la couronne du Roi, car on a vu briser aussi bien des couronnes[1]. »

[1] *Annales de philosophie chrétienne*, n° de juillet 1848. « Le
soir, dit l'historien du prélat martyr, le garde des sceaux fut envoyé
à l'Archevêché pour négocier la paix... L'archevêque pourrait se
contenter de souhaiter la bonne année au Roi, et le Roi sera satisfait.
Ce conseil fut suivi ; mais un sténographe, introduit à cet effet dans
la salle du trône, recueillit les quelques paroles que le pontife prononça en se présentant devant Louis-Philippe, et le lendemain elles
parurent dans le *Moniteur*, sous le titre de discours de l'archevêque

A quelques jours de là, le Roi perdait sa couronne et s'enfuyait. L'archevêque, de son côté, voyait tomber sa mitre ; mais cette mitre tombait glorieusement dans le sang du bon pasteur. Entre la mort de Mgr Affre sur les barricades et la fuite précipitée de Louis-Philippe, qui donc hésiterait ?

de Paris au Roi, ce qui faisait dire au prélat : — Quand je fais des discours, ils ne les impriment pas, et quand je n'en fais pas, ils les impriment. » (CRUICE, *loc. cit.*, ch. XXXIX, p. 374.)

X

1848

Au mois de mai 1837, un curé de Paris, qui a laissé une mémoire honorée[1], reçut la visite de quelques jeunes gens, élèves de Buchez, et amenés à se rapprocher de l'Église par leurs études sur la question sociale.

— Monsieur l'abbé, dit le porte-parole de ces jeunes

---

[1] L'abbé Desgenettes, curé de Notre-Dame des Victoires.

sociologues, nous reconnaissons tous la vérité du christianisme, et nous désirons maintenant en suivre les pratiques.
Mais nous devons vous déclarer, avant tout, que nous
sommes républicains, et que nous voulons rester fidèles à
nos principes.

— Qu'à cela ne tienne, mes amis, répondit l'abbé Desgenettes, voilà qui ne vous empêche nullement d'être chrétiens, et je confesse les républicains aussi bien que les légitimistes.

— Comment! vous ne nous refusez pas les sacrements,
quoique nous soyons républicains?

— La religion ne demande jamais à quel parti l'on appar-
tient; elle respecte toutes les opinions, et vous pouvez, en
toute sûreté de conscience, croire, si cela vous plaît, que
la république est la meilleure forme de gouvernement. Seulement, si, un jour d'émeute, vous venez me consulter avant
d'aller vous battre aux barricades, je pourrais très-bien vous
conseiller de n'en rien faire. En attendant, vous pouvez
confesser vos péchés et en recevoir l'absolution[1].

Ravis de cette tolérance, à laquelle ils ne s'attendaient
pas, les jeunes socialistes se confessèrent. Celui qui avait
parlé au nom des autres s'appelait Besson.

A vingt ans de là, le curé de Notre-Dame des Victoires
racontait l'anecdote sous les ombrages du couvent des
Carmes, où il était venu célébrer la fête de saint Thomas
d'Aquin, et, parmi les Dominicains qui riaient le plus volontiers en l'entendant, le bon curé n'eut pas de peine à
distinguer ceux que Besson lui avait amenés en 1832, et

[1] CARTIER, *Vie du P Besson*, p. 41.

qui, devenus chrétiens quoique républicains, avaient fini, comme leur porte-parole, par revêtir la blanche robe de Saint-Dominique.

I

Sachant dès lors que ce ne sont pas les formes politiques, mais bien les doctrines, qui font le bonheur des peuples, les Dominicains français virent sans crainte la révolution de Février. L'ancien maître des plus anciens d'entre eux, M. Buchez, fut porté à la présidence de l'Assemblée nationale, et ses élèves, transfigurés par la vie religieuse, ne craignaient pas de porter dans la tribune chrétienne les idées généreuses qu'il avait voulu propager, revendiquant pour l'Évangile la gloire et le vrai sens de la triple devise républicaine, défendant l'inscription que le gouvernement provisoire gravait au fronton de nos églises contre les théories orgueilleuses du rationalisme et les rêves honteux du phalanstère [1].

Convaincu que le clergé ferait acte coupable de se tenir à l'écart, le Père Lacordaire voulait que l'Église fît l'essai loyal du gouvernement nouveau.

Le 11 avril 1848, il parut au club. On lui jeta aussitôt à la tête la fameuse phrase de la *Lettre sur le Saint-Siège*

---

[1] Cf. CARTIER, *Op. cit.*, p. 176.

qui, à Metz, lui avait déjà valu dix colonnes de texte compacte dans un journal.

On ne s'intimide pas pour si peu, quand on s'appelle Lacordaire.

— Citoyens, dit-il, il est, selon moi, plus facile d'être un républicain du jour que d'être un républicain de la veille, et j'espère que la République durera assez pour que je lui prouve le dévouement que je lui porte...

On vociférait au dehors, et, à l'intérieur, on lui criait :

— Vous avez dit du mal de 93.

— Messieurs, répondit-il bravement, en croisant les bras sur sa poitrine, je déclare que je ne reconnais aucun père de 93... Je distingue ceux qui, à cette époque, mouraient pour défendre la liberté, et ceux qui faisaient mourir pour anéantir et faire reculer cette même liberté.

Alors, un homme se leva au sein de cette assemblée tumultueuse, et, parvenant à dominer le bruit :

— Je demanderai, dit-il, au citoyen Lacordaire ce que l'Église, qui est dans une position fausse vis-à-vis de la révolution, fera pour se réconcilier définitivement avec le siècle, et de quelle manière elle entend se rajeunir pour devenir la croyance de la jeune République.

Celui-là venait de frapper l'endroit sensible. Le moine releva fièrement la tête. Il se retrouva Savonarole.

— J'ai dévoué ma vie, mes écrits, mes paroles, partout où je me suis trouvé devant mes concitoyens, à sceller cette réconciliation de la génération nouvelle avec cette antique génération qui s'appelle l'Église. Je ne saisis pas quelle est l'opposition qui peut se trouver entre ces deux choses si admirables, la vieille doctrine catholique, celle

qui a créé les peuples et la liberté même des peuples.
(Bravo! bravo!) Car, messieurs, avant Jésus-Christ, avant
l'Évangile, il n'y avait pas de peuple, il n'y avait que des
maîtres et des esclaves. Le peuple est sorti de l'Évangile,
de la parole du Christ... et si ce peuple, que nous avons
mis au monde nous-mêmes, abandonnant de part et d'autre
des préjugés antiques, si eux et nous, dis-je, nous voulons nous réconcilier, je ne vois pas ce qui peut nous en
empêcher [1].

La salle faillit crouler sous les applaudissements. On
criait : Vive la République! Vive Lacordaire! et le courageux Dominicain eut beaucoup de peine à se soustraire
à une ovation publique.

C'est alors que Marseille se souvint de l'avoir vu en 1831
aux côtés du fondateur de l'École Menaisienne, de l'avoir
vu quand il vint déposer aux pieds de Notre-Dame de la
Garde ses projets de reconstruction dominicaine, et, quelques mois auparavant, en janvier 1848, de l'avoir entendu
prononcer un discours, — le seul qu'il nous ait donné, —
après lequel, parlant au nom des Marseillais enthousias-
més, le noble héritier des Sabran lui avait demandé de se
souvenir de Marseille et de compter sur son dévouement [2].

---

[1] Cf. VILLARD, *le Père Lacordaire au club de l'Union*, pp. 535 à
555.

[2] *Gazette du Midi*, 10 janvier 1848. Parlant de cette manifestation
à madame Swetchine, Lacordaire lui écrivait : « J'ai terminé mon
« séjour dans le Midi par un discours à Marseille, où l'on m'a fêté avec
« un enthousiasme vraiment extraordinaire. J'ai reçu plusieurs dé-
« putations de trois à quatre cents personnes. Au cercle religieux,
« ces bons jeunes gens se sont précipités sur moi, et il n'y en a pas
« un qui n'ait voulu me serrer la main avec effusion. Je n'avais

32,752 voix le portèrent à l'Assemblée nationale comme représentant des Bouches-du-Rhône. Il nous écrivit :

« Dieu vous avait choisis pour me donner ses ordres; je les reçois de votre bouche, et je m'y conformerai. J'essayerai d'être, à l'Assemblée nationale, un représentant digne de vous [1]. »

Il ajoutait :

« Lorsque, il y a trois mois, vous m'avez accueilli sur vos brillants rivages, je ne me doutais pas que sitôt vos acclamations fraternelles se changeraient en une élection d'un autre ordre, et qu'étant déjà votre ami, je deviendrais votre député. Il me reste à justifier ces deux titres devant la France [2]. »

La tâche était hardie, mais elle devait tenter l'âme ardente de notre représentant.

Le lendemain du jour où il nous écrivait, l'Assemblée nationale se réunissait, sous le péristyle du Palais-Bourbon, et proclamait la République aux acclamations du peuple et de la garde nationale. En apercevant l'éloquent religieux dans les rangs des députés, et voyant que, malgré les conseils timides, il avait gardé sa robe monastique, le peuple se précipita, et ramena triomphalement jusqu'aux portes

« jamais vu cela. Mgr de Mazenod m'avait logé à l'évêché, dans ce
« même évêché où, dix-sept ans auparavant, je m'étais trouvé avec
« MM. de Lamennais et de Montalembert, en allant à Rome. J'ai été
« très-content de Mgr Mazenod. Le clergé a été cordial on ne peut
« plus. » (*Lettre de Lacordaire à madame Swetchine*, 20 janvier 1848.)

[1] LACORDAIRE, *Lettre aux électeurs des Bouches-du-Rhône*, 3 mai 1848

[2] *Ibid.*

de l'enceinte législative ce prêcheur courageux, dont l'élection venait d'être validée par une Assemblée où siégeaient Isambert et Dupin.

« A dater de ce jour, disent les journaux du temps, les lois oppressives que nous avons si longtemps combattues, et que tous les despotismes ont tour à tour évoquées contre la conscience, contre la sainte liberté de la pénitence et du dévouement, ces lois sont abrogées par le fait. Elles sont tombées, frappées à mort par le courage du moine et par les acclamations du peuple. La seconde république a réparé aujourd'hui l'une des plus odieuses iniquités de son aînée [1]. »

Ceci se passait le 4 mai. Onze jours après, l'Assemblée nationale était envahie. Signalé entre tous, par son froc blanc, aux menaces des émeutiers, le Père Lacordaire, impassible et triste à son banc, comprit que c'en était fait de la République, puisque cette populace outrageait ainsi ses représentants sans autre but que de leur faire entendre qu'ils étaient à sa merci. Ainsi 93 s'annonça pour enrayer et remplacer 89, quand les émeutiers d'alors s'en vinrent placer un hideux bonnet rouge sur la tête de Louis XVI.

Il sortit de là découragé et désespérant de cette République, à qui il venait de donner un gage si éclatant de son adhésion, en siégeant à l'extrême gauche, sur les hauteurs de la Montagne.

« Que me reste-t-il à faire, se dit-il, sinon de me porter comme médiateur par la vérité de la charité de l'É-

---

[1] *Univers* du 5 mai 1848.

vangile, en faisant entendre aux deux partis leurs torts et leurs devoirs réciproques, et en tâchant de les ramener par l'expérience de leurs maux réciproques à une transaction fondée sur la loi de Jésus-Christ ? Mais, pour atteindre ce but, le prêtre, le religieux surtout, est mal placé dans une assemblée politique, à moins qu'il ne s'y cache et ne ressaisisse sa véritable influence à force de se faire oublier [1]. »

Il nous écrivit :

— J'ai compris que, dans une assemblée politique, l'impartialité conduisait à l'impuissance et à l'isolement, qu'il fallait choisir son camp et s'y jeter à corps perdu. Je n'ai pu m'y résoudre. Ma retraite était dès lors inévitable, et je l'ai accomplie [2].

« Il est des occasions où il faut savoir descendre devant les hommes pour s'élever devant Dieu [3]. »

Il laissa dire et rentra dans sa vie monastique avec le calme d'une conscience qui a rempli son devoir et la certitude d'avoir fait consacrer par la nation elle-même, dans son assemblée souveraine, l'inviolabilité de son habit religieux [4].

« Le clergé de France, disait-il, ne s'exposera jamais sans dommage au souffle des passions politiques. Si éloquent fût-il, si dévoué, si courageux, il paraîtra moins

---

[1] Lettre de Lacordaire à M. Aug. Nicolas, 29 juillet 1848.
[2] Lettre aux électeurs des Bouches-du-Rhône, 19 mai 1848.
[3] LACORDAIRE, *Notice sur le rétablissement en France de l'Ordre des Frères Prêcheurs,* p. 141.
[4] VILLARD, *Étude biographique et critique sur le P. Lacordaire,* p. 68.

grand à la tribune que dans l'humble chaire où le curé de campagne apporte la gloire de son âge et la simplicité de sa vertu. On soupçonnera d'ambition le sacrifice le plus vrai ; on pensera qu'il cache sous des phrases sonores l'orgueil du bruit. La France s'est fait dès longtemps une idée si haute du sacerdoce, qu'elle souffre avec peine tout ce qui le fait descendre, même pour un temps, des hauteurs de l'Horeb et du Calvaire [1]. »

Il écrivait cela dans l'*Ère nouvelle*, un journal qu'il avait fondé avec l'abbé Maret, Lorain et Ozanam [2], arborant « un drapeau où la religion, la république et la liberté s'entrelaçaient dans les mêmes plis [3] ». Ce journal aussi [4],

---

[1] *Ère nouvelle*, avril 1848.

[2] C'est à propos de cette courte reprise dans le journalisme que Lacordaire expérimenta combien les publicistes ont du mal à contenter tout le monde : « Il y a, dit-il, un redoublement de colère et de lettres anonymes contre nous. C'est une vraie bataille, la plus drôle du monde, tout en étant fort sérieuse. Les uns nous disent : Votre journal est le plus honnête journal du monde, nous nous y abonnons. — Les autres crient : Votre journal est affreux, horrible, sans-culotte. — Il faut, chère amie, ne rien faire ici-bas, et encore on n'est pas bien sûr d'y vivre tranquille, même en n'y faisant rien. » (*Lettre à madame Swetchine*, 30 juin 1848.)

[3] LACORDAIRE, *Notice*, etc., p. 139.

[4] Voici comment M. Louis Veuillot avait apprécié cette feuille : « L'*Ère nouvelle* est appelée à faire un bien que les autres feuilles catholiques ne peuvent pas faire : sa parole pénètre en des régions où leurs paroles ne pénètrent pas. Le réveil du sentiment religieux a tiré, en ces derniers temps, du sein des partis autrefois hostiles à l'Église, et en tire chaque jour, pour en faire des catholiques, des hommes naturellement plus avancés, plus progressifs que leurs frères. Ces hommes n'avaient pas de journal ; ils en ont un, et c'eût été, selon nous, un malheur véritable que cet organe leur fût enlevé ; car il a leur confiance, que des journaux plus anciens, marchant dans

il le quitta, comme il avait quitté l'*Avenir*. A ses yeux, le prêtre est bien plus grand en chaire qu'au journal ou à la tribune.

Suivons-le dans la chaire où il remonte, après s'être jeté dans le feu de la politique, et « s'y être même un peu brûlé[1] ».

II

A la veille de la révolution de Février, il s'était chargé de chanter, à l'honneur d'un peuple martyr, l'hymne éloquent de l'admiration française. Devant une assemblée plus profonde, plus mêlée, plus émue que jamais, son beau visage s'était transfiguré comme sur un nouveau Thabor, et, éperdu d'amour fraternel pour ce peuple resté pauvre, famélique, esclave, méprisé, pour s'être refusé à l'apostasie, il fut pris d'un subit respect, et, avec l'accent de cette vénération que les chrétiens des premiers âges devaient éprouver devant l'agonie des confesseurs de la foi,

---

des voies non pas contraires, mais différentes, ne peuvent pas avoir. Le P. Lacordaire, en fondant l'*Ére nouvelle,* le lendemain de la révolution de Février, a donc fait une bonne œuvre. Il était naturel qu'il en gardât la direction jusqu'à ce que l'œuvre fût définitivement établie. Aujourd'hui, il peut se décharger de ce fardeau sans inconvénient, et peut-être vaut-il mieux qu'il s'en décharge, tout en conservant au journal qu'il a créé sa prédilection. » (*Univers* du 2 septembre 1848.)

[1] Lettre de Lacordaire à madame Swetchine, 15 septembre 1848.

gisant sur la poussière sanglante des cirques, il s'écria :

« Je ne le nommerai pas, Messieurs, ce peuple cher et
« sacré, ce peuple plus fort que la mort : nos lèvres ne
« sont pas assez pures et assez ardentes pour le nommer;
« mais le ciel le connaît, la terre le bénit, tous les cœurs
« généreux lui ont fait une patrie, un amour, un asile...
« O ciel qui voyez, ô terre qui savez, ô vous tous, meil-
« leurs et plus dignes que moi, nommez-le, nommez-le,
« dites : l'Irlande [1] ! »

C'est du libérateur de l'Irlande, mort dans son triomphe,
enseveli dans les bras et dans l'âme de Pie IX, que Lacordaire parla [2], et, terminant son discours, il dit à ces hommes qui l'écoutaient, anxieux du lendemain, percevant
déjà le bruit sourd du tremblement de terre qui éclatera
demain :

« Messieurs, si la force vous vient, et avec elle un pres-
« sentiment... ah ! n'en cherchez point la cause, dites-
« vous que Dieu vous a parlé par l'âme d'O'Connell [3]. »

Le lendemain, 48 éclata. Un roi, qui se croyait nécessaire

---

[1] LACORDAIRE, *Oraison funèbre de Daniel O'Connell.* (Œuvres
complètes, t. VIII, p. 169.)

[2] Cette oraison funèbre fut débitée et même improvisée, tandis
que les deux précédentes avaient été lues. « Les deux expériences de
Nancy pour Mgr de Janson et le général Drouot, m'ont prouvé que
la lecture était toujours froide, si animée qu'elle fût. Dès qu'un auditoire dépasse certaines bornes, il faut absolument le saisir de ses
bras et l'électriser de ses yeux; une lecture n'est bonne que dans
une académie. Le sujet présent n'a pas d'ailleurs les difficultés oratoires et locales des deux autres. A Nancy, dans l'un et l'autre cas,
j'étais sur des charbons ardents; ici, je nage en pleine eau. » (*Lettre
de Lacordaire à madame Swetchine,* 16 juillet 1847.)

[3] *Ibid.,* p. 193.

et qui n'était qu'habile [1], prit peur devant quelques émeutiers qu'il ne put ou n'osa combattre, et s'enfuit sans
pouvoir léguer le trône à son petit-fils. La République était
proclamée, et la France jetée de nouveau à toutes les
luttes, à tous les hasards, à tous les périls.

Dès le lendemain, quand tant d'autres se cachaient, Lacordaire, d'un pas intrépide et calme, traversait les pavés
encore fumants des barricades. Il se rendait à Notre-Dame.
Comme il y allait, il rencontra Mgr Affre, venu à pied de
son côté, parce que les barricades étaient encore debout.
Ils se sourirent l'un à l'autre, le Dominicain et l'archevêque, heureux de s'être rencontrés dans une même pensée
de confiance [2]. Il fallait bien que Mgr Affre fît connaissance avec les barricades. Sans le savoir, l'héroïque prélat
faisait son apprentissage de héros et de martyr.

Notre-Dame présentait un aspect nouveau. Un peuple,
sorti d'un champ de bataille, venait, comme autrefois Florence au sortir d'une émeute contre Laurent de Médicis,
écouter son moine à tunique blanche. Des ouvriers, armés
de leurs fusils, circulaient dans les bas côtés. La jeunesse

[1] VILLARD, *loc. cit.*, p. 65.

[2] Par une de ces illuminations soudaines qui étaient propres à Lacordaire, il fit savoir au Gouvernement provisoire qu'il ouvrirait,
dès le 27 février (quinze jours avant le carême), la station de Notre-
Dame. Le Gouvernement l'en remercia. Le Père lut en chaire la lettre
pastorale du 24, et rendit grâces à l'archevêque d'avoir donné cet
exemple de conciliation entre la religion, qui est immuable, et ce
que le temps apporte chaque jour au milieu des hommes. Le sujet
de la conférence était l'existence de Dieu. L'auditoire tressaillit à ces
paroles : « Nous assistons, Messieurs, à l'une de ces heures où Dieu
« se découvre ; hier il a passé dans nos rues, et toute la terre l'a vu. »
FOISSET, *Vie du P. Lacordaire*, t. II, p. 130.)

des écoles, les gardes nationaux, les artisans, les hommes de peine étaient mêlés indistinctement dans la nef.

Il n'en fallait pas tant pour enflammer l'imagination ardente du prêcheur. Sous l'impression de cette catastrophe, prompte et terrible, qui avait emporté une couronne, devant cette mitre d'or, qui s'empourprera demain d'un sang généreux, il voulut échapper aux émotions du moment. Il commanda à son âme de se taire, et parla d'abord avec un calme apparent de la supériorité de la doctrine catholique, des vérités premières qu'elle enseigne, de leur accord avec la nature, la conscience et la raison. Mais, en abordant les preuves de l'existence de Dieu, la pensée de ce peuple, courbant le genou et adorant la croix au milieu même de sa colère, vint soudain s'imposer à son esprit et l'enleva aux démonstrations graves. Son œil étincela, et, montrant du geste les portes de la basilique, il rappela comment, au milieu des ruines, des désordres et des fureurs de la guerre, la multitude révoltée venait de porter l'image de Dieu en triomphe.

Il avait suffi pour cela d'un jeune homme. Il avait pris en main les vases sacrés et le crucifix sur l'autel des Tuileries. Élevant ces trophées au-dessus de toutes les têtes, il cria aux insurgés :

— Vous voulez être régénérés; eh bien ! n'oubliez pas que vous ne pouvez l'être que par le Christ !

— Oui ! oui ! répondirent-ils, c est notre maître à tous!

Toutes les têtes se découvrirent, et ce peuple cria :

— Vive le Christ !

Quand ce souvenir se représenta à Lacordaire, au milieu de ses calmes démonstrations, l'émotion l'emporta sur sa volonté, et, dans un sublime mouvement d'inspiration :

— Vous démontrer Dieu, Messieurs ! mais vous auriez le droit de vous lever pour me repousser du milieu de vous ! Si j'osais entreprendre de vous démontrer Dieu, les portes de cette métropole s'ouvriraient d'elles-mêmes sur moi, et le peuple n'aurait besoin que d'un regard pour me confondre, lui qui tout à l'heure, au milieu de l'enivrement de sa force, superbe en sa colère, après avoir renversé plusieurs générations de rois, portait, dans ses mains soumises, et comme associée à son triomphe, l'image du Fils de Dieu fait homme [1].

Alors, l'émotion de l'orateur gagna l'auditoire. Ce fut une étincelle, un courant, une lave, quelque chose de subit, d'instantané, d'irrésistible. Tous ces hommes se levèrent, et là, debout, frémissants d'enthousiasme, devant Dieu qui les regardait, sous ces voûtes habituées au silence du respect, ils acclamèrent Savonarole. Le bruit de leurs applaudissements passa la Seine et s'en alla, jusque sur les ruines encore fumantes, dire que le moine était vraiment le porte-voix de ses frères et l'interprète fidèle de leur foi.

Et lui, debout, silencieux, ému, regardait faire ce peuple, dont les bravos l'avertissaient de l'heureuse inutilité de son discours. Il n'avait pas cherché ce triomphe, il ne pouvait vouloir laisser se transformer en tribune profane la chaire d'où il enseignait, au nom du Christ et de l'Église.

« Messieurs », dit-il, quand le silence se fut un peu rétabli, « Messieurs, n'applaudissons pas la parole de Dieu,

[1] LACORDAIRE, *Conférences de Notre-Dame* (t. **IV** des Œuvres complètes, p. 269).

« croyons-la, aimons-la, pratiquons-la ; c'est la seule ac-
« clamation qui monte jusqu'au ciel et qui soit digne
« d'elle [1]. »

Depuis, il veilla sur sa parole et en contint les élans. En
aucune année, il ne traita, avec plus de calme, des sujets
plus étrangers aux émotions terrestres. La vie intime de Dieu,
le mystère de la Trinité, le mystère de la création, la matière
et l'esprit, le vrai et le bien, le libre arbitre : voilà de quoi
il traitait, devant un auditoire que des thèses aussi austères
ne parvenaient pas à calmer. On le vit bien, le 26 mars
1848. Ce jour-là, Lacordaire se laissa entraîner — il se
le reprochait ensuite — à une allusion. Il faut cependant en
convenir, elle était toute naturelle, et surtout elle fut bien
belle. Qu'on en juge.

Il parlait du crime qu'il y avait à trahir la vérité et à
travailler contre elle. Une image passa devant ses yeux,
il l'arrêta au passage.

« On a vu, dit-il, des pouvoirs, institués pour la con-
« servation de tous les droits et de tous les biens, déclarer
« une guerre ouverte au premier des droits, qui est celui
« de connaître; au premier des biens, qui est la vérité.
« Jaloux de l'empire qu'elle exerce, ils s'efforcent de la
« détrôner, pour asseoir à sa place et à leur profit le règne
« des intérêts et des passions. Tout leur va mieux que la
« vérité; ils acceptent tout excepté elle, ils protégent tout
« excepté elle, ils donnent la liberté à tout excepté à elle...
« Mais aussi, Messieurs, ne vous étonnez pas si la vérité

[1] Lacordaire, *Conférences de Notre-Dame* (t. IV des Œuvres
complètes, p. 270).

« prend de ses oppresseurs, un jour ou l'autre, de terribles
« vengeances... Il arrive tôt ou tard qu'une sorte de délire
« pousse les hommes hors de toute crainte et de tout res-
« pect, et les précipite à bras tendus... C'est le jour des
« représailles... Alors pâlissent les rois et se troublent les
« royaumes ; la nuit se fait dans Babylone ; Balthazar voit
« la main qui le condamne, et l'épée de Cyrus n'attend pas
« au lendemain. Ce n'est pas de l'histoire que je fais,
« Messieurs ; non, ce n'est pas de l'histoire. Ouvrez vos
« yeux : nous sommes à Babylone, et nous assistons au
« festin de Balthazar [1]. »

Transportés, hors d'eux-mêmes, les auditeurs oublièrent
la recommandation du 27 février. Ils l'avaient vue venir
au monde, cette image superbe ; ils avaient vu l'orateur
haletant, la sueur au front, les veines gonflées, l'arracher
de son âme, vivante et toute armée ! Ils l'acclamèrent.
Devant leurs applaudissements, Lacordaire se demanda s'il
ne venait pas de trahir les intérêts de la vérité, en montrant dans les catastrophes de son siècle le rôle vengeur
qu'elle y joue ; il en demanda pardon à la vérité et remonta
vite aux régions sereines où rien de terrestre ne se mêle
à la contemplation des causes et des lois [2].

Huit jours après, il conjura ses auditeurs de n'applaudir
jamais.

« Ce n'est pas, dit-il, que je ne conçoive, même au pied
« des autels, le mouvement involontaire qui porte une as-
« semblée à se lever en quelque sorte dans un témoignage

[1] LACORDAIRE, *loc. cit.*, p. **375**.
[2] *Ibid.*, p. 379.

« unanime de sa sympathie et de sa foi. Mais, bien qu'en
« certaines rencontres ces acclamations puissent paraître
« excusables, tant elles sortent avec piété de l'âme des au-
« diteurs, cependant je vous conjure d'obéir à la tradition
« constante de la chrétienté, qui est de ne répondre à la
« parole de Dieu que par le silence de l'amour et l'im-
« mobilité du respect. Vous le devez à Dieu, vous le devez
« aussi peut-être à celui qui vous parle en son nom. Bien
« qu'il ne fût pas tenté d'orgueil par vos applaudissements,
« on peut le soupçonner de n'y être pas insensible ; on
« peut croire qu'au lieu de vous distribuer gratuitement
« ce qu'il a reçu gratuitement, il vient en chercher le prix
« dans la gloire de la popularité, récompense honorable,
« mais toujours fragile, et plus fragile, plus vaine encore,
« entre ceux qui reçoivent et celui qui donne les leçons
« de l'éternité [1]. »

III

« On peut le soupçonner de n'y être pas insensible!... »
En effet, que n'a-t-on pas dit sur sa vanité de prédicateur, sur
son désir de plaire et de briller? On racontait que le Père
Lacordaire, après ses conférences, se travestissait pour aller
se mêler aux cercles, et recueillir les louanges qu'on faisait
de lui. Disons donc, à l'honneur de cette mémoire, si exaltée

---

[1] LACORDAIRE, *loc. cit.*, p. 406.

par les uns, si gravement méconnue par les autres, comment se passaient ces dimanches des conférences, ces grandes journées de Notre-Dame[1].

Il demeurait la matinée dans une profonde méditation. Personne n'entrait dans sa chambre, si ce n'est un ou deux de ses intimes amis, qui venaient s'assurer si rien ne lui manquait; on entrait et sortait en silence, mais attentif à ne pas troubler sa pensée recueillie. Il déjeunait seul à neuf heures. Par exception, il faisait gras ce jour-là; mais son repas était encore fort modeste. Si le temps était beau, il descendait au jardin, se promenait lentement, s'arrêtait devant une fleur, souriait à toute cette verdure inondée de lumière, et reposait son esprit dans une douce contemplation des belles et pures œuvres de Dieu; c'était comme un prélude où son inspiration[2] se plaisait à monter par degrés à des harmonies d'un ordre plus élevé. Il sortait à onze heures, accompagné de son ami M. Cartier. Vers trois heures, il rentrait, accablé de fatigue, mais le front transfiguré, le visage en feu, l'âme toute chaude encore et débordant de foi, d'éloquence et d'amour. Pour réparer ses forces épuisées, parfois il se mettait au lit; et, faisant entrer un de ses amis, jeune laïque qui avait toute sa confiance, il s'entretenait familièrement avec lui de l'amour de Notre-Seigneur et du bonheur de la vie religieuse. A l'heure du souper, on lui apportait

---

[1] Nous n'avons pas su reculer devant la reproduction intégrale de ces charmants détails, que nous empruntons au R. P. Chocarne. (*Vie du P. Lacordaire*, t. II, pp. 61 à 64.)

[2] Comme nous avons occasion de l'expliquer ailleurs, la méthode oratoire de Lacordaire était essentiellement basée sur les chances de l'improvisation.

son repas, exactement le même que celui de la communauté :
deux œufs et une salade. Puis, il reprenait l'entretien où
il l'avait laissé : c'était toujours l'amour de Notre-Seigneur,
l'amour des souffrances et ce qui s'y rapprochait. Rarement
il parlait de ses conférences. A ceux qui lui en faisaient des
éloges, il ne répondait rien ; mais il demandait volontiers
à ses plus intimes ce qu'on trouvait à y reprendre. Ce jeune
homme lui dit, un dimanche soir, que plusieurs personnes
pensaient que, dans son action oratoire, il visait à l'effet,
et qu'il y avait certains points d'arrêt ménagés avec art pour
provoquer ces mouvements d'admiration qui faisaient rarement défaut. Le Père parut étonné, et, après avoir réfléchi
un instant, il lui avoua qu'il n'y avait jamais pensé. «J'ai donc
bien peu les dehors de l'humilité? ajouta-t-il ; mais au moins
suis-je assez humble réellement? — Non, mon Père, pas encore. — C'est bien vrai, reprit-il, mais je vais y travailler.
Et vous, mon cher ami, vous m'aiderez. Vous me connaissez
à fond; eh bien! vous serez mon maître ; vous me reprendrez
de toute faute dont vous serez témoin. Vous me tutoierez et
me parlerez comme on parle à un esclave. Quand vous vien-
drez me voir, vous m'imposerez les plus rudes pénitences ;
il nous faut arriver à ce que notre corps accepte sans réclamer,
et sur l'heure, tout ce que l'esprit de Jésus-Christ nous commande. » La journée se terminait toujours par une sévère flagellation, qu'il fallait lui donner, malgré son extrême fatigue.

Voilà ce qu'étaient ces journées de Notre-Dame, si éclatantes au dehors dans le public, mais au dedans si simples,
si calmes, si saintement religieuses.

Il y a loin des réalités aux inventions de la mauvaise foi
ou de l'ignorance.

IV

C'est en cette même année 1848 qu'il reprit ses courses apostoliques et ses fondations dominicaines. Il vint prêcher à Dijon, dans cette ville de sa jeunesse, « heureux, disait-il, « s'il rapportait des vicissitudes de sa vie une âme digne « de s'unir à cet auditoire[1] », où il retrouvait ses amis et ses souvenirs ; dans cette ville où il revoyait le collége qu'il avait habité sept ans, la grande salle des États de Bourgogne où il avait été couronné tant de fois, l'église où sa mère allait tous les jours et où il s'était confessé pour la première fois[2].

Les conférences de Dijon furent « bénies au delà de toute son attente[3] » ; ses compatriotes étaient fiers de lui ; puis il était si aimable pour tous ! Jamais peut-être son esprit si vif, si dijonnais, ne s'était fait jour, comme dans ce milieu où il se retrouvait à l'aise.

Les souvenirs des contemporains en ont conservé plusieurs traits. Je n'en citerai qu'un, choisi entre cent autres, et qui, pour être connu, n'en donne pas moins l'idée exacte de ce qu'était cet esprit naturellement plaisant et facilement caustique, s'il ne l'eût tempéré par une exquise bien-

---

[1] LACORDAIRE, *Première Conférence de Dijon* (*Tribune sacrée,* année 1849).
[2] Lettre de Lacordaire à madame Swetchine, 24 avril 1836.
[3] Lettre de Lacordaire à madame de Prailly, 2 janvier 1849.

veillance fondée sur le désir de ramener chacun de ses frères à la vérité et au bien.

Le Père Lacordaire avait voyagé tout le jour dans le coupé d'une diligence avec un jeune voyageur incrédule, mais d'une incrédulité naïve et peu méchante. Dès le premier quart d'heure, se sentant à côté d'un moine, il n'avait pu résister à la tentation de lui faire une profession de foi, peu orthodoxe, sur le surnaturel et le dogme. Lacordaire avait répondu avec plaisir, et la discussion avait dué...

Quand on arriva dans la petite ville où l'on relayait, les deux adversaires en étaient au même point, c'est-à-dire que, suivant l'usage, la discussion n'avait abouti qu'à laisser les opinions de chacun là où elles se trouvaient en commençant.

Il faisait froid : on courut se blottir au coin du feu de la cuisine de la plus prochaine auberge. Une omelette, à ce moment-là, cuisait en murmurant dans la poêle et s'y dorait de la façon la plus appétissante.

— Vous avez beau dire, monsieur, s'écria le voyageur qui ne se tenait pas pour battu, je ne consentirai jamais à croire aux choses que je ne comprends pas...

Lacordaire sourit finement, et, regardant l'omelette d'un œil malin, il répondit :

— Cher monsieur, daignez m'expliquer, je vous prie, comment le feu que voici, agissant sur la poêle que voilà, peut du même coup faire fondre le beurre et faire durcir les œufs.

— Rien n'est plus simple, dit l'autre. Le feu étant... la propriété du beurre étant de fondre, celle des œufs étant de durcir... il est naturel que...

15.

Bref, il s'empêtra dans son raisonnement, balbutia, bégaya, ne sut que dire.

— Je vous attendais là, reprit Lacordaire. Vous ne comprenez guère, je le vois, le mystère de l'omelette. Et cependant, n'est-ce pas? vous croyez à l'omelette! moi aussi, et tous les deux nous n'avons pas tort [1].

V

Avec le carême de 1849, après avoir fondé son beau et cher couvent de Flavigny, près Dijon, il reprit ses conférences à Notre-Dame. Il trouvait un nouvel archevêque sur la chaire de Saint-Denis. En mourant sur les barricades, Mgr Affre emportait dans sa tombe de martyr son projet d'avoir pour coadjuteur le Père Lacordaire [2]. Mgr Sibour, qui lui succéda, et dont les armes étaient celles de saint Dominique, l'un de ses patrons, eut pour l'illustre fils du patriarche des Frères Prêcheurs l'affection d'un père. Il lui donna les Carmes pour y établir un couvent à Paris.

« C'est, écrivit Lacordaire, la première fois depuis soixante ans, qu'un corps religieux officie publiquement dans une église à lui. Priez Dieu, mon cher ami, que cette grâce ne tourne pas à notre confusion, et que si les Carmes, par suite des malheurs publics, deviennent une

[1] *Journal des Débats,* 14 août 1849.
[2] VILLARD, *loc. cit.,* p. 69.

seconde fois la proie des révolutions, nous puissions di-
gnement mêler notre sang à celui des martyrs qui nous
ont précédés [1]. »

Après avoir traité, l'année précédente, du commerce de
l'homme avec Dieu, en 1850, il décrivit magnifiquement
la chute et la réparation de l'homme. Enfin, en 1851, il
posa le couronnement de son enseignement dogmatique en
montrant, dans la grâce et les sanctions divines, les lois
du gouvernement surnaturel de la Providence.

En finissant la dernière conférence, il supplia ses auditeurs, ses compagnons de route, comme il les nomma, de
lui permettre d'évoquer devant eux des souvenirs qui lui
rendaient si chers et cette métropole et ses auditeurs :

« C'est ici, dit-il, quand mon âme se fut rouverte à la
« lumière de Dieu, que le pardon descendit sur mes fautes,
« et j'entrevois l'autel où, sur mes lèvres fortifiées par
« l'âge et purifiées par le repentir, je reçus pour la
« seconde fois le Dieu qui m'avait visité à l'aurore pre-
« mière de mon adolescence. C'est ici que, couché sur le
« pavé du temple, je m'élevai par degrés jusqu'à l'onction
« du sacerdoce, et qu'après de longs détours où je cher-
« chais le secret de ma prédestination, il me fut révélé
« dans cette chaire, que, depuis dix-sept ans, vous avez
« entourée de silence et d'honneur. C'est ici qu'au retour
« d'un exil volontaire, je rapportai l'habit religieux qu'un
« demi-siècle de proscription avait chassé de Paris, et
« que, le présentant à une assemblée formidable par le
« nombre et la diversité des personnes, il obtint le triom-

[1] Lettre de Lacordaire à **M.** Villard, 11 décembre 1849.

« phe d'un unanime respect. C'est ici qu'au lendemain
« d'une révolution, lorsque nos places étaient encore
« couvertes des débris du trône et des images de la guerre,
« vous vîntes écouter de ma bouche la parole qui survit à
« toutes les ruines, et qui, ce jour-là, soutenue d'une
« émotion dont nul ne se défendait, fut relevée de vos ap-
« plaudissements. C'est ici, sous les dalles voisines de
« l'autel, que reposent mes deux premiers archevêques,
« celui qui m'appela tout jeune à l'honneur de vous ensei-
« gner, et celui qui m'y rappela, après qu'une défiance
« de mes forces m'eut éloigné de vous. C'est ici, sur ce
« même siége archiépiscopal, que j'ai retrouvé dans un
« troisième pontife le même cœur et la même protection.
« Enfin, c'est ici qu'ont pris naissance toutes les affec-
« tions qui ont consolé ma vie, et qu'homme solitaire, in-
« connu des grands, éloigné des partis, étranger aux
« lieux où se presse la foule et se nouent les relations,
« j'ai rencontré les âmes qui m'ont aimé. »

Puis, dans un mouvement qui saisit tout l'auditoire,
levant son beau regard en haut :

« O murs de Notre-Dame, s'écria-t-il, voûtes sacrées
« qui avez reporté ma parole à tant d'intelligences pri-
« vées de Dieu, autels qui m'avez béni, je ne me sépare
« point de vous ; je ne fais que dire ce que vous avez été
« pour un homme, et m'épancher en moi-même au sou-
« venir de vos bienfaits, comme les enfants d'Israël, pré-
« sents ou en exil, célébraient la mémoire de Sion. Et
« vous, Messieurs, génération déjà nombreuse en qui j'ai
« semé peut-être des vérités et des vertus, je vous de-
« meure uni pour l'avenir comme je le fus dans le passé :

« mais si un jour mes forces trahissaient mon élan, si
« vous veniez à dédaigner les restes d'une voix qui vous
« fut chère, sachez que vous ne serez jamais ingrats, car
« rien ne peut empêcher désormais que vous n'ayez été la
« gloire de ma vie et que vous ne soyez ma couronne
« dans l'éternité [1]. »

Lacordaire avait quarante-neuf ans. En pleine maturité
de l'âge et du talent, il descendait de cette chaire de
Notre-Dame de Paris qu'il a créée... L'empire était fait!

[1] LACORDAIRE, *Conférences de Notre-Dame* (t. VI des Œuvres
complètes, p. 243).

XI

SOUS L'EMPIRE

Ne plus remonter dans la chaire de Notre-Dame !...

Qui dira jamais ce que dut être ce sacrifice pour Lacordaire? Notre-Dame, c'était sa grande patrie ! Chaque fois qu'il venait à Paris, son regard, du plus loin qu'il pouvait, en cherchait avidement les vieilles tours majestueuses ; et, quand il les avait enfin distinguées, son âme tressaillait toujours, un sourire épanouissait son grave visage : il saluait, avec un respect filial, la basilique aimée[1].

Lorsque, après s'être consulté devant Dieu et sa conscience, il comprit qu'il devait renoncer à la chaire de Notre-Dame, il fut pris de peur. Il s'enfuit de Paris[2].

Madame Swetchine s'en étonnait.

— Ah! répondait-il, si je revenais à Paris, je serais accablé de sollicitations pour Notre-Dame, et jamais je n'aurais assez de force pour y résister[3].

Que se passait-il donc? Puisqu'on le sollicitait de remonter dans sa grande chaire, pourquoi résistait-il à cet attrait de son cœur qui l'y rappelait?

Ici, je vais marcher sur des charbons ardents. Daigne le lecteur souffrir que j'entre résolûment sur ce brûlant terrain.

I

« Je tiens par-dessus tout, écrivait Lacordaire, à l'inté-
« grité du caractère : plus je vois les hommes en manquer
« et faillir ainsi à la religion qu'ils représentent, plus je

[1] Lettre de Lacordaire à M. de Montalembert, 19 juin 1854.
[2] « Son regret de quitter Paris et Notre-Dame fut allégé par l'expérience que le Père fit, en 1856, dans la cathédrale d'Alby, que ses moyens physiques n'étaient plus à la hauteur de son ancien ministère. » (*Lettre d'un ami de Lacordaire à l'auteur.*)
[3] Lettre de Lacordaire à madame Swetchine, 6 mai 1852.

« veux, avec la grâce de Celui qui tient les cœurs dans sa
« main, me tenir pur de tout contact avec ce qui peut com-
« promettre ou affaiblir en moi l'honneur du chrétien. »

Il ajoutait fièrement :

« Je ne puis jamais répondre de m'asservir à une pru-
« dence qui me glacerait... Être ou ne pas être, c'est là
« la question[1]. »

On n'a pas oublié que, lorsqu'il s'en alla à Rome, avec
Lamennais et Montalembert, il disait à Grégoire XVI :

— Saint-Père, l'Église avait tout perdu au pied de l'é-
chafaud de Louis XVI, et Napoléon ne lui avait donné
qu'une chose qui ne lui manquera jamais, du pain, au lieu
de la seule chose qui lui soit nécessaire, la liberté[2].

Depuis 1830, le pèlerin de l'*Avenir* avait lutté, sans trêve,
sans défaillance, contre ce despotisme persévérant, aggravé,
pensait-il, par des politiques qui, traitant l'Église en ennemie, ne se contentaient plus de l'asservir et voulaient,
comme Frédéric II, lui faire le sort du hibou.

Confiner le clergé dans ses sacristies, l'isoler dans ses
églises à marmotter des oremus et des patenôtres à l'usage
des petites filles et des vieilles femmes[3] ! Lacordaire vit
que c'était là leur but. Il en appela au pays et à la génération nouvelle. Aux fils de Voltaire il opposa les fils des
croisés. Quand il commença, ils étaient trois ou quatre.
Au moment où nous en sommes, on ne les comptait plus,

---

[1] Lettre de Lacordaire à madame Swetchine, 6 mai 1852.

[2] Mémoire présenté par les rédacteurs de l'*Avenir* au pape Grégoire XVI.

[3] VILLARD, *Étude critique sur le Père Lacordaire*, p. 100.

et tous « servaient la liberté chrétienne sous les drapeaux de la liberté politique [1] » .

Mais Louis-Napoléon était maintenant président de la République.

— J'ai voté pour le général Cavaignac, dit Lacordaire ; les passions nous précipitent vers un retour brusque à une monarchie quelconque, sauf à la briser quand elles en seront lasses. Pour moi, ayant accepté la République sans l'avoir désirée, j'ai voulu ne rien faire qui fût pour elle un élément de ruine [2].

Dans une lettre admirable, écrite au lendemain du jour où le président était devenu l'empereur [3], il s'élevait à une philosophie de l'histoire et à une vue sur la société sortie depuis soixante ans, depuis 89, que j'ose recommander à l'attention des lecteurs. On n'a rien dit, me paraît-il, de plus sensé, et cette page est une prophétie :

« Ce n'est pas en soixante ans que l'on rebâtit sur des « ruines aussi considérables.

« Il nous faudra un siècle ou deux pour nous asseoir, « et, d'ici là, nous oscillerons entre un despotisme illi-« mité et une liberté mal réglée, comme ces balles sus-« pendues à un fil, qui décrivent de longues courbes en « sens divers, jusqu'à ce que peu à peu elles demeurent « immobiles à leur centre de gravité.

« Heureux ceux qui ne désespéreront pas, et qui, selon « leurs forces et leur temps, travailleront avec patience à

---

[1] LACORDAIRE, *Éloge funèbre du P. de Ravignan*.

[2] Lettre de Lacordaire à madame la comtesse de la Tour du Pin, 20 décembre 1848.

[3] Lettre de Lacordaire à madame de Favencourt, 27 juin 1853.

« ce siècle futur, où la civilisation chrétienne s'étendra sur
« les cinq parties du monde, et y établira le règne d'une
« liberté sincère sous une autorité respectée ! Ce siècle
« est loin, mais il viendra ! Je ne croirai jamais que Dieu
« se soit fait homme, soit mort ici-bas, et nous ait laissé
« l'Évangile, pour aboutir au triste spectacle que présente
« le monde depuis dix-huit cents ans.

« Nous n'avons vu que l'ébauche ; notre postérité verra
« la statue !... »

On le voit, le drapeau sous lequel il veut abriter l'Église,
jetée au milieu des sociétés civiles, même dans ces âges
encore lointains où son regard prophétique entrevoit la civilisation chrétienne assise partout, en Europe et dans le
monde, ce drapeau, ce n'est pas celui du privilége ; et,
disons tout, lorsque Lacordaire condamne au silence une
voix qu'il n'eût voulu faire entendre que pour protester
contre l'abdication du pays [1], ce n'est pas de la république
qu'il portait le deuil, c'était de la liberté !

De mauvais jours s'approchaient pour l'éloquence [2]. Selon la tactique familière à certains politiques heureux,
tout à coup l'éloquence française fut rendue responsable
de tous les malheurs du pays.

Montalembert, pour l'exprimer, a trouvé un mot spirituel,
un de ces mots à la Juvénal, vrais coups de lanière qui cin-
glent et marquent au visage. C'était, a dit le grand orateur,
ami de Lacordaire, « c'était une revanche éclatante de tous
ceux qui n'avaient jamais su se faire écouter de personne [3] ».

<hr>

[1] LINTILHAC, art. du *Journal de Paris*, 14 juin 1870.
[2] PRÉVOST-PARADOL, art. de la *France centrale*, 11 avril 1862.
[3] MONTALEMBERT, le *Père Lacordaire* (*loc. cit.*, p. 522).

Ah ! on veut bâillonner les bouches éloquentes, soit ! Il sera plus digne et plus sûr de garder le silence[1]. Vous le voulez, je me tais. Mais, auparavant, vous l'entendrez une fois encore, la dernière ! Quel beau spectacle !... Venez, allons l'entendre, avant que ce représentant le plus considérable et le plus respecté de la parole publique, ferme, lui aussi, sa lèvre puissante. Regardez, on croirait voir un de ces rochers un peu plus élevés que les autres, que la marée montante est lente à recouvrir et qui disparaît le dernier dans les flots. Écoutez, on croirait entendre une des détonations suprêmes qu'un vaisseau qui sombre lance comme un adieu aux vagues qui vont l'engloutir : c'est la dernière bordée du *Vengeur* ou du *Cumberland*.

II

Le 10 février 1853, une foule compacte, pressée comme des flots, debout faute d'espace, attendait, haletante, le dernier accent de la parole libre. L'église où cette houle humaine s'agitait en sens divers était cette même église de Paris qui avait eu les prémices de l'éloquence lacordairienne, Saint-Roch, le temple témoin de ce premier essai, hésitant et presque balbutiant, qui faisait dire aux auditeurs d'alors : Ce ne sera jamais un prédicateur[2] !

[1] Lettre de Lacordaire à madame la comtesse de Courville, 2 février 1852.

[2] Voir plus haut, p. 104.

Ceux qui l'avaient cru survivaient, et, au lieu de la poignée d'amis indulgents qui entourait le prédicateur de 1833, ils retrouvaient, autour de l'orateur de 1853, un océan profond, plus que cela, un peuple.

Oui, un peuple, le peuple franc, plus jaloux encore que le peuple romain de ses tribuns, plus sensible que le peuple athénien à la parole publique. Le Forum est désert, la tribune aux harangues est en deuil de Cicéron, Philippe a vaincu Démosthènes. A son de trompe, on a proclamé la loi universelle du silence. Le canon grondait, pendant que les lieutenants de César commandaient de se taire, et, pour ceux qui méconnaîtraient l'ordre du maître, il y a un cachot et des geôliers à Saint-Pélagie, et plus loin, dans nos ports de guerre, il y a des vaisseaux-transports tout prêts à cingler vers Cayenne!

Lacordaire parut. Deux archevêques présidaient l'assemblée : l'un, rallié à l'Empire, au grand désespoir de l'orateur qui l'avait aimé [1]; l'autre, son ami et son protecteur [2] courageux, à Bordeaux, contre les vexations des ombres de proconsuls sous le gouvernement de Juillet.

Le fier dominicain s'inclina du côté des deux archevêques, comme pour saluer l'Église. Puis, apercevant dans

---

[1] « La plus grave affaire que j'ai eue depuis mon retour a été celle du relâchement de mes liens avec Mgr Sibour...; M. l'archevêque, en donnant à la politique du moment des gages que je désapprouvais, m'ouvrait une large porte de séparation. Je ne pouvais plus demeurer trop près d'un homme qui passait ainsi d'un excès à l'autre, et, malgré ma reconnaissance pour lui, il m'était impossible de rester devant l'opinion aussi proche de sa personne qu'on m'y avait vu. » (*Lettre à madame Swetchine,* 6 mai 1852.)

[2] Mgr Donnet, archevêque de Bordeaux.

cette vaste mer les représentants du pouvoir nouveau, il redressa la tête. Ses lèvres s'ouvrirent, et, lentement, d'une voix ferme, un peu rauque, il laissa tomber deux mots sur l'auditoire :

— *Esto vir!* soyez homme [1]!...

C'est l'adieu de David mourant à son fils Salomon. Remarquez-le, c'est David qui parle, David qui dit adieu à son enfant. David! Mais, vous le savez bien, depuis que Saül est tombé sur les monts de Gelboé, depuis que Lamennais a failli à sa mission, David, c'est Lacordaire, et ce fils royal, cet héritier de la gloire paternelle, ce Salomon, ah! vous le savez bien aussi, c'est l'auditoire français, c'est le cœur du pays, c'est la patrie reconquise par cet homme, c'est la nation ramenée au baptistère de Reims et à la tradition de Clovis, c'est la France redevenue chr - tienne, arrachée toute vive des mains de Voltaire par ce conquérant qui l'a jetée de force entre les mains du Christ!

Esto vir, ô mon peuple! ô mon pays de France! ô mon fils! sois homme! c'est la dernière fois qu'il m'est donné de te parler! Vois, je vais mourir, mourir bien jeune, mourir tout vivant, enseveli dans ma gloire au milieu de la bataille; mais laisse-moi te dire adieu, laisse-moi te faire mon héritier et mon exécuteur testamentaire!

Tout ce discours roula sur les obligations de la virilité chrétienne dans la vie publique et dans la vie privée.

« Il y a, dit-il, incompatibilité entre la possession de « la grandeur de l'Évangile et la bassesse du caractère. »

Il osa ajouter :

[1] III⁰ liv. des Rois, II, 2.

« On peut avoir un grand esprit et une âme vulgaire;
« une intelligence capable d'illuminer son siècle et une âme
« capable de le déshonorer; on peut être un grand
« homme par l'esprit et un misérable par le cœur. »

L'auditoire frissonnait. On devinait l'approche du péril,
on sentait venir l'allusion. Elle vint.

« Celui qui emploie des moyens misérables, même pour
« faire le bien, *même pour sauver son pays,* celui-là de-
« meure toujours un misérable. »

Il était entré dans le vif, il n'en sortit plus, coupant,
tranchant avec une verve impitoyable. On disait : « L'im-
« prudent! il brûle ses vaisseaux! » Or, il les brûlait de
son plein gré, le voulant, après réflexion mûrie dans le
silence de son âme, comme le témoignent toutes ses
lettres d'alors.

Il eut un magnifique élan.

« Dieu, s'écria-t-il, Dieu n'est occupé qu'à nous donner
« des occasions de pleurer. Il renverse des empires, il en
« élève d'autres, non pas pour ce que vous pouvez vous
« imaginer, mais pour qu'il y ait des larmes, et que, y
« ayant des larmes, il y ait des martyrs, des patients, des
« hommes qui en souffrant développent ce grand carac-
« tère de l'adversité, qui en fait seul quelque chose! »

De là, dit Montalembert[1], un magnifique développement
sur la Révolution, qu'avait précédée la conspiration des
princes de la terre et des princes de la pensée pour dé-
pouiller et déshonorer l'Église.

« L'Église de France, dit-il, abandonna ses biens volon-

[1] MONTALEMBERT, *loc. cit.,* p. 536.

« tairement, quand on les lui demanda ; elle alla dans l'exil,
« quand on le voulut ; elle offrit sa tête au bourreau, quand
« on l'exigea : et ainsi, en quelques jours, elle sauvait la
« foi dans vos pères et dans leur postérité qui est vous-
« mêmes. Les malheureux qui avaient combattu le christia-
« nisme croyaient ne plus trouver qu'un troupeau d'es-
« claves ; ils trouvèrent les catacombes, et ils périrent
« eux-mêmes devant cette générosité, cette force de pa-
« tience qu'il plut à Dieu de nous donner. »

Mais cette évocation de la Terreur le ramenait forcément
à la légende napoléonienne, cette légende immortalisée par
les grenadiers de Napoléon le Grand, chantée par Béranger,
popularisée par l'imagerie et enluminée sur les murs de
toutes les chaumières, qui venait de faire le second empire.
Il ne pouvait manquer d'en parler librement, ses auditeurs
le savaient bien. On l'écoutait avec une avidité croissante.
Lui, tranquille et fier comme la garde héroïque à Waterloo,
il entra résolûment dans la fournaise.

« Le Saint-Siège, dit-il, avait perdu plus que tout autre,
« parce que, comme il est la tête, c'est à la tête que parais-
« sent les affronts, comme c'est à la tête que paraissent
« les diadèmes. Dieu prit un homme qu'il investit d'une
« grande puissance, un homme qu'on appela grand, mais
« qui n'était pas assez grand pour ne pas abuser de sa puis-
« sance ; il le mit aux prises avec le vieillard du Vatican
« pendant un certain nombre d'années et au plus fort de
« ses triomphes : ce fut le vieillard qui fut vainqueur. »

Après les luttes de Napoléon Ier contre le Pape, son cap-
tif, l'orateur se tourna vers les souvenirs de la guerre
d'Espagne :

« Et l'Espagne, qui avait conquis les deux Indes et porté
« si loin l'étendard de la foi! Depuis Philippe II, la chré-
« tienté d'Espagne, frappée de mort par le despotisme de
« ce monarque célèbre, n'avait pas pu se relever; elle était
« couchée par terre comme un arbre qui ne peut plus pro-
« duire une végétation jeune et forte, mais qu'ombragent
« encore son antique gloire et sa puissante ramure. Il plut
« à l'homme dont je parlais tout à l'heure de se l'attribuer,
« en vertu de ce que tous les conquérants appellent le droit
« de conquête. Quand on lui disait : « Prenez garde d'at-
« taquer cette masse de peuples », il répondait : « C'est
« une nation qui a été faite par des moines, et toutes les
« nations qui ont été faites par des moines sont des lâches ! »
« Et, aux pieds des Pyrénées, il trouva ces chrétiens formés
« par des moines, et ses guerriers qui, des Pyramides jusqu'à
« la mer Baltique, n'avaient, à leur dire, rencontré que
« des enfants, ses guerriers confessaient, dans un langage
« tout à la fois militaire et énergique, qu'ici c'étaient plus
« que des hommes : c'était une guerre de géants. L'Espagne
« eut l'honneur insigne d'être la première cause de la ruine
« de cet homme et de la délivrance du monde. »

Devant cette audace du moine, debout quand tous étaient
courbés, calme quand tous tremblaient; disant, le front
haut et le regard animé, la vérité totale et courageuse, à la
face de la statue plus glorieuse que jamais de l'homme qui
dormait aux Invalides, jetant à la mémoire de l'oncle et à
la dictature du neveu ce fier défi du stoïcisme chrétien, il
y eut, dans l'assemblée, un flux et reflux visible. On regardait autour de soi. Pour un peu, ceux qui portaient le
glaive se seraient demandé s'il ne fallait pas porter la main

à la garde et tirer l'épée du fourreau. Lacordaire le vit.
Il prit un air de suprême dédain. Son visage s'embellit
encore sous la lumière d'une flamme qu'on ne lui vit jamais
à ce degré : la flamme du patriotisme.

« Oh! dit-il, il ne faut pas une armée pour arrêter ici
« ma parole; il ne faut qu'un soldat. Mais Dieu m'a donné,
« pour défendre ma parole et la vérité qui est en elle,
« quelque chose qui peut résister à tous les empires du
« monde. »

A partir de ce moment, la prédication cessait d'être possible pour lui à Paris[1].

---

[1] A l'occasion de ces pages, parues dans la 1re édition, nous fûmes
amené à écrire la lettre suivante au *Figaro*, qui l'a publiée en mai
1882, sous le titre de : *Lacordaire à Saint-Roch :*

« MONSIEUR,

« Vous avez bien voulu reproduire dans le *Figaro* le chapitre de
mon récent ouvrage sur LACORDAIRE, où j'ai été amené à expliquer
pourquoi le grand orateur de Notre-Dame dut renoncer à la chaire,
après le coup d'État.

« Cette publication a soulevé, dans les journaux, une polémique,
à certains endroits, d'une violence qui n'épargne pas même le biographe, comme si l'on ne pouvait plus écrire l'histoire sans péril
personnel...

« J'ai reçu également des monceaux de lettres, les unes exaltant
ce que mes correspondants appellent le courage d'avoir enfin dit la
vérité voilée par les précédents historiens, les autres blâmant au
contraire avec amertume cette imprudente révélation, quelques-unes
avec accompagnement d'injures et de petites insinuations qui veulent
être perfides.

« Parmi ces lettres cependant, il y en a une qui fait appel à ma
loyauté, et, comme elle émane de l'homme qui a peut-être le mieux
connu Lacordaire, l'ami et le confident des dernières années de sa vie,
je dois à la vérité historique, mon unique souci en définitive, d'utiliser ces redressements dans une nouvelle édition, et, en attendant,

Il peut descendre de chaire. Il ne vient pas seulement de prononcer un discours, il vient de faire entendre une voix sans peur et libre, il vient d'accomplir un acte.

« J'ai parlé jusqu'ici, dit-il ; maintenant, ce que ma parole
« a dit, mon silence le dira encore plus haut. J'ai parlé,
« maintenant je me tais, je souffre et j'entre dans l'immobi-
« lité et la puissance d'un tombeau généreux[1] ! »

Mais ne vous imaginez pas qu'il ait accompli ce qu'il croyait être son devoir sans douleur. Pour donner à ses

de les faire passer sous les yeux des lecteurs du *Figaro*, qui ont connu les pages qu'ils visent.

« Il n'existait », m'écrit le personnage désigné plus haut, « du
« discours de Saint-Roch qu'une sténographie que le Père a brûlée de
« sa main, avant de mourir. Mais il m'en avait fait une fois la lec-
« ture, et, je vous l'affirme, le texte authentique est loin, très-loin
« des violences de langage et des allusions à bout portant qu'on a
« prêtées à l'orateur. En particulier, le passage relatif au soldat ne
« s'y trouve point. La réalité, à propos de ce discours, est si loin de
« la renommée, que cette différence même a déterminé le Père à en
« supprimer la *seule* copie authentique, il me l'a dit : « Le faire
« imprimer tel que je l'ai dit serait donner lieu de croire que j'ai eu la
« lâcheté de le modifier : il ne sera pas plus publié qu'il n'a été re-
« touché. »

« Mon honorable correspondant ajoute : « L'opposition du Père à
« l'Empire a été mitigée (à tort ou à raison) par son ardente admira-
« tion pour la politique extérieure de Napoléon III. Même, il avait
« prêté, sans aucune difficulté, serment à l'Empire, en entrant au
« Conseil municipal de Sorèze. »

« Et voilà, Monsieur, mon délit réparé!... Puisque le *Figaro* lui a prêté son immense publicité, il est juste que je donne à la réparation le retentissement qu'a eu le délit lui-même, si tant est qu'il y ait eu délit.

« Veuillez agréer, etc. »

[1] LACORDAIRE, *Discours sur la grandeur du caractère.* (Reproduit par la *Tribune sacrée,* t. VIII, p. 121.)

contemporains cette leçon de virilité et pour fortifier la leçon par l'exemple, il a brisé son cœur. On a cherché la cause de sa mort prématurée : on a parlé des amertumes dont fut abreuvé le Père Lacordaire en ses dernières années, des répudiations qui attristèrent son cœur si tendre et si sensible sous des dehors de plus en plus réservés, des sacrifices que Dieu imposa au restaurateur des Dominicains de France[1]. Je ne veux pas m'inscrire en faux contre ces interprétations ; mais, à côté de ces causes, secondaires selon moi, de la fin si précipitée du grand homme, il en est une qui les domine toutes, et dont il gardait le secret entre Dieu et lui : il avait la nostalgie de Notre-Dame, « sa grande patrie[2] », son vrai pays natal. Il mourut de faim et de douleur, parce que son auditoire était perdu pour lui, et que cet auditoire était le fils de ses entrailles, l'enfant de son génie. Or, quand une mère pleure, c'est en vain que vous essayez de la distraire. Rachel ne veut pas être consolée, parce que ses fils ne sont plus[3].

Comme Rachel, il s'en alla pleurer dans la solitude de ses cloîtres, emportant avec lui une tristesse incurable et retrouvant, cette fois pour en mourir, la mélancolie qui l'avait envahi dès sa jeunesse.

Il n'était encore que séminariste, quand il écrivait :

« Je suis triste quelquefois, mais où n'est-on pas triste?
« C'est un dard qu'on porte toujours dans l'âme ; il faut
« tâcher de ne pas s'appuyer du côté où il se trouve, sans

---

[1] JOURDAN, art. du *Siècle,* 3 août 1865.
[2] Lettre de Lacordaire à Montalembert, 19 juin 1854.
[3] MATTH., II, 18.

« essayer de l'arracher jamais. C'est le javelot de Man-
« tinée, enfoncé dans la poitrine d'Épaminondas : on ne
« l'enlève qu'en mourant et en entrant dans l'éternité [1]. »

Sa glorieuse carrière s'ouvre, se poursuit et s'achève ;
et, bien qu'encore loin de sa fin, l'écho d'une plainte adoucie
par la foi se retrouve encore :

« Quand on a consumé sa vie dans un travail désinté-
« ressé, et qu'à la fin d'une longue carrière on voit la
« difficulté des choses l'emporter sur le désir et les efforts,
« l'âme, sans se détacher du bien, éprouve l'amertume
« d'un sacrifice qui n'est pas récompensé, et elle se tourne
« vers Dieu dans une mélancolie que la vertu condamne,
« mais que la bonté divine pardonne [2]. »

Oui, certes, elle sera pardonnée, car elle ne dégénère
jamais en malsaine rancune, en sombre et amer découra-
gement ; elle se révèle et s'épure dans un flot de poésie et
de charité [3], comme dans cette péroraison d'un discours,
l'un des derniers qu'il prononça avant de mourir :

« M. de Chateaubriand, courbé sous le poids de la gloire
« et des années, se retrouvait un jour aux bords solitaires
« du Lido, à l'extrémité des lagunes de Venise. Le ciel,
« la mer, l'air, le rivage des îles et l'horizon de l'Italie,
« tout se représentait aux regards du poëte comme il l'avait
« autrefois admiré. C'était bien là Venise avec ses coupoles
« sortant des eaux, c'était le lion de Saint-Marc avec sa
« fameuse inscription : *Paix à toi, Marc, mon évangéliste.*

---

[1] LORAIN, *le R. P. Lacordaire,* p. 26.

[2] LACORDAIRE, *l'Église et l'Empire romain au quatrième siècle*
(t. VII des Œuvres complètes, p. 355).

[3] MONTALEMBERT, *loc. cit.,* p. 562.

« C'étaient les mêmes splendeurs obscurcies dans la défaite
« et la servitude, mais empruntant aux ruines un charme
« qui n'avait point péri ; c'était enfin le même spectacle,
« les mêmes bruits, le même silence, l'Orient et l'Occident
« réunis en un point glorieux, au pied des Alpes illuminées
« de tous les souvenirs de Rome et de tous ceux de la Grèce.
« Cependant le vieillard demeurait pensif et triste ; il ne
« pouvait croire que ce fût là Venise, cette Venise de sa
« jeunesse qui l'avait tant ému, et, comprenant que c'était
« lui seul qui n'était plus le même, il livra aux brises de la
« mer qui le sollicitaient en vain cette parole mélancolique :
« Le vent qui souffle sur une tête dépouillée ne vient d'au-
« cun rivage heureux ! »

« Pour moi, en me retrouvant en présence d'une scène
« qui fut ma première initiation à la vie publique, je n'é-
« prouve point, malgré la différence des âges, un si cruel
« désenchantement. Il me semble que ma jeunesse revit
« dans celle qui m'entoure, et, au bruit de vos sympathies
« pour nos heureux triomphateurs, à la pensée des joies
« plus intimes et plus profondes qui vont sortir du cœur
« de tant de mères, je me dirai moi-même, content et con-
« solé : « Le vent qui souffle sur une tête dépouillée vient
« quelquefois d'un rivage heureux[1] ! »

Ces derniers mots disent où le grand homme vint chercher ses consolations, les seules qu'il ait voulu goûter,
parce qu'elles le remettaient en contact avec des âmes qui
lui rappelaient la jeunesse de Stanislas et les compagnons
d'Ozanam.

[1] LACORDAIRE, *Discours pour la distribution des prix aux élèves
de l'École de Sorèze*, le 7 avril 1856.

III

Au centre de la chrétienté, entre les glaces du Nord et les sables brûlants des tropiques, trois nations prédestinées, la France, l'Espagne, l'Italie, demeurèrent fidèles à Dieu, et comme les ancres où le vaisseau de son Église se soutient dans sa masse et sa solidité en attendant le siècle du retour. Au centre de ces trois nations, entre les Pyrénées et les Alpes, presque à égale distance de Madrid, de Rome et de Paris, s'élève une ville qui sert de nœud à cette zone sanctifiée du monde[1]. Cette ville, dans les siècles du moyen âge, brilla, au midi de la France, comme la lampe allumée des saintes doctrines du vrai, du bien et du beau[2]. C'est là, au pied des belles collines d'où le regard embrasse à la fois la cime des Pyrénées et les vastes plaines qu'un beau fleuve remplit de ses flots, là que saint Dominique fit éclore la résurrection de la parole apostolique[3], là que Thomas d'Aquin repose sous un dôme illustre, au sein d'un sépulcre glorieux qui contribue à faire dire aux voyageurs, en toute vérité, que, dans tout le reste du monde, il n'y a pas de lieu plus sanctifié que ne l'est la

---

[1] LACORDAIRE, *Discours pour la translation du chef de saint Thomas d'Aquin* (tome VIII des Œuvres complètes, p. 320).

[2] *Ibid.*, p. 319.

[3] *Ibid.*, p. 318.

basilique de Saint-Sernin [1] avec ses trésors de reliques in-comparables.

En gagnant Toulouse, en y installant ses frères, en y rouvrant cette maison, la première où le patriarche des Frères Prêcheurs avait établi la première maison de l'Ordre, Lacordaire éprouva un sentiment vif et pur, que trahit sa correspondance.

« Il me semble, écrit-il, que je retourne dans ma patrie, et que saint Dominique et saint Thomas d'Aquin vont me recevoir dans leurs bras... Chaque fois que je passe dans les rues de Toulouse, la pensée me vient que saint Dominique y a marché... Il me semble que cette fondation est le couronnement des grâces que Dieu m'a faites dans ma vie, et qu'il n'y a plus rien au delà [2]. »

La fille des capitouls et de Clémence Isaure fit à l'héritier de saint Dominique une hospitalité digne d'elle et digne de lui [3]. Il l'en remercia, le jour où les reliques de l'Ange de l'École furent visitées et placées dans une châsse nouvelle.

La cérémonie fut grave, silencieuse : la tête du Docteur angélique, enveloppée d'une étoffe de soie noire, apparut aux regards avec toutes ses formes et sa séculaire majesté. Le Père Lacordaire était là, sur les degrés de l'autel, à genoux ; il fut appelé à vénérer la tête de saint Thomas d'Aquin. Le premier docteur du moyen âge s'inclina vers le premier apôtre de la société moderne : aussi catholiques

[1] *Non est in orbe terrarum sanctior locus.* (Inscription de la crypte de Saint-Sernin).

[2] Lettre de Lacordaire à madame Swetchine, 27 décembre 1853.

[3] VILLARD, *Op. cit.,* p. 74.

l'un que l'autre, ils allaient s'embrasser dans la même foi, dans le même amour. On vit ces deux têtes se rapprocher, se toucher, se baiser [1]!...

Le soir, la vieille basilique retrouva quelque chose de ses gloires passées, alors qu'elle voyait sous ses voûtes, devant ses corps saints, s'incliner le front des empereurs et des princes, et du plus vaillant d'entre eux, de ce Raymond IV, qui y prit la croix et franchit le seuil de ce temple pour aller conquérir les Saints Lieux, où il planta si noblement l'étendard de Toulouse [2].

Lacordaire prononça le panégyrique de saint Thomas d'Aquin. Après l'avoir entendu, un de ses auditeurs s'écria :

— Dans ce siècle, qui n'a pas encore pris son nom, comme il l'a dit avec tant de grandeur et de mélancolie, dans ce siècle où les fils de don Juan, de Werther et de René ont senti le vent froid du scepticisme passer sur leur berceau, le Père Lacordaire a joué et jouera un grand rôle. Mais sa vocation particulière, c'est surtout la prédication de la jeunesse. Il le sait, il le dit, il persiste dans cette heureuse et sainte mission [3]!

La jeunesse toulousaine remporta ce triomphe, et Lacordaire se résolut à reprendre les conférences.

---

[1] DUILHÉ DE SAINT-PROJET, art. de l'*Écho de la Prov.*, 2 décembre 1861.

[2] LUDOW VICÉ, art. du *Midi* de Toulouse, 18 juillet 1852.

[3] Ferdinand DELAVIGNE, art. du *Journal de Toulouse*, 19 juillet 1852.

IV

— L'auditoire, dit-il, ne sera pas celui de Notre-Dame, mais il sera composé, outre une jeunesse nombreuse, d'un grand nombre d'hommes cultivés qui, plus qu'ailleurs, ont conservé le feu sacré des lettres et du goût. Toulouse est la seule grande ville de France, après Paris, où le commerce n'a pas étouffé toutes les autres classes de la société [1].

Le 8 janvier 1854, il remonte en chaire, à Saint-Étienne, retrouvant, dans la vieille métropole toulousaine, « l'éclair du regard, la domination du geste, l'harmonieuse et pénétrante sonorité de la voix [2] », toutes ces merveilleuses choses qui faisaient dire de lui, quand il parlait à Notre-Dame : Ce n'est pas seulement de l'éloquence, ce n'est pas de l'inspiration, ce n'est pas l'orateur, c'est la parole [3]!

Les six conférences de Toulouse en 1854 sont, à coup sûr, les plus éloquentes, les plus irréprochables de toutes. Il y envisagea la vie à tous les degrés, la vie en général, la vie des passions, la vie morale, la vie surnaturelle, et l'influence de celle-ci sur la vie privée et sur la vie publique.

[1] Lettre inédite de Lacordaire, 4 janvier 1852.
[2] Foisset, *Vie du P. Lacordaire*, t. II, p. 226.
[3] M. l'abbé Ravailhe, curé de Saint-Thomas d'Aquin, à Paris.

Son cœur retrouvait, à Saint-Étienne de Toulouse, quelques-uns de ses ravissements de Paris. Il lui semblait même que, devant cette jeunesse méridionale, devant ces douze cents étudiants qui l'entouraient d'une ardente sympathie, son âme se rajeunissait. L'auditoire était au niveau de sa parole, jamais elle n'eut plus d'éclairs. « Deux fois peut-être, écrivait-il à madame Swetchine, j'ai trouvé des accents plus élevés qu'en aucun autre temps de ma carrière [1]. »

L'un de ces accents, si je ne me trompe, est celui où, contemplant le naufrage des âmes dans le délice de la volupté, et faisant un retour soudain sur lui-même, il laissait tomber de la chaire ces palpitantes paroles :

« Ah! ma pensée succombe, et je dirais que le vertige
« me prend à cette hauteur où le vice m'a mené, et d'où
« je contemple dans son histoire d'hier et dans son règne
« d'aujourd'hui le naufrage des âmes. Moi, comme vous,
« fils de la liberté et fils de la passion, un pied en cet abîme
« qui a été le mien et qui peut le redevenir tout à l'heure
« si la grâce divine m'abandonnait, je me sens étourdi et
« tremblant, mon regard se trouble, et ma main cherche
« à terre le caillou dont saint Jérome frappait sa poitrine,
« lorsque ce grand homme, au fond des déserts, mal ras-
« suré par le travail et la solitude contre les souvenirs de
« sa jeunesse, croyait voir les beautés de la Rome païenne
« passer et repasser devant ses cheveux blanchis pour les
« solliciter encore et les déshonorer [2]. »

---

[1] Lettre de Lacordaire à madame Swetchine, 31 mars 1854.

[2] LACORDAIRE, *Conférences de Toulouse* (t. VI des Œuvres complètes, p. 296).

Ce moine, vieilli dans les austérités du cloître, avait donc su garder tout le feu de son humaine nature, et, comme le poëte de Rome, il disait à ses semblables : « Et moi aussi, je suis homme, rien d'humain ne m'est étranger. »

Homo sum, nil humani a me alienum puto !

Oui, disait-il à ces hommes jeunes et ardents qui l'entendaient, je suis un homme comme vous, j'ai posé la main sur le cœur de l'humanité ; avec vous, « j'écoute le bruit « du monde. Comme un pâtre, errant dans une forêt pro- « fonde et silencieuse, entend quelquefois, sous l'effort du « vent qui se lève, un gémissement se produire, ainsi le « monde a des voix qui sortent de ses générations, et « chacun de nous, enfant perdu de la foule, peut écouter « dans sa pensée le bruit de ses pères et de ses contem- « porains. Quel est-il ? Est-ce une plainte ? Est-ce un can- « tique ? » Voyons, ah ! voyons donc l'homme « dans « tout le naturel de sa destinée. Le voilà ! ah ! oui, le voilà ; « c'est bien celui que le proconsul romain montrait au « peuple il y a dix-huit siècles, les épaules couvertes de « sang et de pourpre, les mains liées sur un sceptre de ro- « seau, la tête ornée d'épines tressées en couronne : « je le reconnais. Les siècles ne t'ont pas changé, ô mon « fils : tu portes le même manteau, le même sceptre, la « même couronne, et, si la croix ne t'attend plus, c'est « que tu n'as pas cessé d'y être attaché [1]. »

[1] LACORDAIRE, *Conférences de Toulouse* (t. IV des Œuvres com- plètes, p. 296).

Le besoin que l'homme a d'être heureux, la félicité qu'il attache à l'amour, l'amour humain s'éteignant devant un trait qui s'altère, devant une ride qui se creuse, parce que l'amour naît des sens bien plus que de l'esprit, « semblable à ces lacs brillants qui manquent de profondeur et ne peuvent retenir à l'ancre les barques jetées sur les eaux [1] », Lacordaire exposa, analysa, fouilla, d'un scalpel assuré, conduit par la main d'un anatomiste de génie, tous ces mystères, et, quand il eut révélé toutes les misères et tous les secrets de ces fibres intimes, où l'œil de l'homme ne pénètre guère, il saisit tout à coup les spectateurs de cette autopsie magistrale, et il les transporta sur les chemins où se rencontre l'homme, tel que le fait la doctrine catholique. Rien n'est saisissant comme cette rencontre, et l'on dit que, l'entendant raconter par le grand orateur, tout l'auditoire fut transporté. Qu'on en juge :

« Il y a dix-huit siècles, Néron régnait sur le monde.
« Héritier des crimes qui l'avaient précédé sur le trône, il
« avait eu à cœur de les surpasser, et de se faire par eux,
« dans la mémoire de Rome, un nom qu'aucun de ses suc-
« cesseurs ne pourrait plus égaler. Il y avait réussi.

« Un jour, on lui amena dans son palais un homme qui
« portait des chaînes et qu'il avait désiré voir. Cet homme
« était étranger; Rome ne l'avait pas nourri, et la Grèce
« ignorait son berceau. Cependant, interrogé par l'empe-
« reur, il répondit comme un Romain, mais comme un
« Romain d'une autre race que celle des Fabius et des Sci-
« pion, avec une liberté plus grave, une simplicité plus

[1] LACORDAIRE, *Conférences*, etc., p. 407.

« haute, je ne sais quoi d'ouvert et de profond qui étonna
« César. En l'entendant, les courtisans se parlèrent à voix
« basse, et les débris de la tribune aux harangues s'émurent
« dans le silence du Forum.

« Depuis, les chaînes de cet homme se sont brisées, il
« a parcouru le monde. Athènes l'a reçu et convoqué, pour
« l'entretenir, les restes du Portique et de l'Académie ;
« l'Égypte l'a vu passer au pied du temple, où il dédaignait
« de consulter la sagesse ; l'Orient l'a connu, et toutes les
« mers l'ont porté. Il est venu s'asseoir sur les grèves de
« l'Armorique, après avoir erré dans les forêts de la Gaule,
« et les rivages de la Grande-Bretagne l'ont accueilli comme
« un hôte qu'ils attendaient.

« Quand les vaisseaux de l'Occident, las des barrières
« de l'Atlantique, s'ouvrirent de nouvelles routes vers des
« mondes nouveaux, il s'y élança aussi vite qu'eux, comme
« si nulle terre, nul fleuve, nulle montagne, nul désert,
« n'eût dû échapper à l'ardeur de sa course et à l'empire
« de sa parole : car il parlait, et la même liberté qu'il avait
« déployée en face du Capitole asservi, il la déployait en
« face de l'univers.

« Voyageur à mon tour au mystère de la vie, j'ai ren-
« contré cet homme. Il portait à son front les cicatrices du
« martyre ; mais ni le sang versé ni le cours des siècles ne
« lui avaient ôté la jeunesse du corps et la virginité de
« l'âme. Je l'ai vu, je l'ai aimé. Il m'a parlé de la vertu,
« et j'ai cru à la sienne. Il m'a parlé de Dieu, et j'ai cru à
« sa parole. Son souffle versait en moi la lumière, la paix,
« l'affection, l'honneur, je ne sais quelles prémisses d'im-
« mortalité qui me détachaient de moi-même ; et enfin, je

17

« connus en aimant cet homme qu'on pouvait aimer Dieu
« et qu'il était aimé en effet. Je tendis la main à mon bien-
« faiteur et je lui demandai son nom. Il me répondit, comme
« il l'avait fait à César : « Je suis chrétien [1]. »

V

L'enthousiasme des Toulousains allait croissant. On s'in-
géniait à lui prouver combien la reconnaissance publique
était vive pour la préférence qu'il avait accordée à cette
ville enviée. Quelqu'un crut remarquer que la voix du Père
avait des notes fatiguées; il alla le voir et lui proposa de le
guérir. Lacordaire a raconté plaisamment l'anecdote, dans
une lettre à l'abbé Perreyve :

« A propos, mon cher ami, vous n'imagineriez jamais
le traitement que je suis pour mon larynx : je bois purement
et simplement de l'*or potable* : entendez-vous? de l'or, autrefois découvert par le fameux magicien Cagliostro, et
retrouvé par un vieux diplomate qui me fait l'honneur de
venir me voir, et qui, n'ayant plus rien à démêler avec les
affaires humaines, cherche depuis vingt ans à trouver un
élixir modeste qui prolongerait notre vie à peu près deux
cents ans, si ce n'est trois cents. Il m'a donné un petit
flacon d'*or potable*, et, dimanche prochain, avant ma conférence, j'en vais boire bravement sept gouttes dans une
tasse de thé noir. Ce digne homme se réjouit de voir ce que

[1] LACORDAIRE, *Conférences*, etc., p. 299.

je serai avec son or dans le larynx, et je ne puis lui refuser ce plaisir. Voyez si jamais, à Paris, avec tout l'esprit que vous y avez, pareille bonne fortune me serait arrivée[1]. »

Pendant que les vieux diplomates retirés des affaires lui faisaient avaler de l'or potable, l'Académie de législation le choisissait pour un de ses membres et lui fournissait l'occasion de prononcer ce magnifique discours sur la Loi de l'histoire, que je dois à regret me borner à saluer au passage[2].

Son plan est fait. Les conférences de Toulouse feront suite aux conférences de Notre-Dame ; elles embrasseront six ans au moins[3].

Lacordaire, quand il écrivit cela, semble avoir oublié son discours de Saint-Roch. Le préfet de Haute-Garonne était venu une fois l'entendre, et, rentrant dans son hôtel, ce fonctionnaire s'était montré fort courroucé[4].

Reconnaissons-le d'ailleurs, le courroux du préfet impérial n'était pas sans excuses.

Lacordaire avait dit à ses auditeurs de Saint-Étienne :

— Vous serez l'asile de ma parole[5] !

Se croyant dans un asile, il parlait ouvertement :

« La conscience humaine a des éclipses, disait-il ; mais « si elle a des éclipses, elle a aussi ses Pâques, et le siècle « du Christ s'est levé sur le siècle de Néron[6]. »

---

[1] Lettre de Lacordaire à l'abbé Perreyve, 2 février 1854.

[2] Ce discours se trouve au t. VII des Œuv. compl., p. 265.

[3] Lettre de Lacordaire à madame Swetchine, 27 décembre 1853.

[4] *Ibid.*, 9 février 1854.

[5] Lacordaire, *Conférences de Toulouse* (*loc. cit.*, p, 252).

[6] *Ibid.*, p. 324.

Une autre fois, — c'est le jour où le préfet se courrouça, — il osa dire :

« Vous le savez, messieurs, quand Scipion était chaste, « Rome détruisait Carthage ; quand Rome fut corrompue, « César y régna... Il a été interdit aux peuples d'être libres, « du jour où ils ont cessé d'être honnêtes [1]. »

Mais surtout, à la fin de sa sixième conférence, parlant de la misère morale des nations auxquelles le despotisme a enlevé la vie publique et qu'il a réduites à la vie privée, il eut certaines explosions de vérité, de douleur, de fierté, hors de saison au lendemain du coup d'État.

« Ah ! dit-il tristement, tout échoue contre trente millions d'hommes qui ne savent pas se tenir eux-mêmes sur un fondement, et qui ont perdu le sentiment politique de la religion et du droit [2]. »

Quand il était venu à Toulouse, il avait dit :

— Il me semble que je vais comme à mon dernier asile et à mon tombeau. Dieu ne pouvait m'en donner un plus plus grand et plus doux... J'aime à y aller avec cette espérance qui m'encourage [3].

Il était à l'âge de la plénitude, et il vit tout à coup sa vie gisante devant lui comme un arbre coupé jusqu'à la racine [4].

Désormais la lèvre de Démosthène sera muette, Savona-

[1] LACORDAIRE, *Conférences de Toulouse* (*loc. cit.*, p. 364).

[2] LACORDAIRE, *Première Lettre à un jeune homme sur la vie chrétienne* (t. IX des Œuvres complètes, p. 260).

[3] Lettre de Lacordaire à madame Swetchine, 24 octobre 1853.

[4] LACORDAIRE, *Éloge funèbre de Mgr de Forbin-Janson* (t. VIII des Œuvres complètes, p. 106).

role est réduit au silence, saint Bernard s'enferme dans la
solitude pour commenter les Cantiques, et, avant de finir
le commentaire, il meurt. Oui, il meurt avant l'âge, tué
par le silence, cet homme que la Révolution avait possédé [1]
et qui avait voulu la baptiser; il meurt, parce qu'on était
sous l'Empire. Sa pensée mélancolique repassait tristement
cet accent si fier de sa jeunesse, qu'il fit entendre un jour
à la barre de la Chambre des pairs :

« C'était sous l'Empire, c'était du temps où la France ne
consentait à rien, parce qu'on ne lui soumettait rien, du
temps où les restes de la République, descendus de l'échafaud, adoraient à genoux la fortune impériale; c'était du
temps où il n'y avait en France que la gloire et le silence [2]. »

Mais, s'il a fini sa mission d'orateur, il reste de belles
pages à lire dans cette lente agonie, et, bien qu'il soit enseveli tout vivant, comme Charles-Quint, ce défunt parle
encore.

---

[1] E. Texier, art. du *Siècle*, 30 novembre 1865.
[2] Lacordaire, *Discours prononcé devant la Chambre des pairs
dans l'affaire de l'École libre* (t. VII des Œuvres complètes, p. 175)

XII

A SORÈZE

Sommaire. — La dernière dictée de Lacordaire. — *Morienti sepulcrum!* — Sorèze est mon Versailles. — Le dernier prieur de Sorèze. — Robespierre et Napoléon Ier honorent Dom Despaulx. — Le Tiers Ordre enseignant et Sorèze. — Le Père Captier. — Mgr de la Bouillerie à Sorèze. — Discours de l'évêque et réponse du Père. — La fête séculaire de Sorèze. — Le maréchal Pélissier fait prisonnier par les collets rouges. — Méthode d'éducation. — On sait bien des choses à Toulouse ! — Quels hommes Lacordaire vise à former. — Ce qu'il disait à ses élèves. — *Lettres à un jeune homme sur la vie chrétienne.* — Mort de madame Swetchine. — La solitude chère à la poésie. — Rome est en péril ! — *De la liberté de l'Italie et de l'Église.* — Aux Italiens. — L'Académie française. — Élection de Lacordaire. — Son discours de réception. — Il se hâte de rentrer à Sorèze.

Le Père Lacordaire allait mourir.

De ses lèvres défaillantes, il dictait cette éloquente *Notice sur le rétablissement de l'Ordre des Frères Prêcheurs,* que M. de Montalembert a publiée, en l'intitulant : *Testament du Père Lacordaire.*

Le mourant en était arrivé au point où nous en sommes de sa glorieuse vie. Il dicta :

— Le 2 décembre 1851, la République cessa d'être, et un nouvel empire commença. Je compris que, dans ma pensée, dans mon langage, dans mon passé, dans ce qui me restait d'avenir, j'étais aussi une liberté, et que mon heure était venue de disparaître aussi avec les autres. Beaucoup de catholiques suivirent une autre ligne et, se séparant de tout ce qu'ils avaient dit ou fait, se jetèrent avec ardeur au-devant du pouvoir absolu. Ce schisme que je ne veux point appeler ici une apostasie a toujours été pour moi un grand mystère et une grande douleur : l'histoire dira quelle en a été la récompense [1]...

Après ces derniers mots, son œil voilé se tourna du côté du ciel. A toutes les instances qui le suppliaient d'achever sa dictée sublime, il répondit par un geste de dénégation résignée. Son testament resta inachevé.

Sans doute, ce qui lui restait à dire était trop douloureux. N'avait-il pas écrit en descendant de chaire à Toulouse :

— Je me suicide, mais c'est Dieu qui le veut [2].

On lui parla d'une maison à diriger. Il accepta sur l'ordre du général des Frères Prêcheurs [3].

Mais, en acceptant, il prit une plume, et, au-dessous du nom que portait cette maison, où l'aigle de Notre-Dame va replier ses ailes, il inscrivit cette parole si triste, qui a le ton de l'épitaphe :

VIVENTI SEPULCRUM

Le tombeau d'un homme vivant !

[1] LACORDAIRE, *Notice*, etc., p. 150.
[2] Lettre de Lacordaire à madame de Prailly, 26 mai 1854.
[3] Lettre de M. l'abbé de Pous, vicaire général de Toulouse, 22 août 1868.

Il écrivit à une âme qui reçut souvent les confidences de la sienne :

— J'aime Versailles à cause de sa solitude, et il m'a toujours semblé que j'aurais aimé y vivre !

Il ajoutait :

— Sorèze est aujourd'hui mon Versailles. Il est solitaire comme le palais de Louis XIV [1].

Le vieux roi était venu à Versailles ensevelir les derniers rayons de sa gloire et assister tout vivant aux ruines de son règne. Comme Louis XIV, le roi de l'éloquence française a trouvé son Versailles. Sorèze sera son sépulcre. Il y entre au milieu de sa course, pour y éteindre ses rayons et y consacrer, comme autrefois Gerson, Fénelon et Rollin, les derniers élans de son âme à enseigner à de petits aiglons comment on vole dans la lumière sereine et comment on doit regarder en face le soleil, quand on est de la race des aigles.

Parlons de Sorèze.

I

Sous le règne de Robespierre, un de ses lieutenants sanguinaires, le fameux Payen, vit arriver un jour à sa barre un vieillard, vêtu de méchants haillons, exténué de misère et de pauvreté.

[1] Lettre de Lacordaire à la comtesse de Favencourt, 26 octobre 1857.

Le vieillard était dénoncé au comité révolutionnaire comme suspect. Payen ne prit d'abord même pas la peine de le considérer.

— Ton nom? fit-il rudement, comme un homme pressé, qui semblait dire : La guillotine n'a pas le temps d'attendre, et je suis pressé comme elle.

— Despaulx, répondit le suspect.

— Despaulx! s'écria Payen, en relevant vivement la tête, Dom Despaulx! mon maître!...

Il se lève précipitamment de son siége, et, au grand ébahissement des jacobins présents à la scène, l'ami de Robespierre se jette aux genoux de son ancien instituteur de Sorèze, le supplie d'accepter une carte de civisme, l'invite à un grand dîner et le présente à Robespierre comme l'un des hommes les plus vertueux qu'eût la France[1].

A quelques années de là, lorsque Napoléon voulut organiser l'Université et en nommer les inspecteurs généraux, le conseiller d'État, chargé du rapport, s'entendit interpeller en ces termes :

— Mais je ne vois pas, dans les noms que vous me présentez, celui de Dom Despaulx. Est-ce que vous n'avez pas entendu parler de l'École de Sorèze, qui a produit tant de sujets dont la patrie s'honore?

— Sire, je n'ai pas cru qu'un ancien moine...

— Monsieur, ce moine est un homme illustre...

Et, de sa main impériale, Napoléon l'inscrivit en tête de la liste[2]

---

[1] NAYRAL, *Biographies castraises.*
[2] DE MONTGAILLARD, *Histoire de France,* t. **V.**

Lacordaire vint succéder à ce moine, et le dernier prieur de Sorèze eut cette belle fortune que le moine le plus illustre du dix-neuvième siècle ferait revivre les traditions d'honneur, de science et de vertu que Dom Despaulx avait léguées à sa chère et célèbre École.

Deux sentiments l'amenèrent à Sorèze : un indicible détachement des choses de ce monde et l'amour profond de la jeunesse [1].

Puis, il faut tout dire, Lacordaire avait bien rappelé que l'Ordre de Saint-Dominique était un Ordre de professeurs aussi bien qu'un Ordre de prédicateurs [2]. Il sentait bien que la mission du grand Ordre, qu'il avait si glorieusement rétabli et si fortement reconstitué en France, resterait surtout un Ordre de Prêcheurs. Si toutes les chaires de France appelaient les fils de son éloquence, il ne leur était guère loisible de s'asseoir dans les chaires plus humbles des écoles. C'est pourquoi ce grand ami de la jeunesse, s'inspirant de traditions anciennes, s'inspirant surtout de son cœur, leur adjoignit un Tiers Ordre enseignant, sa plus chère et sa dernière pensée [3].

Le Tiers Ordre enseignant!... Je dois laisser à d'autres le soin de dire quels en furent les règles, les origines et les succès. Tout cela d'ailleurs est encore vivant à Oullins et à Arcueil. Mais, près de son fondateur, je ne puis m'empêcher de distinguer et de saluer en ce moment une figure mâle et noble, un héros; celui qui, poursuivi dans

---

[1] Jules LACOINTA, *Le Père Lacordaire à Sorèze*, p. 34.

[2] LACORDAIRE, *Discours prononcé à Flavigny*, le 24 octobre 1852.

[3] Mgr DE LA BOUILLERIE, *Éloge funèbre de Lacordaire*, prononcé le jour des obsèques (Œuvres oratoires, t. III, p. 10).

son humble dévouement d'éducateur, traqué par les brigands de la Commune, mourra en digne fils de Lacordaire, le cœur en haut et le front illuminé des splendeurs du martyre, jetant aux bourreaux une parole[1] qui est devenue la devise sanglante de ses frères en religion, comme autrefois le dernier cri de Judas Macchabée mourant pour Dieu et la patrie : l'héroïque Père Captier !

Sorèze et le Tiers Ordre enseignant ! Telles sont désormais les sollicitudes de Lacordaire. Sorèze est devenu le sol béni où cet arbre qu'il avait planté devait porter ses plus beaux fruits.

C'est à Sorèze que vint un jour le rejoindre cet ami que nous avons déjà rencontré près de lui à Rome, pendant l'exil de Sainte-Sabine, et qui, depuis, devenu prêtre, associé à l'apostolat de Mgr Affre, formé à cette forte école au ministère pastoral, s'était assis sur l'un des plus antiques siéges épiscopaux du Languedoc, dans le voisinage même de Lacordaire.

Mgr de la Bouillerie vint visiter Lacordaire.

Le moine, devenu père de jeunesse, montrait, avec une paternelle fierté, la jeunesse sorézienne à l'évêque. Un souvenir monta au cœur du pontife, et aussitôt, laissant déborder sa belle âme :

— Messieurs, dit-il aux élèves rendus attentifs par cette émouvante rencontre, il y a vingt-cinq ans, très éloigné des sublimes pensées du sacerdoce, j'étais du nombre des jeunes gens qui se pressaient pour entendre cette voix aimée...

____

[1] Allons, mes amis, pour le bon Dieu! (*Dernières paroles du P. Captier.*)

Nous étions autour d'une chaire de collége comme aujour-
d'hui, car le soleil couchant ressemble au soleil levant, avec
cette seule différence qu'entre le soleil levant et le soleil
couchant, il y a toutes les splendeurs du midi.

L'évêque se complut à cette évocation de souvenirs qui
l'émouvaient. Il parla de l'influence que la parole de Lacordaire avait eue sur la direction de sa vie. Il en vint à
rappeler les glorieuses pages de l'histoire de Sorèze.

— Mais, fit-il, toute histoire a ses révolutions : chaque
collége a sa caste privilégiée, celle des maîtres ; sa caste
d'ilotes, celle des élèves, et souvent il arrive qu'une démocratie fougueuse et turbulente cherche à saper les bases de
l'autorité ; mais, pour se servir d'une phrase aujourd'hui à
la mode, je dirai volontiers qu'à Sorèze l'ère des révolutions est close à jamais. Oui, messieurs, par le fait d'un seul
homme, Sorèze possède à la fois et sa restauration et son
empire : la restauration des bonnes mœurs, des bonnes
études, et l'empire du génie. Sorèze n'a pas seulement un
passé, il a un avenir [1].

Lacordaire n'aimait pas à parler sans préparation. Mais
cette parole gracieuse, émue, applaudie, de l'évêque, ne
pouvait rester sans réponse. Il se leva, et, se livrant à l'improvisation, il trouva, dans son cœur et dans son esprit,
une de ces répliques où éclatent les merveilleuses ressources
de cette rare organisation oratoire. Je ne sais pas résister
au plaisir d'en citer un long passage, d'autant que cet admirable morceau est resté comme inédit.

Mgr DE LA BOUILLERIE, *Discours prononcé à Sorèze* (*loc. cit.*,
p. 272).

« Je ne pensais pas vous parler ce matin : j'étais persuadé qu'après les paroles que vous venez d'entendre, vous ne voudriez pas de la mienne, car à la profondeur de mon silence devait succéder la profondeur de vos admirations. Mais, après la parole si bienveillante que Monseigneur vient de vous faire entendre, soit en ce qui m'est personnel, soit en ce qui touche l'histoire de cette école, me taire dans cette circonstance solennelle ne serait plus de l'admiration, me taire serait de l'ingratitude. Or, messieurs, si le cœur d'un religieux n'est pas toujours invincible à tous les vices, parce que la mort ne l'a pas complétement désarmé, il en est un qu'il doit profondément ignorer : c'est celui de la méconnaissance.

« Je parle donc, messieurs, mais uniquement pour satisfaire ma reconnaissance et sans crainte de vous faire oublier la parole que vous venez d'entendre, et qui doit graver à jamais cette solennité dans vos cœurs, comme une des plus heureuses et des plus aimables qu'il vous soit donné de voir.

« Vous avez pu remarquer hier soir que j'avais évité de faire allusion à la vieille amitié qui m'unit à Monseigneur; quels que fussent les élans de mon cœur, je restais comme le soldat qui a vu s'élever un de ses compagnons d'armes, et qui, lorsque son chef passe près de lui, ne songe plus à lui rappeler le temps où tous deux ils vivaient confondus dans les rangs de la milice, mais se contente de le saluer de la main et du cœur, pour ne point manquer aux lois de la discipline. Je suis le soldat, mais voilà le général.

« Monseigneur a semblé dire qu'entre le soleil levant et le soleil couchant il y a cette ressemblance, que le soleil couchant garde les reflets et les radiations de son aurore, et il faisait allusion à deux époques de ma vie : à celle de mes prédications au collége Stanislas, et à celle d'aujourd'hui. Eh bien ! oui, je suis le soleil couchant, je le suis par mes années, par cette voix qui faiblit et qui s'éteint ; mais le soleil levant, par la grâce de Dieu, il est à mes côtés : il se lève à ma gauche, et je me couche à sa droite.

« Je ne pensais pas, il y a vingt-cinq ans, lorsqu'au collége Stanislas je m'efforçais devant ces jeunes gens d'ébranler leur imagination et leur cœur pour les ramener vers Dieu ; j'étais loin de me douter que la Providence me réservait parmi eux un maître et un ami. Bonheur rare, messieurs, de trouver le maître dans l'ami et l'ami dans le maître.

« Monseigneur a encore donné à entendre que mes paroles l'avaient, non pas ramené à la foi, il n'en avait pas besoin, il était de ceux qui apportent au pied de la chaire cette attention bienveillante et soutenue qui dispose l'âme à toute ouverture du côté de Dieu, mais qu'elles n'avaient pas été sans influence sur sa vie. Je ne le crois pas : c'était une âme prédestinée à la vertu, à la vérité, à la piété. Mais enfin, si ma parole y a eu la moindre part, ma parole a été la semence, et vous en admirez la moisson, et j'espère qu'elle est belle.

« Messieurs, je vous demande la permission de me comparer pour un instant à Homère, si tant est qu'il soit permis de se comparer à cet illustre poëte. On a dit, il y a longtemps, qu'Homère avait fait Virgile : si cela est, il faut convenir que Virgile a été son plus bel ouvrage ; et puisque Monseigneur a dit que c'était moi qui l'avais formé, je puis dire aussi que c'est mon plus bel ouvrage[1]. »

[1] LACORDAIRE, *Réponse à Mgr de la Bouillerie* (ibid., pp. 277-279). Parlant à madame Swetchine de cette mémorable rencontre, le

II

De tous les discours dont Sorèze a gardé le souvenir, le plus important fut celui que le Père prononça à la grande fête séculaire du 11 août 1857. Pendant deux heures entières, il retraça les gloires de Sorèze avec une magnificence de parole et une grandeur de pensée qui donnèrent à ce tableau intime les proportions d'une grande page d'histoire. Trois ou quatre générations de Soréziens buvaient ses paroles avec des transports de joie et d'orgueil. Au premier rang parmi eux, on se montrait le baron de Carrière, qui était entré à l'école en 1773.

Quand le Père Lacordaire accomplit cet exploit d'éloquence, c'était la troisième fois qu'il prenait la parole dans la même journée.

P. Lacordaire disait : « Ici, l'année s'est admirablement close par « un discours de Mgr l'évêque de Carcassonne qui a enlevé l'auditoire « et a exigé de moi une réponse imprévue dont le succès n'a guère « été moindre. C'est là un de ces coups singuliers où la Providence « apparaît d'autant plus qu'on s'y attend moins. » (*Lettre à madame Swetchine*, 19 septembre 1855). Et madame Swetchine répondait : « Mon bien cher ami, j'ai su le prodigieux effet de la séance de « l'évêque de Carcassonne ; c'est un peu la romance : *On revient tou-* « *jours à ses premiers amours* ; je suis sûre qu'il a joui beaucoup « d'exprimer, à l'état libre, ses plus anciens sentiments, en les re- « trouvant au fond de lui-même. S'être posé ainsi me paraît d'un « bon augure pour son épiscopat. » (*Lettre au P. Lacordaire*, 23 septembre 1855.)

Le plus illustre de ses auditeurs était assurément le maréchal Pélissier, qui, se trouvant alors par hasard chez un ami, au sommet de la Montagne-Noire, avait été littéralement enlevé par les élèves et amené en triomphe à l'école pour assister au centenaire de sa fondation. Lorsqu'ils apprirent sa présence, les *collets rouges* [1] montèrent à cheval et allèrent l'attendre sur la route par où il devait passer. L'attente fut assez longue, mais enfin le maréchal parut et fut aussitôt investi. L'orateur de la députation s'approcha et formula de son mieux la requête du collége. Mais Pélissier avait froncé le sourcil, en se voyant tomber dans cette étrange embuscade.

— Et depuis quand, messieurs, dit-il d'un ton de voix assez rude, ne respecte-t-on plus l'*incognito?*

— Maréchal, fit avec aplomb le jeune orateur, il y a des gloires trop éclatantes pour qu'aucun *incognito* puisse les voiler.

— Ah! ah! reprit-il d'une voix un peu radoucie. Eh bien! mes amis, je verrai, je réfléchirai.

— Rendez-vous, maréchal. Vous êtes notre prisonnier.

Le maréchal se mit à rire, et il descendit à l'école. Le Père Lacordaire, dans la grande salle des Arts, lui souhaita la bienvenue en un compliment chaleureux où il rappelait avec quelle décision il avait, sous les murs de Sébastopol, donné les derniers ordres à la victoire.

Quand il eut fini, Pélissier se leva. Il était très-ému, et l'on sait, d'ailleurs, qu'il avait plus l'habitude de l'action

---

[1] Signe distinctif des élèves de la division supérieure.

que de la parole. Mais il ne pouvait se dispenser de répondre ; l'auditoire était suspendu à ses lèvres.

— Mon Père, fit-il, vous m'avez dit de bien bonnes
choses...

Ici, une pause assez longue.

— Vous avez dit, reprit-il avec effort, que j'avais fait
vaillamment mon devoir.

Pause nouvelle. Le maréchal se trouble de plus en plus.

« Courage, maréchal, ça va très-bien, courage ! » lui
souffle son voisin, Mgr de la Bouillerie.

— Vous avez dit, continue Pélissier, qui semblait dé-
crocher un poids de cent kilos, que j'avais donné les derniers ordres à la victoire.

Troisième pause, cette fois plus prolongée.

— Bravo ! bravo ! crient les voisins de l'orateur. —
Bravo ! répètent comme un tonnerre les quatre cents élèves
perchés dans les tribunes. Le maréchal salue modestement
et se rassied, avec une aimable rougeur, au milieu des
applaudissements qui couvraient sa retraite [1].

Je m'attarde volontiers à ces récits, parce qu'ils mon-
trent, bien mieux que des lambeaux de discours solennels
ou des extraits de prospectus, quelle était la méthode de
Lacordaire comme éducateur de la jeunesse. En s'acccom-
modant toujours [2] aux ardeurs et presque aux jeux de ses

---

[1] BERNADILLE, *les Souvenirs du Père Lacordaire à Sorèze.*

[2] « Que dites-vous de Sorèze ? Que pensez-vous de son plan
d'études ? demandait-on à un inspecteur d'académie de Toulouse,
universitaire de grand mérite, M. Roger. — Vous me demandez mon
opinion, répondit-il, la voici : à Sorèze, on récrée les enfants, en les
instruisant, et nous, nous les ennuyons. » (Félix LACOINTA, *Revue de
Toulouse,* t. V, p. 102.)

élèves, il leur présentait toujours quelque chose de grand à considérer, même au milieu des divertissements et des fêtes.

Les élèves l'aimaient avec passion.

— Messieurs, dit-il un soir aux plus grands d'entre eux, à ce qu'on appelait l'Institut, le bruit court, à Toulouse, que les élèves de Sorèze ont pendu leur directeur en effigie.

Le sergent-major de l'école[1], se levant aussitôt, repartit :

— Mon Père, on sait bien des choses à Toulouse; mais ce que l'on ne paraît pas savoir, et ce que nous aimons à dire, c'est que tous ici nous nous ferions pendre pour vous[2].

Il semblait à Lacordaire qu'en face de l'Université si fortement constituée par Napoléon, entre les Jésuites et les colléges tenus par les prêtres séculiers, il restait encore une large place. Les besoins étaient immenses; mais tous ne comprenaient pas ces besoins de la même manière. Je touche ici l'une des plus grandes plaies du temps. Ce qui manque surtout aux jeunes hommes, dans les nations vieillissantes comme la nôtre, c'est l'ardeur de la lutte contre le mal. Il se trouve encore des âmes capables de se dévouer dans la milice sacrée, des âmes de missionnaires et de martyrs. Pour une autre milice, il se rencontre un grand nombres de cœurs de soldats. Combien des jeunes Français, grâce à Dieu, qui affrontent encore résolûment le canon! Il s'en trouve moins qui sachent se battre sur d'autres champs de bataille, qui sachent descendre, par exemple, quand il

---

[1] Représentant attitré et interprète ordinaire de ses condisciples.
[2] Jules LACOINTA, *loc. cit.*, p. 143.

est besoin, contre les factions, sur la place publique, comme
aussi faire face à l'antichristianisme, partout où il se présente, et combattre avec vigueur par la parole, par la
presse, et surtout par des actes et par des œuvres. C'est
cette dernière sorte d'hommes qu'aspirait à susciter, par
l'éducation, le Père Lacordaire. Il lui paraissait que l'éducation, en France, était de moins en moins virile ; qu'on
formait de moins en moins des hommes d'énergie et de
lutte, des hommes qui ne provoquent pas le combat, mais
qui l'acceptent avec confiance, fidèles à cette parole de
l'Écriture : « Si l'ennemi se dresse devant moi, je mettrai
mon espoir dans le combat[1]. » C'étaient là les hommes qu'il
aspirait à former, pour servir la vérité comme elle mérite
d'être servie[2].

De là, son dédain pour la médiocrité morale, sous
quelque forme qu'elle se présentât. Il avait horreur de ce qui
était petit, mesquin, accompli en vue d'un intérêt personnel. Sa grande âme, humble et fière, considérait en pitié
ceux qui ne savent pas souffrir pour rendre un libre hommage à la vérité ; s'étonnant toujours, dans sa fierté naïve,
que l'on pût être « avec la violence qui est du temps plutôt qu'avec le droit qui est du ciel » ; s'indignant de ce que,
« partout et sous quelque forme que l'homme voulût se
vendre, il trouvât des acheteurs ».

— Si un homme, disait-il à ses jeunes gens, ne vous
rend pas le son du sacrifice, quelle que soit la pourpre qui

---

[1] *Si exurgat adversum me prælium, in hoc ego sperabo.*
(Ps. xxvi, 6.)
[2] FOISSET, *Vie du P. Lacordaire*, t. II, p. 247.

le couvre, détournez la tête et passez : ce n'est pas un homme[1].

Aussi avait-il horreur de l'hypocrisie. Il voulait qu'on laissât la plus grande liberté sous le rapport des pratiques religieuses :

— Il ne faut pas, disait-il, qu'on puisse se rappeler dans la vie qu'*une seule fois* on a accompli ses devoirs religieux sous l'empire de la contrainte ou pour obéir à de simples convenances[2].

Les rapports lui faisaient également horreur :

— Parmi vous, disait-il un jour de rentrée, il doit se rencontrer des élèves mauvais. Si je les connaissais, je les expulserais. Mais je ne veux pas les connaître par la délation que j'abhorre.

S'il y a des maîtres qui ne cessent pas de s'appartenir, lui restait ouvert à tout le monde. S'il y a des pères peut-être qui n'ont jamais pris dans leurs mains la tête de leur fils, approché son oreille de leurs lèvres, versé dans son cœur, avec la confiance et la tendresse, le besoin de s'ouvrir, de se donner, lui, mettait son industrie et ses délices à descendre au fond de ces jeunes âmes, à les toucher, à les pétrir.

On frappait, raconte un de ses collaborateurs, c'était un élève : l'œil du Père s'illuminait, à son insu : nous savions tous qu'il fallait céder la place. L'enfant s'agenouillait ; le Père lui demandait s'il était bon, quelles étaient ses pensées, levait devant ses yeux, d'une main grave et pure, les pre-

---

[1] Jules LACOINTA, *Op. cit.*, p. 199.
[2] *Ibid.*, p. 203.

miers voiles de la vie, élevait par l'échange de ses pensées les pensées du jeune homme et ne le laissait pas aller sans la promesse, au moins, d'un effort vers le bien jusqu'au retour. Rien ne primait, à ses yeux, ce droit de ses élèves sur sa personne. J'ai vu mille fois la gloire et l'amitié faire, pour ainsi dire, antichambre, tandis qu'il posait, à chaque mot, la plume qui écrivait *Ozanam,* pour être tout entier à un enfant[1].

Attentif à seconder les aptitudes, il se gardait de les violenter, sachant bien que la grâce suppose la nature et ne la détruit pas.

— En recherchant le surnaturel, disait-il sans cesse à ses chers dirigés, gardez-vous de perdre le naturel.

Quand ils le quittaient pour rentrer dans le monde :

— Messieurs, disait-il avec solennité à ses disciples, soyez-y des hommes. Ayez une opinion surtout, ayez-en une... De grâce, comptez-vous pour quelque chose, sachez vouloir et vouloir fièrement. Ce n'est pas d'orgueil qu'il s'agit, c'est de dignité. Dans notre siècle, presque personne ne sait vouloir. Pour moi, si je pouvais contribuer en quelque chose à former des hommes qui sauraient vouloir, je croirais avoir beaucoup fait pour ma patrie et pour mon Dieu. Vous donc, les premiers jeunes gens, que je mène dans le monde, je vous prie de garder cette parole : « Ayez une opinion ! » Si vous le faites, vous serez de grands citoyens. Sinon, vous déshonorerez votre pays, peut-être le vendrez-vous[2].

---

[1] MOUREY, *Discours prononcé à Sorèze en 1862,* p. 8.

[2] LACORDAIRE, *Discours d'adieux aux anciens élèves de Sorèze.* Dans un beau discours prononcé à l'école de Sorèze, à l'occasion du

C'est pour les anciens élèves de Sorèze, pour ces fils de son âme, qu'il écrivit ses magnifiques, ses admirables *Lettres à un jeune homme sur la vie chrétienne*. Il n'en a publié que trois, la mort ayant glacé cette main qui projetait d'en écrire bien d'autres [1]. Mais ces trois sont un chef-d'œuvre. Jeunes gens qui lisez ceci, prenez ces trois lettres, elles vous réchaufferont au jour de la lutte et elles vous mettront en contact avec un grand cœur.

— Emmanuel, écrit-il à son jeune correspondant, mon cher ami, du fond de votre chambre d'étudiant, vous vous êtes tourné vers moi... Vous frappez à une porte qui s'ouvre d'elle-même [2].

Et il découvre à son jeune ami les horizons chrétiens; jetant dans cette âme qu'il aime avec tendresse le double amour de l'Église et de la France, lui faisant distinguer entre les formes du gouvernement qui passent et la patrie qui demeure : « Quand Néron gouvernait le monde, Rome continuait d'exister dans ceux qui l'aimaient, et son forum désert était la patrie de ceux qui en avaient encore une [3]. »

service célébré pour le P. Lacordaire, le 24 novembre 1880, Mgr Turinaz, évêque de Tarentaise, a admirablement mis en lumière ce caractère de grandeur qui faisait le fond de la nature du célèbre éducateur.

[1] LACORDAIRE, *Lettres*, etc. 1re lettre.

[2] *Ibid.*, troisième lettre.

[3] C'est en parlant des lettres par lesquelles sa paternité spirituelle s'épanchait avec une sollicitude touchante que M. Caro a dit, avec une admirable et profonde vérité, où l'on reconnaît le philosophe accoutumé aux analyses psychologiques : « La correspondance de Lacordaire nous donne l'idée d'une jeunesse d'âme extraordinaire, conservée jusqu'aux approches de la vieillesse. Rien n'est vif, souriant, frais, comme quelques-unes de ces lettres à un jeune ami, celui peut-

III

Ceux qui avancent dans la vie le savent. Parmi les tristesses de notre existence, il n'en est pas de plus grandes que de laisser sur sa route ceux qu'on choisit autrefois pour en être les compagnons. Les grandes âmes, plus difficiles dans leurs choix, se donnant avec plus de réflexion et dès lors avec plus d'intensité, souffrent davantage, quand, un jour, regardant autour d'elles, la solitude du cœur se fait

être qu'il a le plus aimé et que nous faisons effort pour ne pas reconnaître et pour ne pas nommer. Comme il l'aime délicatement! de quelles précautions il entoure cette jeune âme! Comme il la protége, dans les premiers orages de la vie, de son regard, de son geste amical! Comme il l'encourage au bien! Et à mesure que cette âme s'avance dans la vie, qu'elle se forme et qu'elle se développe, l'amitié devient virile comme elle; il y a encore des retours d'une tendresse infinie; mais ce qui domine, c'est l'accent des affections profondes et fortes. Lisez cette mercuriale à un *religieux à cheval :* « Quant à vous, « mon bien cher, qui montez à cheval dans la forêt de Compiègne avec « l'habit religieux, et qui le trouvez tout simple, je n'ai rien à vous « dire... Cependant, monter à cheval pour son plaisir, comme les « fils de famille riches, qui vont passer la soirée au bois de Boulogne, « je vous avoue que la chose me semble hardie dans un religieux. *Le* « *cheval donne de l'orgueil;* il est une habitude de luxe : croyez- « vous que Jésus-Christ soit bien aise de vous voir à cheval, lui qui « est entré à Jérusalem sur un âne... Ce qui est certain, c'est que « si je vous avais trouvé dans la forêt de Compiègne sur votre che- « val, je vous aurais bien donné une douzaine de coups de cravache, « en ma qualité de votre père et de votre ami. » (Caro, art. du journal *la France,* 2 avril 1863.)

peu à peu, comme cette nuit implacable du pôle qui, descendant sur les mornes latitudes, les plonge dans un silence navrant.

Lacordaire n'a guère vieilli en ce monde, où cependant ne devait lui manquer aucune gloire, ni aucune douleur. Géant dans les forêts de l'humanité, comme le chêne au sein des bois, il fut, lui aussi, en proie à la cognée. Le bûcheron sinistre dont parle le poëte[1], la mort, frappa près de lui; elle frappa jusque dans son cœur, et, comme le chêne dépouillé, il vit tomber autour de lui ses branches.

Un jour — au lendemain de la fête séculaire de Sorèze — on lui apprit que « sa maternelle amie », la lumière et le vrai guide de son âme, madame Swetchine, se mourait.

Il accourut. Jamais, a dit l'historien de cette femme célèbre, jamais le Père Lacordaire ne se manifesta avec plus d'abandon, de charme et de piété filiale. L'un et l'autre sentaient qu'ils épuisaient là une des dernières faveurs de la Providence ici-bas, et ne cessaient de se le témoigner sans se le dire[2].

Madame Swetchine mourut. Lacordaire ne s'en consola jamais. Cette femme supérieure savait élever chaque question au-dessus du bruit qui se faisait autour d'elle et la plaçait dans le silence de l'éternité. Cela même devait charmer et fixer Lacordaire. « Au lieu que, partout ailleurs, je savais ce qu'on allait me dire, là, je l'ignorais presque toujours[3]. »

---

[1] Victor HUGO, *l'Expiation.*
[2] FALLOUX, *Vie de madame Swetchine,* t. I, p. 460.
[3] LACORDAIRE, *Madame de Swetchine* (art. du *Correspondant,* t. VI, p. 205).

IV

Lacordaire rentra à Sorèze, de plus en plus décidé à s'ensevelir dans ce cher tombeau. On s'en étonnait. Les commentaires parfois malveillants inventaient des explications bizarres. Il laissait dire.

« Les âmes généreuses », avait-il lui-même déclaré dans une circonstance solennelle, « les âmes généreuses franchissent sans peine tous les intervalles, *elles aspirent à descendre*, comme l'a dit le poëte, non par lassitude, mais par un goût de la véritable élévation qui ne se trouve que dans le sacrifice. La solitude est la demeure naturelle de toutes les poésies : c'est elle qui inspire les poëtes, qui anime le génie sous toutes ses formes et sous tous ses noms. La Muse antique habitait les sommets déserts du Pinde ; elle conduisait Homère aveugle, le long des rivages nus de l'Ionie ; et celle qui chantait en Juda les mystères lointains du Christ se plaisait aux grottes sacrées du Calvaire[1]. »

Il rêvait à Sorèze de Cicéron, retiré à Tusculum, loin de la tribune aux harangues, et écrivant les paisibles pages de sa philosophie[2].

Mais du dehors lui arrivaient des cris de guerre. *Caveant*

---

[1] LACORDAIRE, *Discours pour la translation de saint Thomas d'Aquin* (t. VIII des Œuvres complètes, p. 312).

[2] Lettre de Lacordaire à madame Swetchine, 30 septembre 1856.

consules! disaient des voix qu'il aimait, les Barbares sont aux portes de Rome, la ville sainte est en péril !

Il prêta l'oreille. Des écrivains officiels applaudissaient aux entreprises couvertes d'un nom séduisant. L'Italie aspire à devenir une, elle a secoué le joug de l'envahisseur, il ne reste plus qu'un obstacle à l'unité qu'elle rêve : le pouvoir temporel des papes.

Qu'est-ce autre chose d'ailleurs, disait-on, que ce pouvoir temporel, sinon une vieillerie et un anachronisme?

Lacordaire se tut longtemps, trop longtemps au gré de plusieurs. Mais enfin, il prit la plume.

Notre liberté est menacée, dit-il, le silence n'est plus possible [1] !

Et il écrivit sa brochure célèbre : *De la liberté de l'Italie et de l'Église.* Il y interpellait les Italiens :

— Votre cause est belle, disait-il avec cette loyauté qui demeurera toujours au-dessus du soupçon, mais vous ne savez pas l'honorer, et vous la servez plus mal encore... Pour un vain système d'unité absolue, qui n'intéresse en rien, je l'ai fait voir, votre nationalité ni votre liberté, vous avez élevé entre vous et deux cents millions de catholiques une barrière qui grandit chaque jour. Vous avez mis contre vos plus légitimes espérances plus que des hommes, vous y avez mis le christianisme, c'est-à-dire le plus grand ouvrage de Dieu sur la terre. Sachez-le bien, c'est Dieu qui a fait Rome pour son Église. Vous avez donc mis contre vous une volonté éternelle de Dieu. Vous la trouverez, n'en doutez pas [2].

[1] Lettre de Lacordaire à M. Cochin, 1er février 1860.

[2] LACORDAIRE, *De la liberté de l'Italie et de l'Église* (t. VII des Œuvres complètes, p. 327).

V

Le soleil descendait lentement dans l'océan où aboutissent toutes les gloires humaines. A de certains signes, à des pressentiments qui ne trompent pas, le grand solitaire de Sorèze distinguait le *responsum mortis* dont parlent les Livres saints.

Or, il manquait quelque chose à sa gloire : il lui manquait cette consécration, toujours et légitimement enviée, que la plus belle des institutions de Richelieu, l'Académie française, imprime aux hommes et aux œuvres qui honorent les lettres dans la nation la plus lettrée du monde.

Bossuet fut membre de l'Académie française. Il en était fier, et c'est elle qui eut l'honneur la première de le saluer Père de l'Église. Comme l'aigle de Meaux, l'aigle de Notre-Dame devait se reposer de ses vols hardis et les faire consacrer sous les voûtes illustres du palais des lettres françaises.

Deux hommes célèbres, voulant acquitter la dette des esprits sincères envers ce grand cœur qui ne se parqua jamais dans une coterie, Cousin et Guizot, prirent l'initiative. Son élection fut un triomphe.

Quand les suffrages de la Compagnie l'appelèrent ainsi à l'improviste, il ne crut pas entendre la simple voix d'un corps littéraire, mais la voix même de son pays, l'appelant à prendre place entre ceux qui sont comme le sénat de la pensée et la représentation prophétique de son avenir [1].

Il avait d'ailleurs à remercier l'Académie de deux choses : la première, de l'avoir appelé dans son sein ; la seconde, de l'avoir donné pour successeur à M. de Tocqueville [2].

Il vint de Sorèze à Paris, le 24 janvier 1861.

Ce jour-là, un moine, vêtu de la robe blanche de Saint-Dominique, venait s'asseoir, au milieu de l'applaudissement universel, dans les rangs de l'illustre Compagnie où, il y a un demi-siècle à peine, le nom de Dieu, vainement dissimulé sous celui de l'Être suprême, n'excitait qu'un sourire d'incrédulité et de moquerie. Et ce moine, l'orateur religieux le plus éloquent de son siècle, un des guides les plus admirés et les plus suivis des générations contemporaines, ce moine qu'environnaient la popularité et la gloire, était accueilli sur le seuil de l'éminente assemblée par un protestant, M. Guizot [3].

La fête fut magnifique ; l'Impératrice, oubliant le discours de Saint-Roch, réclama un billet d'entrée et assista au tournoi. L'éloquent récipiendaire, se présentant devant l'Académie « comme un symbole de la liberté acceptée et fortifiée par la religion [4] », enleva tous les suffrages. Suivant l'expression d'un publiciste célèbre, « on le regarda et on l'écouta [5] ». Les salves d'applaudissements se prolongèrent souvent au point d'interrompre complétement l'orateur.

[1] LACORDAIRE, *Discours de réception à l'Académie française.* (T. VIII des Œuvres complètes, p. 358.)

[2] *Ibid.,* p. 325.

[3] *Ibid.,* p. 360.

[4] MERCIER-LACOMBE (art. de l'*Ami de la Religion*, 25 janvier 1861).

[5] PRÉVOST-PARADOL (art. du *Journal des Débats*, 25 janv. 1861).

Pour lui, en sortant, il regarda du côté de Sorèze. Montalembert le conjurait de rester près de lui quelques jours seulement, pour se reposer dans son triomphe et faire jouir ses amis d'une présence qu'ils sentaient devoir leur être bientôt ravie.

—Non, je ne puis, répondit-il, cela ferait peut-être manquer la confession de quelques-uns de mes enfants qui se préparent pour la fête prochaine. On ne peut calculer l'effet d'une communion de moins dans la vie d'un chrétien.

Et à l'instant, il fit deux cents lieues pour ne pas priver ses enfants des secours de sa paternité spirituelle.

C'est ainsi qu'il avait acquis le droit de leur dire, dans la dernière allocution qu'il leur adressa, d'une voix éteinte, peu avant sa mort :

— Si mon épée s'est rouillée, messieurs, c'est à votre service[1]!

---

[1] MONTALEMBERT, *le Père Lacordaire* (*loc. cit.*, p. 556). Tous ces beaux souvenirs ont été rappelés, en juillet 1888, à la cérémonie de l'inauguration de la statue du Père Lacordaire, à Sorèze, spécialement par Mgr de Cabrières et par M. le duc de Broglie, dont le discours est un chef-d'œuvre de grâce, de convenance et d'éloquence partie du cœur.

XIII

LES DERNIERS JOURS

En prenant possession de l'École, Lacordaire, rappelant un mot célèbre, avait dit aux élèves :

— Mes amis, il n'y a rien de changé à Sorèze, il n'y a qu'un collégien de plus.

Quand il eut fait entendre, à l'Académie française, le chant du cygne, sentant ses forces défaillir, il se hâta.

Une ovation enthousiaste l'accueillit au retour. Il s'abandonna avec délices au bonheur de ce revoir.

— Me voici, mes enfants, disait-il, désormais je ne vous

quitterai plus, car je rentre comme Œdipe à Colonne, tenant d'une main un fragile laurier, de l'autre une branche de cyprès.

Il insistait, avec un sourire mélancolique :

— Non, maintenant, je ne vous quitterai plus, même pour mourir.

Et le nouvel académien se remit à son œuvre : présidant les séances de l'Athénée [1], surveillant les études, dirigeant les déclamations littéraires des rhétoriciens avec plus de zèle que s'il eût présidé l'Académie française.

Pendant qu'il se prodiguait ainsi sans réserve, sentant venir la mort, à Paris et dans la France entière le bruit des acclamations continuait de se répercuter dans les salons, dans les journaux, partout. Comme dès 1830, cette grande parole jetait de tels éclats que tous, les amis et les autres, s'arrêtaient au passage, subjugués et contraints. Mais, comme toujours aussi, elle suscitait des contradictions. On se mit à scruter, à épiloguer, à orner de commentaires. Le lecteur n'attend pas de moi que j'entre dans ce détail répugnant des commentateurs qui ne voulurent pas même respecter les derniers accents du génie mourant.

Du moins, une dernière fois, je rappellerai l'anathème du Christ à ces pharisiens, qui ne surent pas comprendre combien elle est digne d'égards, la poignée de main que le Samaritain tend à ceux qui sont tombés.

---

[1] Lacordaire avait formé à Sorèze un *Athénée* de dix-huit membres, réunion littéraire qu'il présidait une fois par semaine et qui se recrutait parmi les élèves des classes supérieures : à l'Athénée, se développaient, avec l'habitude de la parole, de la discussion, les qualités du style ; on y était admis par le suffrage de ses pairs.

Je ne sais pas, je ne veux pas savoir si leurs critiques sont fondées, je ne distingue pas la vérité sous ce ton haineux. Quand j'aperçois le méchant déterrer le grain qui pousse pour le mauvais plaisir de tuer le germe, je ne sais pas applaudir. Quand j'entends bêler tristement, les mamelles pleines, la brebis à qui l'on a enlevé ses agneaux, je ne puis pas trouver le spectacle plaisant. Quand je vois une mère se lamenter sur un berceau vide, je n'ai pas le cœur de rire, et je suis sûr qu'en dehors des pharisiens que le Christ a maudits, nul, pour peu qu'il soit demeuré un homme, ne saurait avoir ce triste courage.

I

Au douzième siècle, un moine, grand homme et grand saint, après avoir exercé sur les contemporains une action que l'histoire a célébrée, ayant jeté l'Occident au-devant de l'islamisme, pacifiant les rois, parlant aux papes comme les prophètes d'Israël parlaient aux guides du peuple de Dieu, saint Bernard connut, lui aussi, l'amertume des contradictions. On chercha à imposer silence au moine de Clairvaux, il vint réfugier ses derniers souffles à l'ombre des cloîtres qu'il avait édifiés, et là, chaque soir, quand le soleil se couchait dans les nuages, Bernard ouvrait le livre saint à la page préférée; il en lisait une ligne devant ses frères; puis, de son cœur d'or et de ses lèvres de miel, tombait ce suave poëme, ce chant d'Ossian, cet hymne d'amour, connu dans la littérature ascétique sous le titre modeste de *Sermones in Cantica.*

Le moine de Sorèze, comme l'abbé de Clairvaux, voulut, lui aussi, reposer son âme et se consoler des scribes et des pharisiens, en s'en allant, dans la maison de l'un de ces derniers, étudier, aux pieds du Maître, le cœur que le Maître opposa un jour au puritanisme pharisaïque.

Jésus avait dit : « Dans le monde entier, en quelque lieu que l'Évangile soit prêché, on racontera de cette femme, à sa gloire, ce qu'elle a fait[1]. »

La méditation de ce fait évangélique remua Lacordaire. On lui connaissait une âme forte, beaucoup vont être surpris de lui trouver une âme tendre. Lorsque parut ce livre, ce cantique, ce poëme, ce fut un long cri de surprise autant que d'admiration. Jamais, depuis saint Bernard, on n'avait parlé le langage de l'amour comme le parlait ce moine. Jamais la langue française ne traduisit en accents pareils le verbe du cœur, comme le module le chantre de *Marie-Madeleine.*

Depuis le commencement de ce livre, j'ai bien souvent pris la liberté de recommander diverses œuvres de Lacordaire, mais, pour celle-là, ce n'est point une recommandation qui doit suffire, il y faut, à mon sens, une vive insistance. Si vous ne la connaissez point encore, lisez-la ; si vous la connaissez, relisez-la, tous, qui que vous soyez, croyants ou incroyants, jeunes ou vieillis ; c'est une nourriture qui s'accommode aux faibles et aux forts, c'est une prairie où paissent à l'aise les taureaux puissants et les petits agneaux.

[1] Marc, XIV, 9.

Jugez-en. Lacordaire vient de rappeler le texte de l'é-
vangéliste racontant comment une pécheresse a pénétré
dans la maison du pharisien où on lui a dit que Jésus était
à table, et elle y a apporté un vase d'albâtre rempli de parfums.

« Peu de pages de l'Évangile ont laissé au cœur des
« hommes un trait aussi pénétrant, et sans doute aucune
« amitié n'a commencé sur la terre comme celle-ci. Du sein
« de l'abjection la plus profonde où puisse tomber son sexe,
« une femme lève les yeux vers la pureté divine et ne dés-
« espère pas de la beauté de son âme. Pécheresse encore,
« elle a reconnu Dieu dans la chair du Fils de l'homme, et,
« toute couverte de sa honte, elle conçoit la pensée d'arriver
« jusqu'à lui. Elle prend dans un vase d'albâtre, symbole
« de lumière, un parfum précieux. Peut-être était-ce le
« vase où elle avait puisé jusque-là le relief de ses crimi-
« nels attraits, et ce parfum qu'elle emporte pour un autre
« usage, peut-être y avait-elle cherché pour elle-même un
« accroissement de ses honteux plaisirs. Elle avait tout pro-
« fané, et elle ne pouvait présenter à Dieu que des ruines.
« Aussi elle entre sans prononcer une parole, et elle sortira
« de même. Repentante, elle ne s'accusera pas devant Celui
« qui sait tout; pardonnée, elle n'exprimera aucun senti-
« ment de gratitude. Tout le mystère est dans son cœur,
« et son silence, qui est un acte de foi et d'humilité, est
« aussi le dernier effort d'une âme qui surabonde et ne
« peut rien de plus. C'était l'usage, dans ce voluptueux
« Orient, d'oindre sa tête de parfums, et c'était un culte
« de toucher ainsi l'homme d'une onction au sommet de sa
« beauté. Marie le savait mieux que personne, et souvent,

« aux jours de ses erreurs, elle avait ainsi honoré les esclaves
« de sa séduction. Elle n'a donc garde de s'approcher de
« la tête bénie du Sauveur; mais, comme une servante
« accoutumée aux plus vils offices, elle se penche vers ses
« pieds, et, sans les toucher d'abord, elle les arrose de
« larmes. Jamais, depuis le commencement du monde, de
« telles larmes n'étaient tombées sur les pieds de l'homme.
« On avait pu les adorer par crainte ou par amour; on avait
« pu les laver dans les eaux embaumées, et des filles de
« rois n'avaient pas dédaigné, aux siècles de l'hospitalité
« primitive, cet hommage rendu aux fatigues de l'étranger :
« mais c'était la première fois que le repentir s'asseyait en
« silence aux pieds de l'homme, et y versait des larmes
« capables de racheter une vie.

« Tout en pleurant et sans attendre une parole qui l'en-
« courage et qui n'est pas dite, Marie laisse tomber ses
« cheveux autour de sa tête, et, faisant de leurs tresses
« magnifiques un instrument de sa pénitence, elle essuie
« de leur soie humiliée les larmes qu'elle répand. C'est aussi
« la première fois qu'une femme condamnait ou plutôt
« consacrait sa chevelure à ce ministère de tendresse et
« d'expiation. On en avait vu couper leurs cheveux en
« signe de deuil; on en avait vu d'autres les offrir comme
« un hommage à l'autel de quelque divinité : mais l'histoire,
« qui a remarqué tout ce qui fut singulier dans les mouve-
« ments de l'homme, ne nous montre nulle part le repentir
« et le péché créant ensemble une aussi touchante image
« d'eux-mêmes. Elle a frappé le disciple de l'amour, tout
« initié qu'il était aux secrets intérieurs de l'holocauste; et
« voulant transmettre aux siècles à venir le signalement

« de Marie, il n'a rien trouvé de mieux pour la peindre et
« la faire reconnaître que de dire d'elle : *C'était cette Marie*
« *qui oignit le Seigneur d'un parfum et qui en essuya les*
« *pieds avec ses cheveux.*

« Cela fait, la pécheresse s'enhardit. Elle approche des
« pieds du Seigneur ses lèvres déshonorées, et les couvre
« de baisers qui effacent l'impression de tous ceux qu'elle
« a donnés et qu'elle a reçus. Au contact de cette chair plus
« que virginale, les dernières fumées des vieux souvenirs
« s'évanouissent ; les flétrissures inexpiables disparaissent,
« et cette bouche transfigurée ne respire plus que l'air
« vivant de la sainteté. Alors seulement, et pour consom-
« mer tout le mystère de la pénitence par l'amour, elle
« ouvre l'albâtre, qui contient avec le parfum les suaves
« images de l'immortalité, elle le répand sur les pieds du
« Sauveur, par-dessus les larmes et les baisers dont elle
« les a couverts ; ses mains purifiées ne craignent plus de
« toucher et d'oindre le Fils de Dieu, et la maison se remplit
« de la vertu qui sort du vase fragile et du vase immortel, de
« l'albâtre et du cœur[1]. »

Je ne demande point pardon au lecteur de la longueur
de cette citation. Elle suffit à se justifier elle-même, elle
répond aux pruderies jansénistes accusant Lacordaire d'a-
voir *naturalisé* un amour surnaturel.....

« Quand on sort de Marseille en se dirigeant vers les
Alpes, on entre dans une vallée qui longe la mer sans la
voir, parce que de hautes montagnes lui en cachent les flots ;

---

[1] LACORDAIRE, *Sainte Marie-Madeleine* (t. IX des Œuvres complètes, pp. 400-403).

une autre chaîne se dresse à l'opposite de celle-là, et contenue entre ces deux murailles, la vallée court vers un amphithéâtre abrupt qui semble lui fermer le chemin.

« Au centre de ces roches hautes et alignées, qui ressemblent à un rideau de pierre, l'œil découvre une habitation qui y est comme suspendue, et à ses pieds une forêt dont la nouveauté le saisit. Ce n'est plus le pin maigre et odorant de la Provence, ni le chêne vert, ni rien des ombrages que le voyageur a rencontrés sur sa route; on dirait que, par un prodige inexplicable, le Nord a jeté là toute la magnificence de sa végétation. C'est le sol et le ciel du Midi avec les futaies de l'Angleterre. Tout proche, à deux pas, sur le flanc de la montagne, on retrouve la nature vraie du pays. Ce point-là seul fait exception. Et si l'on y pénètre, la forêt vous couvre aussitôt de toute sa majesté, semblable en ses profondeurs, en ses voiles et ses silences, à ces bois sacrés que la hache des anciens ne profanait jamais. Là aussi les siècles seuls ont accès ; seuls ils ont exercé le droit d'abattre les vieux troncs et d'en rajeunir la séve ; seuls ils ont régné et règnent encore, instruments d'un respect qui vient de plus haut qu'eux, et qui ajoute au saisissement du regard celui de la pensée.

« Qui donc a passé là? Qui a marqué ce coin de terre d'une empreinte si puissante? Quel est ce rocher? Quelle est cette forêt? Quel est enfin ce lieu où tout nous semble plus grand que nous?

« O Marseille, tu vis venir l'hôte qui habita le premier cette montagne. Tu vis descendre d'une barque la frêle créature qui t'apportait la seconde visite de l'Orient. La première t'avait donné ton port, tes murailles, ton nom, ton existence même ; la seconde te donna mieux encore, elle te confia les reliques vivantes de la vie de Jésus-Christ, et, pour ainsi dire, le testament suprême de l'amitié d'un Dieu.

« La Sainte-Baume a été le Thabor de Madeleine. Elle y a vécu solitaire, entre les pénitences de la grotte et les ravissements de la hauteur. Trente ans, Dieu donna ce spectacle à ses anges pour en laisser le souvenir à tous les siècles.

« Vint cependant le moment où elle devait passer de son extase terrestre et interrompue à l'extase immobile de l'éternité...

« Quand on s'appuie au parapet de la terrasse qui est en avant de la Sainte-Baume, on voit s'ouvrir une plaine vaste et profonde, terminée par les Alpes, mais qui, proche du spectacteur, a pour péristyle une autre plaine étroite et circulaire, c'est la plaine de Saint-Maximin. L'évêque qui porta ce nom y reçut un jour la visite de l'amie de son Maître, et là, prise du sommeil de la mort, elle s'endormit en paix. Saint Maximin déposa son corps dans un tombeau d'albâtre, et lui-même y prépara sa sépulture, en face du monument où il avait enseveli les reliques qui devaient appeler sur ce coin du monde ignoré une immortelle illustration [1].

« Le tombeau de Marie-Madeleine à Saint-Maximin est le troisième tombeau du monde. Il vient immédiatement après le tombeau de Notre-Seigneur à Jérusalem et celui de saint Pierre à Rome [2]. »

Lacordaire mourant vint le visiter. Il lui rendit son antique garde. Près d'expirer, il dira :

[1] LACORDAIRE, *Sainte Marie-Madeleine*, passim, pp. 365-445.
[2] *Ibid.*, p. 474.

— Saint-Maximin et la Sainte-Baume, c'est ma dernière pensée [1].

En déposant la plume qui venait d'écrire « de cette femme, qui la première vit et toucha Jésus au matin de sa Pâque, parce qu'elle était la première dans ce cœur, blessé pourtant d'un amour qui embrassait toutes les âmes [2] », il dit :

— Pour moi, qui ai ramené près de la montagne et de la basilique, tout indigne que j'en étais, l'ancienne milice chargée par la Providence [3] d'y veiller jour et nuit, puissé-je écrire ici ma dernière ligne et, comme Marie-Madeleine, l'avant-veille de sa Passion, briser aux pieds de Jésus-Christ le frêle mais fidèle vase de mes pensées [4].

Sa dernière douleur en ce monde s'accorda avec sa dernière pensée : cet homme n'en pouvait enfanter aucune sans souffrir.

Le lundi de Pâques, il partait pour Marseille, afin d'avancer l'œuvre de la *restauration des Lieux saints de Provence*. Il dut s'arrêter en route et rebrousser chemin.

— C'est la première fois, écrivait-il, que mon corps a résisté à ce que je voulais [5].

[1] Paroles du Père Lacordaire à mademoiselle Amélie Lautard, 13 novembre 1861.

[2] LACORDAIRE, *Sainte Marie-Madeleine* (loc. cit., p. 369).

[3] Il ramena ses frères à l'antique et célèbre couvent de Saint-Maximin et à la Sainte-Baume, en Provence. Pendant cinq ans, les Frères Prêcheurs y avaient été les gardiens des reliques et du tombeau de sainte Madeleine, dans la basilique la plus magnifique du midi de la France, et il avait fallu la tempête révolutionnaire du siècle dernier pour les en arracher. Le Père Lacordaire leur rendit ce poste sacré. (*Notice sur le Père Lacordaire*, p. LXVII.)

[4] LACORDAIRE, *Sainte Marie-Madeleine* (loc. cit., p. 481).

[5] Lettre de Lacordaire à M. Foisset, 28 mai 1860.

Au mois de juin 1861, il rentre à Sorèze, pour n'en plus sortir.

II

Le pays tout entier courut à sa rencontre. Il avait donné du travail à tous ces pauvres gens. Il avait été bon pour eux! Les jardiniers jetaient des bouquets dans sa voiture au passage; les corporations l'attendaient avec leurs bannières, l'École sous les armes. Quand il mit pied à terre à l'entrée de la ville, ce fut une immense acclamation. Chacun, en le voyant passer, criait : Vive le Père! et essuyait une larme. Il arriva à l'École[1]. Parvenu à la salle des fêtes, il remercia, d'une voix ferme, quoique affaiblie, les élèves, les professeurs, les ouvriers, les habitants, de l'accueil qui lui était fait et des marques d'attachement qu'on lui avait données en tout temps.

— Me voici de nouveau au milieu de vous, dit-il en terminant; me sera-t-il donné d'y vivre? Je ne sais. Je m'en remets à la volonté de Celui qui dispose de nos destinées. *Ad convivendum aut ad commoriendum!* Je suis prêt à tout. Du moins, je vous laisserai ma tombe. Honorez-la d'une prière, toutes les fois que vous passerez près d'elle.

Ces paroles, d'une si chrétienne résignation, arrachaient des larmes à l'assistance. Au blanc mat de la mort qui avait envahi ses traits, à la maigreur extrême qui exténuait

---

[1] Mourey, *Dernière maladie et mort du R. P. Lacordaire*, p. 18.

son corps, il n'était plus possible de se faire illusion[1].

Il comprenait la grandeur du sacrifice qui lui était demandé. Déjà il avait fait livrer aux flammes les pages incomplètes de ces quarante *Lettres à un jeune homme* dont nous avons entrevu l'incomparable beauté. L'œuvre était anéantie, et la main de l'ouvrier commençait à se glacer.

— Cinquante-neuf ans seulement, dit-il un jour à ses plus intimes, c'est l'âge de la pleine maturité, et il me semble que j'aurais pu faire encore quelque chose pour l'Église!...

Puis, se reprenant, il ajouta :

— Mais adorons les desseins de la Providence. Il vaut mieux que je meure, puisqu'elle l'a ainsi décidé[2].

Il avait toujours refusé de laisser prendre son portrait, ce qui explique l'inexactitude de beaucoup de gravures qui le représentent. On le supplia de se laisser photographier. Un matin, par complaisance, il se rendit auprès de l'artiste, et, au moment où il déclarait qu'il lui était impossible de demeurer immobile, surtout à cause de l'état de sa vue, l'amour divin triompha des obstacles que les instances de l'amitié n'avaient pu surmonter. On était dans une dépendance du parc de l'école, derrière les murs de l'église paroissiale ; la sonnette qui annonçait l'élévation se fit entendre ; il se tut alors, joignit les mains, resta en extase, s'associant au mystère qui s'accomplissait non loin de lui, et, pendant ce temps, le photographe, si admirablement servi par les circonstances, réalisait son œuvre dans des conditions inespérées[3].

[1] Jules LACOINTA, *Op. cit.*, p. 293.
[2] Aug. COCHIN, art. de l'*Ami de la religion*, 28 nov. 1861.
[3] Jules LACOINTA, *Op. cit.*, p. 66.

La veille de sa fête, l'école s'assembla pour lui exprimer
ses vœux. Au nom du corps professoral et de tous les élèves, le sergent-major lui offrit un bouquet, qu'il accompagna de paroles touchantes. Le Père s'était traîné dans
la grande salle. Il parla à son tour. Son cœur débordait de
tendresse pour ces enfants, dont il sentait qu'il allait se séparer. Il répéta qu'il était avec eux à la vie à la mort.
Puis il paraphrasa avec mélancolie une inscription qu'il
avait recueillie sur un tombeau, à Rome. Se l'appliquant à
lui-même, il atteignit au sublime [1].

— Un jour, dit-il, « je me promenais dans la campagne
de Rome, proche des catacombes de saint Laurent ; je me
dirigeai vers un cimetière nouveau qu'on a creusé dans ce
vieux cimetière, et je fus frappé à la porte par une inscription : *Pleure sur le mort, parce qu'il s'est reposé.* J'entrai
en la méditant, car que voulait-elle dire ? Il ne me fut pas
difficile de le comprendre : pleure sur le mort, parce qu'il
s'est reposé de bien faire, parce que ses mains ne peuvent
plus donner, ni ses pieds aller au-devant du malheur,
parce que ses entrailles ne sont plus émues par la plainte ;
pleure sur le mort, parce que le temps de la vertu est fini
pour lui, parce qu'il n'ajoutera plus à sa couronne ; pleure
sur le mort, parce qu'il ne peut plus mourir pour Dieu. Je
roulai longtemps dans mon âme ces pensées qui étaient
entretenues par le voisinage des martyrs et par cette douce
basilique élevée dans la campagne au diacre saint-Laurent.

« Je regardai les vieux murs de Rome qui étaient devant
moi, se tenant debout autour du Siége apostolique, comme

1 Jules LACOINTA, *Op. cit.*, p. 294.

ils se tenaient autour des Césars, et je regagnai lentement ma demeure solitaire, heureux de me sentir un moment loin de mon siècle, mais sans désir d'être né dans un siècle plus tranquille, ayant entendu près de la tombe des saints et des martyrs cet avertissement sublime : *Pleure sur le mort, parce qu'il s'est reposé [1] !* »

Ah! grand et généreux esprit, si j'osais ici m'adresser à vous-même, c'est nous aujourd'hui qui pleurons sur le mort, parce qu'il s'est reposé; c'est nous qui comprenons, non pas mieux que vous, mais par vous qu'il y a des morts dont il faut pleurer le repos parce que leur travail est fini, mais non leur œuvre; parce que vous ne pouvez plus vivre pour ce siècle agité, dans l'agitation des idées et non pas celle des intérêts, pour cette société à qui vous ne demandiez pas le droit de vous reposer, mais le devoir et la joie de la consoler dans ses détresses et de la relever dans ses découragements [2].

Plus la vie se retirait de lui, plus son esprit gagnait en énergie, en vigueur... A table, il ne pouvait presque plus accepter aucun aliment; mais sa conversation, plus vive que jamais, révélait l'empire qu'une grande âme exerce sur le corps.

— L'esprit, dit-il un jour, en finissant un repas, où sa pensée était demeurée nette, forte, lumineuse, l'esprit suffit à soutenir les courages en apparence les plus abattus... Je comprends que l'on puisse rester vingt heures à

[1] LACORDAIRE, *Lettre sur le Saint-Siége* (t. IX des Œuvres complètes, p. 56).
[2] SAINT-MARC GIRARDIN, *Réponse au discours de réception de M. A. de Broglie.*

cheval sur un champ de bataille... J'admets ce que l'on raconte d'un général mutilé qui se faisait asseoir sur son cheval, un jour de combat, et montrait ce que l'âme peut communiquer d'énergie à un corps brisé... L'Arioste a pu dire de l'un de ses héros : « Il combattait encore, et cependant il était mort!... » Il y a du vrai, beaucoup de vrai, dans cette exagération [1].

Les élèves, ses enfants, ne se lassaient pas de le revoir, de lui parler, de solliciter un dernier avis, un conseil suprême.

— A Sorèze, disaient-ils, adoptant une belle pensée du lieutenant de Lacordaire, on élève les enfants comme des fils de France, puisqu'on leur réserve l'éloquence vivante de Bossuet et le cœur de Fénelon [2].

Les exercices de fin d'année arrivèrent. Il s'y rendit amaigri, péniblement courbé. Il y put parler un quart d'heure.

— Je m'arrête... fit-il, je suis un vieux soldat qui ne peut plus livrer de grandes batailles. Mon épée est trop lourde pour mes mains ; elle s'est brisée... à votre service... j'en bénis le ciel, ses tronçons demeureront près de ma tombe et seront, je le demande à Dieu, ma gloire pour l'éternité [3].

Le lendemain, toujours supérieur à ses souffrances, il assista à la distribution des prix. Il ne put toutefois la présider, ne se sentant pas la force de remettre aux lauréats leurs récompenses. Il s'était assis à l'écart. Mais, par un irrésistible élan, les élèves se dirigèrent tous vers lui, pour recevoir de ses mains leurs médailles et leurs couronnes.

[1] Jules LACOINTA, *Op. cit.*, p. 298.
[2] *Ibid.*, p. 308.
[3] *Ibid*, p. 307.

III

A la fin de septembre, on lui annonça une grande consolation.

Montalembert annonçait sa visite, Montalembert!... son
premier compagnon d'armes! Il venait voir une dernière
fois, chez Henri Lacordaire, l'idéale perfection des deux
grandes passions de sa vie : les Moines et la Liberté [1].

Henri voulut aller à la rencontre de Charles. Il se traîna
au-devant de celui-ci jusque sur le perron de l'abbatiale.
Il se soutenait difficilement. La pâleur répandue sur son
grand front lui donnait une navrante majesté, mais le
rendait méconnaissable.

L'ami ne reconnut pas son ami.

— Eh bien! fit-il, le Père Lacordaire, où est-il?

— Le voilà, répondit le P. Mourey.

Les yeux pleins de larmes, Montalembert se jeta dans les
bras du mourant.

— De ma vie, disait-il, je n'ai éprouvé un saisissement
semblable : je n'avais jamais vu une plus effrayante beauté [2].

Il exhorta le grand homme à recueillir et à dicter ses souvenirs, de façon à laisser un témoignage authentique des
intentions et des convictions qui avaient dominé sa vie, dans
un récit qui deviendrait ainsi son testament religieux et

[1] Jules LACOINTA, *Op. cit.*, p. 321.
[2] FOISSET, *loc. cit.*, p. 430.

historique. Nées d'un véritable miracle de force morale et dictées avec une sûreté et une rapidité sans égale, pendant les derniers combats de sa vie mortelle, ces pages ont été chacune précédées ou suivies d'atroces douleurs[1].

A Saint-Maximin, les jeunes novices renouvelaient les saintes témérités des vieux âges de foi. Les uns se meurtrissaient à monter pieds nus les sentiers rocailleux de la Sainte-Baume pour aller demander à Madeleine un miracle; les autres mêlaient leur sang à leurs prières et offraient généreusement leur vie pour celle de leur Père. Au soir du neuvième jour de ces ardentes supplications, tous les religieux allèrent, pieds nus, prendre les reliques de sainte Madeleine et les porter sur leurs épaules dans les cloîtres et à l'intérieur de la maison. C'était un triste et lugubre spectacle de voir ces longues files de religieux s'avancer, à la lueur des flambeaux, dans les profondeurs des cloîtres, chantant les versets des psaumes les plus suppliants. s'arrêter, par intervalles, pour élever plus haut leurs plaintes, leurs gémissements, leurs chants. La nuit se passa à ces cérémonies d'un ineffaçable souvenir. On voulait un miracle, on croyait que Madeleine obtiendrait encore cette fois la résurrection d'un autre Lazare[2].

Dieu ne fit point ce miracle.

Lacordaire se mourait, abattu par l'excès du travail, sa prodigieuse austérité, une mélancolie profonde à la vue des hommes et des choses, les ingratitudes, les injustices, les contrariétés des esprits et du temps[3]. Il ne se plaignait

[1] MOUREY, *Op. cit.*, p. 9.
[2] CHOCARNE, *loc. cit.*, p. 312.
[3] PUJOL, *le Père Lacordaire*, p. 43.

point. Son grand cœur n'était nullement aigri. « Les hommes généreux savent mourir lentement, sans maudire personne [1]. »

Par-dessus tout, je l'ai dit déjà, il se mourait de nostalgie et de regret de la parole : la chaire lui manquait, Notre-Dame surtout ; il en était venu à ne pouvoir apprendre qu'un discours avait été prononcé sur un sujet quelconque de religion, de philosophie, de littérature, sans se sentir contraint de composer mentalement pour lui seul ce discours qu'il ne devait cependant jamais ni écrire ni prononcer [2].

IV

Les élèves rentrèrent au mois d'octobre. On eût dit qu'il les attendait pour mourir.

Les ayant vus, il s'alita.

— Ah ! mon ami, dit-il à son confesseur, qu'il est difficile de mourir ! J'imaginais que c'était plus tôt fait [3].

— Mon Père, répondit le P. Mourey, avez-vous quelque peine ?

— Non ; il peut bien y avoir eu quelque vaine complaisance, quelque secret retour d'amour-propre, mais il me semble que je n'ai rien fait que pour Dieu, pour l'Église...

Interrompu par la souffrance, il ajouta aussitôt dans un cri, dont l'accent rappelait ces cris soudains de l'orateur :

— Et pour Jésus-Christ.

[1] Mourey, *Op. cil.*, p. 6.
[2] Jules Lacointa, *Op. cil.*, p. 268.
[3] Mourey, *Op. cil.*, p. 24.

Il continua :

— J'ai beaucoup aimé la jeunesse, je ne pense pas que Dieu me le reproche [1]. Et quant à mes opinions politiques et religieuses, je n'ai aucune inquiétude : elles ne touchaient rien à la foi, aux dogmes [2].

Dans l'intervalle des crises, il se reposait, il se plongeait avec délices dans cette vérité de la lumière catholique qu'il avait fait resplendir du haut de la chaire. L'une des dernières paroles tombées de ses lèvres décolorées vaut la plus belle de ses conférences :

— Si l'on parvenait à vous démontrer que l'Évangile est une fable, disait-il au P. Mourey, que feriez-vous ?

— Et vous, mon Père ?

— Je recommencerais à vivre comme j'ai vécu. Quand vous m'ôteriez toutes les espérances de la foi, dans ce moment suprême, ma raison me rassurerait encore [3].

L'abbé Perreyve, le jeune prêtre qu'il avait distingué et aimé de prédilection, comme Jésus aima Jean, le disciple préféré, vint à lui.

— Mon Père, disait Perreyve, pouvez-vous prier Dieu ?

— Non, répondit-il d'une voix mourante, mais je le regarde !

Il ne pouvait plus parler. Cette parole qui avait remué tant d'intelligences, ce verbe qui avait le secret des grandes joies de l'éloquence, balbutiait comme la langue d'un petit enfant. « Nous éprouvions, écrit le Père Chocarne, une sorte d'humiliation, mêlée d'effroi, à entendre ces sons inarticulés sortir d'une telle bouche. »

[1] Cochin, *Op. cit.*
[2] Mourey, *Op. cit.*, p. 25
[3] Cochin, *loc. cit.*

Le soir du 20 novembre, il fut pris de cette angoisse, précurseur d'une mort prochaine, qui jette l'âme dans d'inexprimables tortures. Nous étions tous là, retenant nos sanglots, de peur d'accroître sa peine, priant, les yeux fixés sur cette navrante image de notre Père ; nous le voyions étendre autour de lui ses bras amaigris, comme un homme qui cherche à se reconnaître dans les ténèbres, ouvrir parfois ses grands yeux qu'il tenait habituellement fermés, promener lentement ses regards sur nous, sur les murs de sa chambre, interroger le ciel comme si, revenu déjà du rivage de la lumière, il eût peine à s'avouer qu'il était encore sur la rive des ombres. Puis, d'une voix forte et les bras élevés, il s'écria :

— Mon Dieu! mon Dieu! ouvrez-moi, ouvrez-moi[1]!.....

Ce fut sa dernière parole.

Il mourut le 21 novembre 1861, fête de la Présentation de la Sainte Vierge, septième anniversaire de l'installation du Tiers Ordre enseignant à Sorèze.

La sonnerie des cloches n'a jamais lieu la nuit que pour annoncer un sinistre. Le deuil public était si grand que le glas funèbre retentit au sein de la nuit dans les clochers de Sorèze.

Il fallut l'exposer à la pieuse avidité des populations, et laisser ses pieds découverts pendant trois jours pour satisfaire l'ardeur de ceux qui accouraient de toute part — il en vint trente mille — baiser les pieds du grand orateur, comme on baisait au moyen âge les pieds de saint Dominique.

Aux obsèques, Mgr de la Bouillerie parla.

---

[1] CHOCARNE, *loc. cit.*, p. 313.

— Ce n'est pas un long discours que vous me demandez, dit-il avec des sanglots dans la voix, le mort est encore là ; la blessure est encore ouverte, le deuil est trop récent ; des larmes, des larmes, et non pas des paroles[1] !

Tous vinrent se pencher sur son cercueil, lui dire un dernier adieu, l'inonder de leurs larmes : c'était le seul parfum dont il n'avait pu leur défendre de l'embaumer[2].

A ce même moment, à Paris, l'Archevêque présidait au service solennel. Héritier de trois prélats dont il avait à payer la dette, le cardinal Morlot eut une inspiration, qui vaut à elle seule la plus éloquente des oraisons funèbres.

La chaire de Notre-Dame était recouverte d'un voile noir !... Elle portait le deuil de Lacordaire !

[1] Mgr DE LA BOUILLERIE, *loc. cit.*, p. 4.

[2] CHOCARNE, *loc cit.*, p. 322. — Le Père Lacordaire repose dans la chapelle du collége, sous l'autel, à l'endroit qu'il avait choisi lui-même. Une faveur précieuse nous a ouvert la porte du caveau funèbre, à mon aimable compagnon de voyage et à moi. Un flambeau à la main, je me suis approché du cercueil, et là, quinze ans après sa mort, par la glace qui recouvre son visage, j'ai revu Lacordaire ! Tout le haut de la figure a été respecté par la mort. Le beau front du Père apparaît dans ses vastes proportions comme le temple de la pensée. Les yeux se sont rouverts et semblent perdus dans la contemplation de l'infini. On dirait une tête de marbre encadrée dans le capuchon monastique. Vision saisissante, qui m'a pénétré d'une sorte de religieuse terreur et qui ne me quittera plus. — BERNADILLE *loc. cit.*.

FIN.

III. — LACORDAIRE ET LAMENNAIS

IV. — MADAME SWETCHINE

VIII. — DOMINICAIN

IX. — PRÊCHEUR

X. — 1848

XI. — SOUS L'EMPIRE

PARIS. — TYPOGRAPHIE DE E. PLON ET Cie, RUE GARANCIÈRE, 8